多元文化英语教学创新研究

刘 芬 高 尚 杨洪科◎著

线装书局

图书在版编目（ＣＩＰ）数据

多元文化英语教学创新研究 / 刘芬, 高尚, 杨洪科
著. -- 北京：线装书局, 2023.9
ISBN 978-7-5120-5581-0

Ⅰ. ①多… Ⅱ. ①刘… ②高… ③杨… Ⅲ. ①英语－
教学研究 Ⅳ. ①H319.3

中国国家版本馆CIP数据核字(2023)第143302号

多元文化英语教学创新研究
DUOYUAN WENHUA YINGYU JIAOXUE CHUANGXIN YANJIU

作　　者：刘　芬　高　尚　杨洪科
责任编辑：白　晨
出版发行：线装書局
　　　　　地　址：北京市丰台区方庄日月天地大厦Ｂ座17层（100078）
　　　　　电　话：010-58077126（发行部）010-58076938（总编室）
　　　　　网　址：www.zgxzsj.com
经　　销：新华书店
印　　制：三河市腾飞印务有限公司
开　　本：787mm×1092mm　　1/16
印　　张：11.5
字　　数：275千字
印　　次：2024年9月第1版第1次印刷

定　　价：68.00元

线装书局官方微信

前　言

随着经济发展全球化趋势的基本确立，文化沟通与交流活动逐渐由传统、闭塞转变为多元化发展，跨文化教育成为当前大学学科教育的主要教学方式，教师利用多元文化对学生进行教育指导，不断推进教育与时代文化发展的融合过程。立足大学教育教学发展问题，站在多元文化的视角下，对大学英语教学展开分析，为英语教师提供新型的教育教学措施。

本书的章节布局，共分为九章。第一章是多元文化理念的基本理论，本章主要对多元文化的含义、多元文化的特点及意义、多元文化的研究现状和多元文化教育分析相关知识展开论述；第二章是当代英语教学现状分析，本章分别从当代英语教学现状、当代英语教学理论基础以及当代英语教学要求三方面的相关知识进行了概括；第三章是多元文化理念对英语教学的挑战，本章概述了一元文化的反思、多元文化目标；并简要介绍了多元文化课程的价值选择、多元文化理念下的英语教师角色扮演、多元文化理念下的英语教学发展趋势；第四章是多元文化差异下的英语教学，主要对中西方文化差异在交际中的具体表现、文化差异对英语教学的影响、英语教学中重视文化差异知识教学进行简要阐述；第五章是多元文化视域下大学英语教学创新发展，本章主要针对英语教学观念转变、英语教学内容改革、英语教学方法改革、英语教学手段更新、英语教学场所变迁、英语教学形式变化的相关知识进行了概括；第六章是多元文化视域下大学英语技能教学研究，本章主要介绍了多元文化理念下大学英语听力教学、口语教学、阅读教学、写作教学、翻译教学进行简要阐述；第七章是多元文化视域下大学英语教学与交际能力的培养。本章研究大学英语教学与多元文化理念的融合渗透、大学英语教学改革与多元文化理念发展、基于跨文化交际能力培养的大学英语教学创新发展；第八章是多元文化视域下大学英语生态教学模式研究，本章主要对生态化英语教学模式的内涵与特征、生态化英语教学模式的理论依据、生态化英语教学模式的应用流程和生态化英语教学模式的支持系统进行叙述。第九章是多元文化视域下大学英语教学与设计的多维发展。本章内容包括大学英语对分课堂教学设计与实现、大学英语教学的创客理念创新研究、大学英语教学模式设计有效性策略研究、教育生态学视角下英语生态化课程体系。

本书在撰写过程中，参考、借鉴了大量著作与部分学者的理论研究成果，在此一一表示感谢。由于作者精力有限，加之行文仓促，书中难免存在疏漏与不足之处，望各位专家学者与广大读者批评指正，以使本书更加完善。

内容简介

经济全球化和文化多元化的不断深入和发展，当前的教育教学在多元化文化浪潮下相互影响、相互碰撞，很多学科和课程的教学在逐渐地朝着综合化、融合化的方向发展。英语作为目前世界上应用最广泛的第二语言，已经成为了各国之间经济、政治、文化的重要工具，同时它也逐渐成为当今社会交流必要的一项语言技能。本书从多元文化理论角度出发，对英语教学现状、困境、改革与创新进行探讨，并且采用创新的教学方法以及先进的教学模式，对当代英语教学中存在的问题进行分析，提出改革建议。本书旨在提高大学英语教学的有效性，同时，高校教师不断提高自身教学能力和水平，积极探索教学研究和改革创新，为大学英语教学系统化、多样化、形象化、层次化和长效化做出理论性建设。

目　录

第一章　多元文化的基本理论 ·························· （1）

　　第一节　多元文化的含义 ·························· （1）

　　第二节　多元文化的特点及意义 ···················· （5）

　　第三节　多元文化教育解析 ························ （7）

第二章　当代英语教学现状分析 ······················ （12）

　　第一节　当代英语教学现状 ························ （12）

　　第二节　当代英语教学理论基础 ···················· （15）

　　第三节　当代英语教学要求 ························ （19）

第三章　多元文化理念对英语教学的挑战 ················ （32）

　　第一节　多元文化课程的价值 ······················ （32）

　　第二节　多元文化理念下的英语教师角色扮演 ·········· （35）

　　第三节　多元文化理念下的英语教学发展趋势 ·········· （42）

第四章　多元文化差异下的英语教学 ·················· （46）

　　第一节　中西方文化差异在交际中的具体表现 ·········· （46）

　　第二节　文化差异对英语教学的影响 ················ （52）

　　第三节　英语教学中重视文化差异知识教学 ············ （56）

第五章　多元文化视域下大学英语教学创新发展 ·········· （67）

　　第一节　英语教学观念转变 ························ （67）

　　第二节　英语教学内容的创新 ······················ （69）

　　第三节　英语教学方法的创新 ······················ （73）

　　第四节　英语教学手段的创新 ······················ （77）

　　第五节　英语教学场所的变革 ······················ （82）

　　第六节　英语教学形式的变革 ······················ （86）

第六章　多元文化视域下大学英语技能教学研究 ·········· （92）

　　第一节　多元文化理念下大学英语听力教学 ············ （92）

　　第二节　多元文化理念下大学英语口语教学 ············ （97）

　　第三节　多元文化理念下大学英语阅读教学 ……………………………（102）

　　第四节　多元文化理念下大学英语写作教学 ……………………………（108）

第七章　多元文化视域下大学英语教学与交际能力的培养 ……………（115）

　　第一节　大学英语教学与多元文化理念的融合渗透 …………………（115）

　　第二节　大学英语教学改革与多元文化理念发展 ……………………（123）

　　第三节　基于跨文化交际能力培养的大学英语教学创新发展 ………（131）

第八章　多元文化视域下大学英语生态教学模式研究 …………………（143）

　　第一节　生态化英语教学模式的内涵 …………………………………（143）

　　第二节　生态化英语教学模式的应用流程 ……………………………（145）

　　第三节　生态化英语教学模式的支持系统 ……………………………（160）

第九章　多元文化视域下大学英语教学与设计的多维发展 ……………（175）

　　第一节　大学英语对分课堂教学设计与实现 …………………………（175）

　　第二节　大学英语教学的创客理念创新研究 …………………………（180）

参考文献 ……………………………………………………………………（185）

第一章 多元文化的基本理论

第一节 多元文化的含义

一、文化的含义

（一）汉语中的"文化"

"文化"一词在汉语中古已有之。从文献记载来看，早在 2000 多年以前，就已出现对"文化"一词的解释。《周易·贲卦》中首次将"文"与"化"并用："观乎天文，以察时变；观乎人文，以化成天下。"这里的"天文"与"人文"相对，天文是指天道自然，人文则是指社会人伦。

直到西汉，"文"与"化"才真正合并为"文化"一词。西汉刘向的《说苑·指武》中曾描写到："圣人之治天下也，先文德而后武力，凡武之兴，为不服也，文化不改，然后加诛。"在这里，"文"和"诛"是两种完全不同的治理社会手段。其大意是：圣人治理天下，先施以文德教化，如不奏效，再施加武力，亦即先礼后兵的意思。但在当时，人们对"文化"一词的理解并没有达成共识，直到唐代，孔颖达对"文化"提出了比较有见地的解释。他认为，文化即社会的文化，主要是指文学艺术与风俗礼仪等属于上层建筑的东西。

当然，中国古代对于"文化"的理解仍然是从狭义的精神层面上考虑的，例如，人类的精神、智慧、意识及其创造的成果等。因此，并不能算作文化的定义。

（二）西语中的"文化"

西语中的"文化"一词来源于拉丁文 Cultura，既有耕种、居住、掘垦、练习、动植物培育等与物质生活相关的多种含义，又有敬神、注意等与人的精神生活相关的含义。英语和法语中的Culture也由拉丁语转化而来，同样既有种植、栽培之意，也有对人的性情的陶冶及品德的培养之意。此外，德语中的Kuhur也是由拉丁语转化而来的。

通过比较不难发现，西语中"文化"一词的含义要比中国古代对"文化"一词的定义更为宽广。中国传统意义的文化在初始仅仅关注于精神领域，指精神领域的各种现象；而西语中的"Culture"一词却是产生于人类的物质生产活动，继而引申到精神活动领域，也即包含了物质与精神两方面的内容。

（三）中西"文化"的定义

由于"文化"一词的含义十分广泛，不同学者都对其有不同的理解，这里我们仅列举几种比较有代表性的定义。

1871年，英国学者爱德华·泰勒（Edward Teller）在其著作《原始文化》中认为，"所谓文化或文明，是包括知识、信仰、艺术、道德、法律、习俗以及包括作为社会成员的个人而获得的其他任何能力、习惯在内的一种综合体。"这也是目前人们比较乐意接受的定义。

1952年，美国学者克罗伯和克拉克洪（Kroeber&Kluckhohn）发表了论著《文化的概念》，他们认为，"文化由外层和内隐的行为模式构成，这种行为模式通过象征符号而获得和传递，代表了人类群体的显著成就，包括它们在人造器物中的体现。文化的核心部分是传统的（即历史地获得和选择的）观念，尤其是它们所带的价值。文化体系一方面可以看作行为的产物，另一方面则是进一步的行为的决定因素。"

社会语言学家古德诺夫（Goodenough）将文化定义为："人们为了使自己的活动方式被社会成员所接受，所必须知晓和相信的一切组成。作为人们不得不学习的一种有别于生物遗传的东西，文化必须由学习的终端产品—知识组成。"

美国学者默多克（Murdock）认为，文化是"学习和社会的互动在每个人群中产生一组由社会传承的适应性的行为，这些行为似乎是超越个人的，因为它是大家共享的，因为它的延续超出个人的生命范围，而且也因为它的质和量都大大超出个人单独努力所达到的程度。'文化'一词是指这样一些学到的、传承下来的行为系统"。

《苏联大百科全书》则将"文化"进行了广义与狭义的区分，广义的文化是指社会和人在历史上一定的发展水平，它表现为人们进行生活和活动的种种类型和形式，以及人们所创造的物质和精神财富。狭义的文化则仅指人们的精神生活领域。

在国内，《辞海》中也对文化进行了界定："从广义上来说，指人类社会历史实践过程中所创造的物质财富和精神财富的总和。从狭义上来说，指社会的意识形态，以及与之相适应的制度和组织机构。"总之，文化是人类社会所特有的现象，它是人们社会实践的产物，由人创造并为人所特有。而我们今天所指的文化，主要是指各个国家的历史地理、风土人情、生活方式、传统习俗、行为规范、文学艺术、价值观念等等。

总体来说，文化具有以下几个方面的特点：

（1）文化既是特有的，又是共有的。文化的特有性是指每个国家与地区都有其独识的、完整的文化。文化的共有性是指它是一系列共有的概念、价值观与行为准则，是使个人行为能力为集体所接受的共同标准。当然，在共有的前提下，即使在同一社会内部，文化也可以具有不一致性。例如，在任何社会中，男性文化和女性文化都有所不同。

（2）既然文化要通过符号系统来传递，那么，它并不是通过遗传而天生具有的，而是通过学习得来的。

（3）任何一个人，从他一出生，他便已经处在某种文化环境和氛围当中了，这是他无法选择的客观存在。同样，每一个人也都是文化创造与文化参与的个体。

（4）文化是一种架构，它包括各种外显或内隐的行为模式，并通过符号系统相互传递。文化的核心信息来自历史传统，它具有清晰的内在结构，并有其自身的规律。

（5）文化既是一种社会现象，也是一种历史现象。一方面，文化是正在进行的、不可停顿的生存活动；另一方面，文化又是寓于当下的生存活动中并调节、规范、控制、影响这些生存活动的知识、价值与意义。

（6）文化具有相对独立性。尽管每个人都无法逃脱文化而存在，我们也仅仅是无法逃脱地站立在我们自身所创造的文化世界中。换句话说，虽然文化是源于人类，但文化并非附属于人类，它是外在于人的独立存在。人作为承担者使用文化并通过文化来充实自己，而文化却可以与其承担者分开，从一个承担者向另一个承担者转化。

二、多元文化的含义

（一）多元文化概念的提出

就文化本身的发展而言，长期以来，以达尔文的"进化论"为基础，认为文化是精英成员活动的总体象征，更是从野蛮到高度文明的发展历程。但从20世纪50年代以来，这种观点逐渐遭受质疑和批判。文化被认为是由不同时间和地点的人们以不同的方式集体所做的事情，它具有历史的特殊性，其意义取决于特定的情境。而这一文化的理念就成为现代多元文化主义的基础。多元文化论认为，一个国家由不同信念、行为方式、肤色、语言等多样化地区所组成的文化，其彼此的关系应是相互支持且均等存在的。

20世纪60年代，随着欧美民权运动的兴起，文化本身的发展以及后现代主义的张扬，多元文化不仅已成为事实，而且成了社会和政治生活的一个条件，成了国家政策中的一个重要组成部分。而"多元文化主义"一词也开始出现于80年代的美国，并被引入政坛，备受西方各国的推崇，在历史研究、教育、文化批评甚至社会改革等不同领域都得到了不同程度的研究与运用。

虽然多元文化的现象从来就存在，但多元文化概念的提出却是社会发展的结果，确切地说，是全球化的结果。如果没有全球化，多元化的问题是不可能提出的。全球化对多元文化概念提出的影响主要表现在以下几个方面：

（1）全球化促进了殖民体系的瓦解，造就了全球化的后殖民社会。特别是第二次世界大战以来，很多国家都寻求自身文化的独立性。例如，以色列决定将长期以来仅仅用于宗教仪式的希伯来文重新恢复为日常通用语言；马来西亚为强调其民族统一性坚持以马来语为国语；而一些东方国家的领导人和学者为了强调自身文化的特殊性则提出了"亚洲价值"观念等。可见，文化总是向着多元方向发展，后殖民主义为多元文化的发展奠定了基础。

（2）经济全球化和后殖民状态在西方社会引起了阶段性的大变动，产生了以后现代性为标志的后工业社会。而后现代性大大促进了各种"中心论"的解体，世界各个角落都成为其不可分割的组成部分，每一部分都有其存在的合法性。一方面，这大大解放了多元文化的发展；另一方面，各个文化都认识到不仅需要吸收他种文化以丰富自己，而且需要在与他种文化的对比中更深入地认识自己以求发展，这就需要扩大视野，了解与自己的生活习惯、思维定式全然不同的他种文化。这样，文化多元发展等问题便被提出来并逐渐受到重视。

（3）全球化所带来的物质与文化的极大丰富使得原来贫困地区的人们在创造了物质文化的同时，也发展着自身的精神文化。可以说，随着经济和科技的飞速发展，人类的相互交往从来没有像今天这样频繁。

（二）多元文化的概念

20世纪五六十年代，多元文化主要指的是两种文化现象：一是指殖民地和后殖民地社会的文化。二是指不同的地区文化，即具有不同社会和文化来源的地区虽然共存，但地区之间以及各地区群体之间的文化特性有着较大的差异。随着人们对文化认识的深入，多元文化的释义有了较大的变化。例如，有研究者认为，不仅殖民地国家存在着统治文化与被统治文化的区分，而且世界上发达地区和国家同样存在这种状况；价值体系、思想观念等方面的差异不仅在地区间存在，而且在同一社会地域之间、阶层之间、年龄之间、性别之间也存在着。

由此可见，我们可以认为多元文化是相对于传统的单一文化而言的。以往的文化发展定势是在一定的社会、地域、群体或阶层中存在并发展某种单一文化；多元文化则是指在一个社会、地域、群体或阶层等特定的系统中，同时存在且各自具有独立文化特征的多种文化。多元文化在空间上具有多样性，在时间上具有共时性。

实际上，由于文化本身的概念界定就是一件极其复杂的事情，相应地，对多元文化的理解也就见仁见智、众说纷纭。文化本身有广义和狭义之分，多元文化中的"文化"的含义也就不仅仅是指狭义上的文化概念，而是涵盖了广义的人类文明现象。具体来说，既涵盖了人类的一般生活方式，包括了人类的文化知识内容和教育水准，也涵盖了一定社会、地域、群体中的人的全部生活方式。由此，多元文化也可以从广义和狭义，或者说是宏观和微观两个方面来理解。从宏观上来说，多元文化是指包括人的多种哲学价值观、信仰、法律观念、艺术风格、风俗及行为习惯等的综合体。从微观上来说，多元文化也可以指狭义的文化含义，即专指从人的生活中提炼、升华、积淀出的理性化的高度智慧的东西。

此外，多元文化也可以从地域方面来理解，即它不仅指全球范围内不同地区文化的共存共荣，而且也意味着单一地区国家中的传统文化对其他地区文化的宽容以及必要的吸收。总之，多元文化的含义是多层次的，且不局限于"文化"，而且囊括了给予各地区政治、经济、社会、文化等平等权的多重内涵。

第二节 多元文化的特点及意义

一、多元文化的特点

不同的时代具有不同的文化，多元文化也呈现出不同的特点。在当今，经济全球化的趋势、政治多极化格局的形成以及信息技术的飞速发展都对多元文化产生了重要的影响，并赋予了多元文化明确的时代特征。

具体来说，多元文化的特点可以归纳为以下几个方面：

（1）信息化。自工业革命以来，人类文化中占主导地位的便一直是工业文化，而工业文化的核心是机器系统。到了20世纪50年代，以电子计算机、人造地球卫星、电视等为核心的信息技术形成一个统一的传播系统，其基本特点是信息一体化，即可以超越时空限制，在全世界范围内及时、准确、综合性地加工、传递、存储信息，从而将人类联结为一个信息整体。信息既是多元文化的载体与介质，也是多元文化的组成部分。

（2）全球化。全球化的发展与信息化是分不开的，当今社会也是一个信息化的社会。信息化的发展将整个世界联结成为一个巨大的信息网络，无论你处于何地，只要被纳入这个信息网络，就可以知晓这个世界正在发生的种种变化。而世界某个局部的社会变迁也可以及时准确地传到全球范围，并产生全球影响，从而大大增强了全球各区域之间的联系。这样，各种文化在传递与交流中取长补短，相互融合，使世界真正变成一个"地球村"。

（3）世界多元文化交流与研究的空前发展。由于全球化和信息化的发展，20世纪40年代以来，世界出现了一个跨学科综合研究的热潮。世界许多文化，如中国文化、欧洲文化、印度文化、日本文化等都有大量的学者进行研究。不仅如此，随着文化交流的发展，生活在异质文化中的人也越来越多。各种文化相互渗透，任何一种文化都会受到他文化的影响，也都会不同程度地吸收他文化以求自身发展。

二、多元文化的意义

多元文化的发展是历史和社会的事实，多元文化对于社会的持续发展具有重要的意义。各种文化如希腊文化、希伯来文化、中国文化、阿拉伯伊斯兰文化以及非洲文化等都深深地影响着人类社会发展的历史进程，并在当今产生持续性的影响。

从历史的角度来看，文化发展首先依赖于人类学习的能力以及将知识传递给下一代的能力，而每一代人也都会为当时的时代增添一些新的内容。这些新的内容包括他们从当时的社会所吸收的东西以及他们自己的创造，也包括他们接触到的外来文化。其中，外来文化的影响是文化发展过程中最值得重视、也是最复杂的因素。正如英国哲学家罗素所认为的："不同文化之间的交流已被多次证明是人类文明发展的里程碑。希腊学习埃及，罗马借鉴希腊，阿拉伯参照罗马帝国，中世纪的欧洲又模仿阿拉伯。文艺复兴时期的欧洲则仿效拜占庭帝国。"以欧洲文化为例，可以毫不夸张地说，欧洲文化之所以发展到今天仍有强大的生命力，就是因为它能不断吸收不同文化的因素，使自己不断得到丰富和更新。

第三节　多元文化教育解析

一、多元文化教育的渊源

（一）移民渊源

从某种程度上说，多元文化课程的产生与发展是社会上不同文化群体之间为了维护自身利益所导致的冲突与妥协的结果。在这个过程中，那些弱势群体或边缘族群为了摆脱压迫奋起争取自己的权利，并进行了长期而艰苦的斗争。同时，主流文化群体也艰难地维护着自己的利益。

至19世纪末，美国的地区关系显示出非常复杂的特征：原住民与移民、老移民与新移民、来自不同国家或地区的移民、合法移民与非法移民、具有不同信仰的移民等，呈现出一幅关系错综交织而复杂的画面。而到第一次世界大战期间，美国仍到处弥漫着同化主义的思想意识。如在学校教育中，美国学校的主要目标是使少数族群放弃他们的地区特性，使他们接受盎格鲁一撒克逊的价值观与行为。美国也分别于1917年和1924年颁布两个移民法，主要目的便是限制北欧和西欧之外所有欧洲国家进入美国的移民数量。移民法的颁布标志着同化主义在美国社会的胜利，也说明同化主义在当时的政治、经济与教育领域中起着主导作用。然而，与此同时，一些教育家、作家、哲学家却开始倡导多元主义，文化多元主义也悄然出现。因此便引发了一系列地区冲突和争论，其中影响最大的有两件事：一是20世纪30年代关于地区教育政策的大讨论；二是第二次世界大战后震动全美国的地区冲突与骚乱。

关于地区教育的大讨论主要是针对当时印第安人、非裔美国人、墨西哥裔美国人的教育提出来的。到后来，由于其他少数族群如意大利裔美国人、犹太美国人等的参与，讨论也涉及了这些群体的教育问题。尽管这场关于地区教育的大讨论使美国的同化主义教育在表面上做出了一些妥协和让步，但真正促使美国政府认真考虑地区文化的差异、重视多元文化教育理念的事件，却是20世纪四五十年代震动美国社会的地区冲突。

然而，令人遗憾的是，这场跨族群教育运动及其相关改革并没有在教育界取得成功，究其原因，最重要的是同化主义教育观念仍然相当顽固，它从20世纪初到60年代一直主导着美国社会的方方面面，代表着美国教育的主流。而跨族群教育运动并没有对美国社会中同化主义的思想意识提出严峻的挑战，因为它本身是温和的多元主义性质。尽管如此，它仍然在一定程度上对社会和教育改革做出了贡献，也为后来多元文化教育的产生与发展奠定了思想和舆论基础。

（二）经济与科技渊源

马克思主义认为，科学技术是生产力，生产力又是社会发展的根本动力。科学技术是推动社会变革的最有力的因素。人类历史的前进和发展无不是在科学技术的推动之下进行的。由于各种通信技术，尤其是网络技术的发展，人们足不出户便可以间接地认识不同文化与群体，认识到大千世界无奇不有。人们已经深刻地认识到，世界是由不同的群体与不同的文化构成的。文化多元化的思想已经深入人心。

另一方面，自工业革命以来，资本主义为了追求更大的利润，其资本在地区和国家之间不断地流动。而资本的国际流动不可避免地带来了文化之间的碰撞、冲突、交流和吸收。经济的强大必然导致文化的强盛，进而使该经济所代表的文化成为强势文化。这样，强势文化的国家的资本流向弱势文化的国家，或者经济发达地区的资本流向经济落后地区。而无论是强势文化的国家还是弱势文化的国家，无论是经济发达地区还是经济落后地区，都会感受到资本和人口的流动所导致的不同文化之间的冲突。

科学技术的发展和跨国资本的流动导致了人类文化多样性的减少以及不同文化之间差异逐渐消失的趋势。以语言为例，世界语言的多样化在逐渐减少，由过去的4000多种语言减少到目前的2000多种。从表面上看，随着当代科学技术的突飞猛进，随着商品、贸易、技术、资金、生产的跨国界交流和流通的加速和扩大，世界被紧密联系在一起，成为我们常说的"地球村"。一方面，由于各种文化更加频繁地接触、碰撞、交流、吸纳、整合，地区文化正逐步向全球文化缓慢过渡，即世界上的文化正趋于"一体"。但另一方面，世界上的文化又是多元的，多元文化的存在是一个客观事实。面对这一矛盾，无论是个人、群体还是国家都感到了困惑，从而导致了"多元化"和"一体化"之间的争论。而多元文化的课程正是在这种矛盾和困惑中产生的，是对这种争论的一种回应。

（三）哲学渊源

多元文化教育与哲学之间的渊源主要体现在后现代主义及其发展上。我国有学者指出，后现代主义在欧洲大陆产生的时间为1960年左右。而从时间上看，多元文化教育也是兴起于20世纪60年代。

在美国，后现代主义最初只是一个社会现象和文化现象，作为一种学术现象要比欧洲大陆晚，普遍认为它是从法国和德国引入的。作为时代精神的哲学中的后现代思潮，它对西方社会的政治和文化等方面的描述基本符合西方社会的现实，后现代主义基本上是20世纪50年代美国社会的一个真实写照。后现代主义没有统一的思想体系，其许多著名的代表人物如福柯、拉康、巴尔特、罗蒂等都有自身关注的方面与立场。尽管如此，他们却都对诸如"真理""理性""确定性""一致性""体系"等进行了批判，而强调"非中心化""差异性""多元性""边缘性""异质性"等概念。事实上，这些概念和原则也正是文化多元主义所倡导的。后现代主义体现了一种从"一元"到"多元"转变的思想，而"多元"正是文化多元主义的核心，是多元文化课程的重要理念。

也许，后现代主义的思想和理念与多元文化教育的产生二者之间没有明显的因果关系，但不可否认，后现代理论的多元主义观点确实对多元文化教育的产生与发展起到了催化剂的作用。可以这样理解，文化多元主义是后现代思想的庞杂体系中的一个构成部分。此外，文化多元主义理念的产生也得益于后现代主义思潮对知识与权利的关系问题的研究。后现代主义认为，一切知识和真理都不是客观的、中立的、普遍的，但它们却导致了对个体性和多样性的压制，助长了顺从性和同质性。当今社会政治、经济和文化的发展开始使人们质疑知识的客观性，人们开始将"合法性"赋予对知识和真理的判断。也就是说，"真理"已经不再是一个事实问题而是一个价值问题。在一个多元的世界里，人们以一种异质的标准来面对各种知识，而主流文化及其标准越来越受到挑战，主流文化所主导的教育和课程也受到了多元文化教育及课程的挑战。

二、多元文化教育的含义

作为20世纪的一个教育概念和教育改革策略，多元文化教育是20世纪具体学科发展和政治活跃的结果。而多元文化教育的概念自提出之日起就引起了多地区的关注。许多学者从不同的角度，以不同的方式来解读多元文化教育。比较有代表性的有如下几个：

（1）美国学者盖伊（Genera Gay）认为，一种明确的多元文化教育哲学的阐述对于学校课程发展过程是十分重要的。……多元文化教育哲学认为地区文化多样性和文化多元主义应该是美国教育的一个重要组成部分和不间断的特征。学校应该教学生真正地将文化和地区多样性作为美国社会标准和有价值的东西而加以接受。

（2）美国多元文化教育学家班克斯认为，多元文化教育是一场精心设计的社会改革运动，其目的是改变教育的环境，以便让那些来自于不同的地区、性别与阶层的学生在学校获得平等受教育的权利。

（3）英国多元文化教育理论家詹姆斯·林奇认为，多元文化教育是指在多地区的社会中，为满足各地区群体或个体在文化、意识、自我评价等方面的需要而进行的一场教育改革运动，其目的是帮助所有不同文化的地区群体学会如何在多元文化社会中积极和谐地生活，保持群体间教育成就的均衡，以及在考虑各地区差异的基础上促进相互尊重和宽容。

（4）美国的高尼克（Gollnick）综合众多学者的观点后提出，多元文化教育要促进文化多样性的特性与价值；促进人权观念和尊重个体之间的社会公平与机会均等；让每个人都有不同生活选择的机会；促进全人类的社会公平与机会均等；促进不同种族间权利分配的均等。

（5）日本学者对多元文化教育的看法较为一致，他们认为，多元文化教育是在多地区国家中，对具有多种多样的文化和地区背景的青少年，特别是对少数地区与移民等处境较差的社会集团的子女们提供平等的教育机会，并在尊重他们的地区及其文化特征的基础上实施的教育。

尽管众多学者对多元文化教育的理解不尽一致，但他们仍然在某些方面取得了一致意见。

例如，多元文化课程要体现平等、公正的教育原则；多元文化课程应使全体学生在种族平等与差异中实现自我认同，并实现对他人的认同；多元文化课程应该容纳区域文化与区域间文化的理解与和谐；多元文化课程应当包含对全人类文化的了解与批判等。事实上，自20世纪90年代以来，学者们对多元文化教育的理解也渐趋一致。可以这样认为，多元文化教育就是以尊重不同文化为出发点，在各集团平等的基础上，为促进不同文化集团之间的相互理解与交流，而有目的、有计划地实施一种共同平等的"异文化教育"。具体来说，多元文化教育必须帮助学生获得在国家主流文化中生存所需要的认识、技能和态度，同时也要有助于培养学生在本地区亚文化和其他少数地区亚文化中生存所需要的能力。

三、多元文化教育在学校教育中的价值

多元文化教育是当今世界教育的热点问题之一，它既是一股强劲的理论思潮，也是一场深刻的实践变革。多元文化教育是基于文化平等与社会民主的文化多元主义理念的，它的基本价值表现为：对世界团体的责任，接受和欣赏文化差异，爱护地球，尊重人的尊严和人的权利。

多元文化教育在学校教育中的价值主要表现为以下几个方面：

（1）多元文化教育使所有学生的兴趣都得到照顾，并培养学生进入文化多样化的世界，以适应实际生活需要。

（2）多元文化教育使部分学生群体在多元文化教育的影响下产生变化。

（3）多元文化教育帮助教师明确不同地区的学生学习成绩存在巨大差异的主要原因是学习风格不同，使教师更好地研究个体的学习风格，从而对调整学校教学更有参考价值。

（4）多元文化教育帮助学生清楚地理解多样性，在这个逻辑起点上，促进学生直接获得理解多元文化的能力。

（5）多元文化教育能培养学生基本的认知能力、批判反省能力、想象力、独立判断能力等；促进学生道德品质的提高，如追求真理、民主、人性化及对全人类的关怀；培养学生的社会技能，提高其在不同文化中的适应能力，促进个人的自我发展。

（6）多元文化教育能使来自不同文化背景的学生意识到，仅仅依靠自己的经验和感受会遇到各种阻力和危险，对大量有关多元文化教育的思想和观点虚怀若谷、洗耳恭听，才是获得正确观念应有的态度和方法。

第二章 当代英语教学现状分析

第一节 当代英语教学现状

目前，我国英语教学还存在许多问题和弊端，只有清楚地认识到这些问题，才能有针对性地加以解决，切实提高英语教学的质量。

一、学生英语水平现状

中国学生从小学到大学，甚至到硕士、博士研究生，都投入了大量的时间和精力学习英语，尤其是自从轰轰烈烈举行全国四、六级统考以来，大学英语教学受到了空前重视。那么，学生的英语水平到底如何呢？从现实状况来看，虽然各高校英语教学条件、设施得到了相当大的改善，学校领导、教师及学生都付出了很大的努力，但是，似乎付出的代价与收到的成果不太相称，"哑巴英语""聋子英语"的帽子一直戴在学生头上，英语学习也没有真正达到学习语言的目的。此外，就英语专业学生而言，大多数学生学习英语的目的也仅是为了应付四、六级考试，考试过了关就把英语抛到脑后，到毕业时英语水平反而大大下降，许多学生虽有四、六级的证书，但听、说、写的能力却很差。当然，还有一些学生对英语的学习非常重视，一进大学就把大量精力放在英语学习上，甚至把专业课都放在第二位。时间是花费了，但是仍然张嘴不能说，听不懂也用不上，这对于辛辛苦苦学了几年甚至十几年英语的学生来说，平时的努力和实际的产出不成正比，的确是一个令人无奈的现象。

学生英语水平普遍不高与英语教学的方式有很大关联。在课堂上，教师一直讲，学生一直闭口听、记笔记，却害怕开口、害怕提问。下课后，学生也只是背单词、背笔记、做机械性的训练。这种完全没有启发式的教学使得学生既无法提高对英语学习的兴趣，也无法提高英语学习的成绩。

二、公共英语教学现状

大学英语教学的目标是要培养学生使用语言的能力。如前所述，目前我国学生到大学毕业时的英语总体水平仍然不高，听、说、读、写的能力不强，特别是听、说、写的能力较差，相当一部分学生学的是哑巴英语。大学英语教学中存在的这种"费时多，收获少"的弊病以及大、中、小学严重脱节的现象，使英语教学远不能达到预期的效果。

应当说，造成以上种种现象的原因是多方面的。教法落伍、教材陈旧、教师队伍水平参差不齐及有关部门的政策都是影响英语教学质量的重要因素。下面，我们就从多方面来分析我国公共英语的教学现状。

（一）教法

目前，我国大学英语教学模式存在着诸多问题，突出表现为课堂教学模式的呆板和落伍。首先，仍在延续传统的英语教学模式，教学方法单一。在教学过程中，尤其是英语教学过程中，教师不仅要向学生传授必要的语言知识，还要注意启发和引导学生运用所学知识进行广泛的阅读和其他交际等实践活动。但是，很长一段时间以来，我国大学英语教学仍大都采用"书本加黑板"的教学模式。这种教学方式忽略了教与学之间的关系，也忽略了英语教学的根本目的是要培养学生的交流或交际能力，使得学生没有机会将所学的语言知识运用于实践。不仅如此，学生也出现了独立运用语言的能力差、对教师依赖性强的情况，从而出现了"高分低能"的现象，造成很多学生"只会考试，不会实践"。

其次，教学手段单一落后。虽然我国现代教育技术迅速发展，在教学中出现了很多现代化的教学手段，使学生可以在更广泛的范围内接触和学习英语。但从现实情况来看，现代教育技术在大学英语教学中的应用却很不够。尽管有些学校使用了诸如多媒体语言学习系统、网络学习系统等现代化教育技术，但实际效果并不理想。这一方面是由于学生数量多与现代化设备相对少两者之间产生矛盾，从而在整体上缺乏多媒体学习环境所致；另一方面也与学校乃至英语教师本身不重视现代教育技术的真正作用，致使很多现代化教育设备无法发挥其训练和实践的功用有很大关系。可见，改革英语教学手段，优化学生学习环境，对激发大学生英语学习的兴趣，提高其英语综合能力，是非常必要的。

（二）教材

目前，我国外语教学模式在一定程度上受教材的制约，而教材编写又受大纲所附词汇的限制。具体来说，目前大学英语词表是对原来工科本科用和文理科本科用的两份大纲一至四级词汇进行调整后所产生的新词表。但是，这一新词汇表并没有充分考虑到学生离开学校后吸收先进科技信息、阅读和参与对外交流的需要。现有的适用于各专业的"共核语言"仍在低层次上重复。

新词汇表是选择外语教学内容和编写教材的依据，是外语教学的"联络图"。大学英语教学的词表应根据我国国情，并针对我国大学生学习英语的主要目的编制，其所收词汇相对于中学词汇应是全新的，至少在释义上要在中学词汇表的基础上有所延伸和拓展。此外，我国当前大学生学习英语的主要目的，应该是满足及时了解国外最先进的科技信息以及参与对外交流的需要，这就要求大学英语教学内容不应仅仅考虑选择传统的经典名篇，还应从人文和科学两个侧面充实现代英语教学的内容。

（三）师资

在教学过程中，教师起着不可替代的重要作用。教师指导或引导学生学习，是决定教育质量的重要因素。一方面，从大学英语教师自身来看，只有具备流畅的英语表达能力，具有正确的语调、语音及充分的语法知识，才能将英语知识准确无误地传授给学生；另一方面，从教学对象来看，处于大学阶段的学生已经具备独立思考的能力，也具有相对丰富的知识积累，教师只有不断加强自身的素质，努力提高自身的修养，才能更好地与学生进行交流互动，也才能更有效地激发学生对英语的学习兴趣。

而在现实情况中，由于大学师资力量紧张，教师除了基本的备课和授课之外，还有大量的作业要批改，能抽出时间看些书自我提高都很困难，更别说拿出时间专门搞科研了。反过来，科研意识的淡薄又限制了科研对英语教学的促进作用，使得大学英语教师长时间以来一直在搞经验式教学。此外，作为高等教育的基础课程，大学英语教学的内容涵盖了听、说、读、写等各方面的基本技能训练。而由于大学生数量多，加之英语的授课时间很有限，英语教师只有具备相当高的业务水平，才能在有限的时间内将所有的教学内容覆盖进去，这就对大学英语教师的业务素质提出了更高的要求。如果教师不能够及时并积极地更新自己的知识结构，不仅不利于自我提高，还会无形中影响甚至扼杀学生各种能力的发挥。

（四）检验手段

为了检验学生对英语的学习掌握程度，全国每年举行的大大小小的英语考试种类繁多，其中包括托福、GRE等出国必备的考试，也有最为著名的由全国大学英语考试委员会设计和举办的大学英语四、六级考试。四、六级考试主要是考查学生对大纲规定的英语单词、语法等的掌握程度。这为提高大学生的英语水平和能力做出了很大贡献，无疑推动了我国的英语学习，也使我国英语教学走上了正轨。但是，不可否认，四、六级考试制度化也有一定的负面作用，主要在于对学生的英语实用能力检测不够，学生也只是为了应付四、六级考试，为拿到证书而学习，这在某种程度上助长了应试教育的风气。此外，一些学校的教师把重点放到了追求"通过率"上，让学生死抠所谓的大纲词汇，似乎掌握了大纲词汇，就是掌握了英语。这也在客观上降低了对学生使用英语能力的要求。

（五）教育管理

从政府宏观管理角度看，中央有关领导曾就英语教学改革问题做过多次专门的批示，教育部主要领导也多次指示要大力推进基于计算机和网络技术的公共英语教学改革，这些指示为大学英语教学改革指明了方向。从学校教学管理微观角度看，许多学校也正在积极地想办法、定措施，推进公共英语教学改革。但是，教师教得过细、针对语法等内容的考试过严、课程体系和课程设置"一刀切"等问题还确实存在，难以满足学生个性化学习的需要。

第二节　当代英语教学理论基础

关于英语教学的理论基础有很多，如教学法理论、英语教育目的理论、英语教育过程理论等，从语言知识教学角度可分为语音教学理论、词汇教学理论、语法教学理论、阅读教学理论、写作教学理论等。

一、语音教学

心理学家认为，口语是第一性的，书面语只是口语的书面符号。英语语音是学习英语的第一步，也是整个英语学习的基础。语音好了，对于以后学习语法、记忆单词、提高听力等都会有极大的帮助。例如，发音与阅读速度有关，如果学生的发音很差，那么他们在阅读时就会结结巴巴，阅读也就会受影响。

语音教学的范围大致包含字母和音位的发音、一般读音规则、音位组合、音位交替、重音、音节、语调等。而对于高层次英语学习者，特别是英语专业学习者，则不仅要有正确流利的语音语调，还要掌握一些语音方面的基本理论知识。

语音技能的教学过程，首先是要进行有效的指导与示范，以便于学生观察和模仿；其次，要进行大量的练习；再次，要进行反馈并纠正错误。对于英语语音教学来说，关键的一点是要强调模仿。一般来说，语音教学的方法可分为直接模仿法和分析模仿法。直接模仿法主要指单纯的模仿，即在不做任何解释的情况下进行模仿。而分析模仿法则先由教师说明所学音位的发音部位和发音方法等，然后让学生自觉模仿。在这个过程中，学生要不断模仿并练习，通过及时地反馈和纠正错误巩固语音。

二、语法教学

语言是人类最重要的交际工具。语言具有极强的规则性。语法规则是语言的主要组成部分，是语言得以成为语言的根本条件之一。从教育的功能来看，教育的第一个功能是教授已有的知识。具体到外语教学中，就是向学生传授语法知识，使其在实际的语言阅读和理解过程中省去大量时间。教育的第二个功能是培养学习者个人的素质和能力。体现在外语教学上，就是遵循个人语言能力的自然发展过程，尽量提供适当的自然环境，使其语言习惯和能力在自然过程中形成。教育的第一个功能是训练学习者的社会能力，使其成为合格的社会成员，胜任自己的社会角色。具体到语言教学中，就是教会他们如何正确地使用恰当的语言形式来完成一些社会任务。具体到英语的语法教学，其目标是由低到高，由易到难，层层推进。大致可以概括为"知""练""能"三个阶段。这三个阶段呈现为递进关系，但这种递进关系并不是绝对的。换句话说，要想达到"能"，不一定要首先达到"知"，有的人虽然不能完全掌握语法的意义和结构，但依然能够在语言活动中正确运用语法规则。当然，对于大多数的英语学习者来说，由"知"到"练"，再到"能"，可能是达到终极目标的最可靠和最有效的途径。

长期以来，语法和词汇被看作语言知识，与听、说、读、写四项技能无关。这种把语法当作静态知识的观点是错误的。语法学习是一个认知的过程，是一个中介语不时重构的过程。单纯讲解正确规则和盲目操练都不能有效地、完美地达到目的。语法知识学得好有助于交际能力的提高。语法能力是学生学习交际能力的必要条件。交际能力是一个由多种能力组成的有机整体，其中语言能力就是交际能力的一个组成部分，而语言能力主要体现在语法能力上。也就是说，语法能力帮助学习者理解和创造口头或书面话语。

事实上，关于英语的语法教学一直都是一个敏感的话题，其争论也一直在继续。但是，不管争论的结果如何，中外学者基本达成了"语法必教"的共识。虽然在一段时期内语法教学被人们所忽视，但语法教学终究重新找回它在英语教学中的重要位置。现在人们议论的焦点已不再是应否进行英语语法教学，而是如何进行英语语法教学。

三、词汇教学

词汇是语言的基本材料，没有语言材料，就很难组织好语音和语法教学，学习英语必须掌握一定的词汇，不论是对于低年级学习者，还是高年级学习者来说，都是如此。

词汇教学的主要内容包括以下几个方面：

（一）拼读

英语是一种拼音文字，认真总结单词里的每个字组的读音规律，把单词的拼写形式与其读音联系在一起，在单词拼写形式和读音之间建立一种对应关系。那么，就可以掌握英语词汇的读音和拼读两个基本要素。

（二）词义

词汇的意义是由词汇的内涵意义和词汇的概念意义以及在情境中的感情色彩决定的。要让学生清楚所学单词的含义，要求我们在教授词汇的过程中要结合语境，联系情景，分析语义关系。例如，dog在汉语中对应的是意思是"狗"，它们具有共同的概念意义，都是指一种常见的家养动物。但是，在英语中dog往往具有正面的意义，意味着"忠诚、友谊"，而在汉语中，其联想意义则大为不同。另外，语义关系也是词汇教学的重要内容。一个单词与其他词汇所构成的同义、反义等各种语义关系在词汇教学中也是很有帮助的，学生了解这些关系，可以更好地理解意义，更准确地使用这些词汇。

（三）用法

词汇教学还有一个重要方面是词汇的用法，用法包括词汇构成的短语、搭配、习语、语域、分割。不同场合要使用不同的单词，确保词在某一语境中的得体性。就语域而言，词汇有褒义与贬义、正式与非正式、抽象与具体之分。如children为中性词，offspring为正式用同，kids为非正式用词。有些词属于口语体，不适合用在正式用语中。如：find为非正式，locate为正式。

当然，对不同年龄、不同程度的英语学习者应采取不同的方法进行词汇教学。对英语初学者应先从口语开始，只有先掌握了发音，能听、能说，才能更快地学好书面语言。如果学生听不懂单词的发音，或说出的单词别人听不懂，记再多的单词也于事无补，因为起不到口头交际的作用。同时，如果单词音发准了，也有助于书面语的学习。

四、阅读教学

阅读教学历来被看作英语教学中最重要的组成部分，无论是在英语专业教学中，还是在大学英语教学中，阅读课都占有很大的比例，尤其是对英语专业的学生，除了开设精读、泛读和快速阅读课外，还开设了文学选读、报刊文选等科目。

英语阅读教学的重要性是与英语教学的最终目标紧密相连的。语言作为一种交际工具，其最本质的社会功能就是交际功能。据此，英语教学的最终目标就是培养学生以书面或口头方式进行交际的能力。交际能力是指借助语言获取和发出信息的能力。交际能力可分为表层交际能力和深层交际能力两种，前者是指日常生活中交际活动的能力，后者则是指在文化、精神、思想和科技等方面进行交流的能力。语言文字记载着人类社会的发展进程及其智慧结晶，学生只有通过吸收书面信息获得综合性阅读能力，才能发展深层次的交际能力，这就有赖于阅读教学。可以说，阅读教学是发展深层交际能力，实现英语教学最终目标的中心环节。

此外，阅读教学之所以重要，还在于它能够促进学生思维能力的发展。作者用文字表达出自己的思想，读者则通过心理语言活动去理解作者的原意。但是作者与读者之间的交流并非简单的语言活动。事实上，读者的心理过程有体验、预测、验证、肯定或修正等阶段，而这些阶段又无不贯穿读者的思维活动。可见，阅读是一个复杂的心理语言活动过程。因此，通过阅读既可以检验读者的思维能力，又可以帮助发展读者的思维能力。具体到英语阅读教学中，通过对学生进行阅读训练，既可以克服学生的语言障碍，又发展了他们的思维能力，而思维能力的发展反过来又会促进阅读能力的提高。

五、写作教学

英语的基本技能主要体现在听、说、读、写四个方面，其中，英语写作能力体现了英语学习者掌握、运用和理解语言的能力，不仅是学习者书面表达能力的集中表现，也是英语综合应用能力的充分反映和呈现。无疑，作为一门课程，英语写作在学生的学习过程中是非常重要的。

在英语写作教学中，主要有以下几种教学方法可以采用：

（一）结果教学法

重结果的写作教学是一种较为传统的教学模式，该教学模式强调语法、词汇、句法和拼写等句子层面上的教学，实际操作主要分三步进行：教师命题—学生写作—教师批改。在这种模式下，学生学习写作是处于一种孤立的环境，主要以阅读别人的写作然后模仿为主，第一稿通常也就是最后一稿，写作的内容和写作的过程往往被忽视。

（二）内容教学法

重内容的写作教学较注重写作素材的收集。在教学过程中，教师主要是指导帮助学生从不同的渠道获取信息，教学的重点在于帮助学生准备写作，丰富其写作内容。

（三）过程教学法

过程教学法始于20世纪70年代，其理论基础是交际理论。交际理论认为，写作的过程应当是一种群体间的交际活动，而不是每一个学习者作为个体的行为活动。过程写作教学法将学生看作语言的创造者，在此基础上，允许并鼓励他们自由地交流和表达信息，并将每一个个体内在的动因作为学习活动的中心。过程写作教学法的基本原则是，注重诸如从构思、资料收集、写作、修改到定稿等所有写作活动。

在具体教学过程中，为了让学生能写出语篇布局合理、句子结构正确地道、用词恰当、有可读性、内容丰富的英语文章，教师必须抓住造简单句、用连词连接句子、组合段落、造复杂的复合句这四个关键环节。通过这四个阶段的教学，可使学生由会写最基本、最简单的句子过渡到会写复杂的地道的英语句子，使学生熟练地掌握英语句子的框架结构，从而在不知不觉、轻松愉快的过程中写出成功的英语文章。

第三节 当代英语教学要求

一、着眼于学生的全人发展

英语教学的首要定位就是人的教育，而当代英语教学首要的理念也应当是人本主义。教师要时刻以学生为中心，充分发挥学生的主体作用，注重学生的全面发展，使他们具备持续学习的能力，从而为终身学习打下良好的基础。因此，当代英语教学要求学校和教师要着眼于学生的全人发展。而要促进学生的全人发展，仅靠帮助学生掌握英语知识是远远不够的，因为其他因素，如学生的社会责任感、积极的情感、严谨的治学态度等也会直接影响他们的英语学习。这就要求教师在英语教学中要尊重学生，注重情感教学。具体来说，要做到以下几个方面：

（一）承认学生之间的差异性

首先我们必须承认，学生之间是有差异的。因此，教师应当针对学生的差异性提供切合他们实际的学习指导，给每个学生提供平等的学习机会。哈佛大学教授霍华德·加德纳博士（Howard Gardner）在他的《智力结构》一书中，将人的知识分为8种类型：语文智慧、逻辑——数学智慧、空间智慧、肢体——动觉智慧、音乐智慧、人际智慧、内省智慧和自然观察智慧。这种智力结构分类，对于我们认识学生的差异是很有帮助的。换句话说，不同类型的学生有不同的学习特点，因此，在教学中也应当采用不同的对策。例如，有的学生口头表达能力很强，有的学生则擅长于书面表达；男生善于阅读思考，而女生则擅长于记忆单词、规则。作为教师，在教学中就要根据学生的这些不同特点进行具体指导。

（二）相信学生的潜能

教师应该坚信，每一个学生都蕴藏着极大的学习潜能。每一个学生都有自己丰富而独特的内心世界。尤其是在科技与网络高度发达的今天，学生在很多方面都比以往更具独立性，在许多问题上的思考也都有独特性。因此，教师应该多与学生沟通交流，成为他们的朋友，进而再做他们的老师。在和他们平等相处的基础上，通过改进教学，为他们提供充分发展潜能的机会，英语教学必然会取得更大的成效。

（三）充分发挥学生的主体作用

学生主体是指能动地参与教学活动的处于发展中的学生个体。在英语课堂教学中，教师要为每一个学生创造表现自己的活动环境，使每一个学生都能积极地参与到教学活动中来，让学生在学习活动中发展个体的学习能动性、创造性、自主性和独特性。

（四）营造和谐的课堂气氛

要顺利地实行情感教学，最关键的就是形成和谐的课堂气氛。课堂教学实际上是人的交际过程，有效的交际取决于和谐的课堂气氛。从某种程度上来说，和谐的课堂交际气氛在某种意义上说比好的教学方法更重要。和谐课堂气氛的创造依赖于以下三个因素：

（1）改变师生关系。要创造和谐的课堂气氛，首先需要教师爱学生，给他们成功的机会。应该改变中国传统的"重教师轻学生"的师生关系，坚持人本主义的思想，重新审视与调整师生关系。在具体的教学过程中，教师要尽可能地为学生提供学习空间，让不同的学生在学习过程中都能获得乐趣，获得满足感与成功感。当学生在课堂学习中能不断收获自己学习的成果时，他们的学习兴趣与积极性也自然会与日俱增。

（2）倡导宽容。学生学习一门外语，犯各种各样的错误是在所难免的。很长一段时期内，我们的教师过于强调精确，学生在说英语时的每一点差错都会被教师及时打断并更正。久而久之，学生便产生了挫败感与畏难情绪，甚至"谈英语色变"，对英语学习提不起兴趣来，那么英语课堂气氛沉闷也就可想而知了。

当代英语教学提倡教师对学生的宽容，即教师应该教育学生多使用英语，不必有错必纠。此外，提倡宽容还体现在对课堂教学中处理学生的突发事情上。例如，碰到学生上课打瞌睡的时候，不应当立刻严肃地训斥学生，而应当本着以人为本的态度关心学生。这样，学生在对教师感激之余，自然会更加努力地学习。

（3）注重情感交流。研究表明，学生学习的好坏一部分取决于教师对学生能力的信心。因此，在英语课堂上，教师自身应该始终处于乐观向上的、高昂的精神状态中，对学生满腔热情，并用这种态度引起学生的积极情感。同时，教师要对学生充满信心，多表扬与鼓励学生，提高他们英语学习的积极性与主动性。

二、着重培养学生语言的综合运用能力

英语教学要注重培养学生运用语言的综合能力，这也是英语教学最基本的目标所在。在新一轮课程改革中，国家推出了新的《全日制义务教育普通高级中学英语教学标准（实验稿）》，其中对英语教学的内容和目标做了如下表述：基础教育阶段英语教学的目标是培养学生的综合语言运用能力。这种能力的形成建立在语言技能、语言知识、情感素质、学习策略以及文化意识等素质整合发展的基础之上。要培养学生语言的综合运用能力，需要深刻认识以下三点：

（一）对语言技能的掌握是学生学习语言的主要目的

语言技能包括听、说、读、写四个方面的基本技能以及这四种技能的综合运用能力。听、读是语言的输入，也就是吸收的技能；说、写是语言的输出，也就是表达的技能。学生运用语言的能力是在吸收信息与表达自己的交际过程中得以提高的。因此，在英语教学中，教师要引导学生通过大量的听、说、读、写的实践，提高综合运用英语的能力。可以说，在英语教学中，听、说、读、写既是学习目的，又是学习手段。

（二）学生运用语言能力的高低与他们的心理因素与学习策略相关

心理因素不仅是影响英语学习的重要因素，也是人发展的一个重要方面。学生只有对英语学习抱着积极的情感，主动参与，乐于进取，才可能把英语学好，才可能对英语学习保持一股持之以恒的热情与动力。因此，英语教学一定要注重学生的心理因素。

学生学习英语的首要心理因素是学习动机，而促使学生产生英语学习动机最核心的因素是对英语学习的态度、兴趣和情绪。学习态度是指学生对英语的评价及其相应的学习行为倾向；学习兴趣是指学生在英语学习中表现出来的积极探究的认知倾向；学习情绪则是指学生在英语学习过程中所具有的心理体验。因此，在英语教学中，教师一定要激励学生的动机。

除了激励学生英语学习的动机，教师还要注重指导学生选择正确的英语学习方法与策略。学习方法就是充分运用智慧和智谋学习，也就是讲究学习策略。当代英语教学提出要以学生的发展为本，要教给学生学习方法，实质上就是要讲究英语学习策略，帮助学生在英语学习的过程中提高效率。

（三）传统的教学法对英语学习存在两种误区，也可以说是两个极端

一种是认为学习英语就是单纯学习语言基础知识，把英语课上成语法课；一

种是认为学习英语就是学习英语的实际用法，将知识与能力对立起来，认为培养学生的运用英语的能力就可以不学习语言基础知识，从而忽视语法的学习。这两种认识都是错误的。

一方面，学习必要的语言基础知识对于英语学习是有帮助的，它是形成能力的基础。我们反对把英语课上成语法课，并不是说我们就不必学语法。事实上，学生学习英语掌握必要的英语语言基础知识是必要的。语言基础知识是语言能力的有机组成部分，是发展语言技能的重要方面。另一方面，我们也反对把学习语言基础知识作为课堂教学的唯一的，也就是说绝对不能把英语课上成语言知识课。因为语言知识的学习最终的落脚点就是实际的综合运用。

只有在学习基本语言知识的基础上，辅以适当的实践训练，才能真正提高学生的综合运用能力。

三、提高学生的认识能力

当代英语教学既是获得交际所需要的语言技能及相应的语言知识的过程，同时也是发展智慧和培养认识能力的教育过程。下面，我们就来探讨一下当代英语教育中提高认识能力的意义与途径。

（一）提高学生认识能力的意义

对当代英语教学中提高学生认识能力的意义可以从以下两个关系来理解：

（1）母语与英语的关系

我们的知识大都是通过母语获得的。没有学过英语的人，对母语的使用可能非常娴熟，得心应手，但对母语的认识却往往十分有限。学习英语的很多人都有过这样的体会与经验，即对许多母语词语的理性认识往往是在学习外语的过程中才获得的，在此之前是"只知其然而不知其所以然"。

由此可见，学习英语不仅仅是获得猎取知识的另一种手段，也是获得一种新的认识方式和认识能力的途径。曾流行于苏联的自觉对比教学法，就是特别强调通过母语与外语的对比来提高学生的整个文化素养，发展他们的智力水平。因此，我们应当超越语言来教授语言，不应仅仅将语言学习当作知识之学和技艺之学，而应当挖掘其更深层次的教育价值。

（2）语言与思维的关系

长期以来，有关语言与思维的关系一直是国内外学术界争论的一个话题，各种观点各执己见、莫衷一是。在思维与语言孰先孰后的问题上，有人认为语言先于思维，也有人认为思维先于语言；在决定权的问题上，有人认为语言决定思维，也有人认为思维决定语言。事实上，以上这几种观点都有失偏颇，语言与思维之间很难确定孰先孰后或谁决定谁。语言与思维之间的关系非常复杂，二者既有密切的联系，又有重要的区别。但总体来说，语言与思维一直保持着同存共进的关系。

文化语言学认为，语言既是思维的物质载体和构思的工具，同时也是思维得以发展的媒介，语言能力的发展和思维能力的发展应当是相互促进、协调发展、辩证统一的。语言是人类文化的一种表现形式，它不但凝结了人类文化的全部成果，也把各个地区的价值观念、文化心态、审美情趣、思维方式等以词语概念组合排列等结构形式表现出来。通过对英、汉词汇语义的对比我们可以发现，由于英、汉两种语言分别产生和发展于不同的社会形态和历史背景之下，他们的词汇系统之间很少出现语义一一对应的现象。英、汉词义大部分都是不完全对应情况，即介于完全对应与无对应之间。例如，英语中的 brother 既可以表示"哥哥"，也可以表示"弟弟"。又如，英语中的 cousin 一词囊括了旁系亲属同辈的所有男性和女性。相比之下，虽然汉语中用以表达亲属关系的词汇远比英语丰富，却找不出与上述英语词完全对应的词。

以上，这种英、汉词汇之间存在的差异实际上反映了两种不同的社会历史背景及相应的不同的思维方式。中国几千年的封建社会体制是以家庭为中心的等级制度，崇尚"君臣父子"的尊卑；以英语为母语的西方社会，由于进入资本主义社会时间较长，他们提倡个人解放，崇尚个体独立意识，家庭观念逐渐淡化，因而表达亲属关系的词汇相应地就要少得多。比较典型的就是英语中的 privacy 一词，在英语国家中人们把个人隐私看得非常重要，认为它是神圣不可侵犯的，而在汉语中却并非如此重要。

可见，学习语言不仅是学习词汇与语法，同时也是进入一种新的文化视野，经历一种新的思想观念的冲击，接受一种新的思维方式的诱导与影响。如果教师能够深刻认识到这一点，那么他们在英语教学过程中，就会有意识地发展学生的思维能力和认识能力，使学生通过学习英语来获得认识世界和感受世界的新的心理机制和思维方式。

（二）提高学生认识能力的途径

要想在英语教学中求得认识能力的发展与提高，就要选择合理的教学途径和教学方法。具体来说，要做到以下两点：

（1）坚持以话语为中心教学

英语教学经历了以词本位教学（翻译法），到句本位教学（听说法），再到话语本位教学（交际法）的发展历程。

从语言与思维的关系来看，词是概念的表达形式，句子是判断的表现形式，而更体现智力本质的推理活动则由大于句子的言语形式即话语来表现。语言与思维应当统一于话语。而无论是词本位教学的翻译法还是句本位教学的听说法都是脱离思维活动来教授语言的，这使语言学习成了机械的模仿记忆和重复性活动，同时也把语言形式与思想内容脱离开来，学生的智力得不到锻炼。而在话语本位教学法中，话语（discourse）被视为基本的言语交际单位，因为话语包含词语与语境之间的衔接连贯等因素，更体现语言的整体性。

此外，话语分析和篇章语言学的兴起也为话语本位教学提供了理论基础和具体的分析方法，使通过语言训练来训练思维能力的教学活动系统化和科学化。因此，英语教师应掌握这些理论，并使之与具体的教学活动结合起来。

（2）坚持"文道统一"原则

所谓文道统一，就是要求教学要根据思想内容和表达形式两者之间的辩证统一关系，在教学过程中同时兼顾内容训练和思想教育两方面的因素，使两者相辅相成，相互促进，从而提高教学效率。可见，语言与文化、与思想是密不可分的，语言教学与思想教育活动应该统一起来。

传统的英语教学一向有重形式轻内容、重技巧轻智能的弊端。语言是工具，但语言教育的目的是超越工具范畴的，它应以完成更高层次的教育目标为宗旨。而坚持"形意结合""文道统一"正是全面实现这一语言教育目标的最好途径。具体来说，要做到以下几点：

1.提高教师自身的素养。教育学中有一条规律称为"自理同构律"。也就是说，教育者寄希望于被教育者的每一种素质和能力，教育者都应先于受教育者而具备之。可见，要想有效地发展学生的认识能力，首先需要教师在备课中进行"智力投资"，先经历一次情思感发的智力体验，然后才可能在课堂上、在学生身上再实现这一体验。所谓"给学生一杯水，教师要有一桶水"讲的就是这个道理。

2.在阅读教学中，教师应当深入文章的层次结构，究根究底，引导学生把文章中最有价值、最富文化意蕴的内容挖掘出来，使学生在学习语言的同时，情感受到真善美的陶冶，心灵受到激荡，人格得到升华。这样既提高了认识能力，也受到了思想品格的教育。

3.从学生的角度来看，学英语的过程不仅是学知识的过程，也是接受另一种文化的熏陶、接受一种特殊的智慧磨炼的过程。因此，学习者自身应当经常体验智力增进的快乐，在这种快乐的体验中培养自身掌握知识和创造知识的能力，进而培养自身的认识能力和创造能力。只有这样，才能解决知识的无限增长和人获得知识的有限时间和精力之间越来越尖锐的矛盾。

四、加强学生的自主学习能力

（一）自主学习的含义与特征

（1）自主学习的含义

自主学习产生于19世纪中叶美国和欧洲的函授教育和成人教育，但自主学习概念的真正发展则源于20世纪60年代关于学习者终身学习技能和独立思考能力发展的争论。20世纪80年代以来，学者们纷纷著书阐述语言学习的自主方法。教育工作者也开始对学生自主学习进行深入的探讨和研究。关于自主学习，目前国内外教育界还没有一个统一的定义。

例如，霍力克认为，自主学习是培养学习者管理自己学习的能力，其中包括确立目标、自我监控和自我评价等。迪金森（Dickinson）则将"自主"定义为"学习者对所有学习上的决定和这些决定的完成负完全责任的情形"。他认为学习的自主性是指学习者在学习过程中全权负责有关他本人学习的所有决策和这些决策的实施。迪金森后来又指出，自主学习"既是一种学习态度，也是一种独立学习的能力"。利特伍德则认为，自主学习意味着学习者能够独立做出并实施影响他行动的选择的能力和意愿。所谓能力是指学习者既要具备为自己的学习做出选择的知识，又要掌握实施这些选择的必备技能。而意愿是指学习者要对自己的学习负责的动机和信心。

虽然各家对自主学习的定义不尽相同，但普遍认可的是，自主学习主要包括以下几个方面的含义：

1.自主学习是主导学习的一种内在机制，它包括学习者的学习态度、学习能力、学习策略等因素。也就是说，它包括学习者主导并控制自己学习的各种能力，如自主制定学习目标、自主监控学习过程、自主评价学习结果等方面的能力。

2.自主学习是一种学教双方协同的学习模式。具体来说，学生在总体教学目标的宏观调控下，以教师的指导为基础，根据自身条件和需要制定并完成具体学习目标。

3.自主学习是对教育环境的一个挑战。自主学习需要培养学习者对自己的学习目标、学习内容、学习方法以及使用的学习材料的自主控制能力。换一个角度理解，就是教育机制给予学生的自主学习的空间，或者是对学习者自由选择的宽容度。

（2）自主学习的特征

自主学习有三大基本特征：自立性、自为性、自律性。自立性是自主学习的基础，自为性是自主学习的实质，自律性则是自主学习的保证。

1.自立性。自立的含义包括以下四个方面：

□ 每个学习的主体都是具有相对独立性的人，学习是任何人不能代行、不可替代的。

□ 每个学习的主体都具有求得自我独立的欲望，这是其获得独立自主性的内在根据和动力。

□ 每个学习的主体都具有自我独立的心理认知系统，具有自己的独特方式和特殊意义。

□ 每个学习的主体都具有潜在的学习能力和一定的独立能力，能够依靠自己获取知识。

自立性的这四个方面的含义是相互联系并有机统一的。学生的独立性是自立性的前提，渴求独立的欲望是自主学习的动力基础，独有的心理认知结构是自主学习的思维基础，独有的学习潜能和独立的能力则是自主学习的能力基础。

2.自为性。自为性是建立在自立性基础之上的，只有实现了自立才能自为。自为学习本质是指学习的主体自我探索、自我选择、自我建构、自我创造知识的过程。自我探索是指学习的主体基于好奇心所引发的，对事物、环境、事件等的自我求索的过程，它是知识获取的途径之一。自我选择是指学习的主体在探索中对信息的自主注意性，外部信息只有经学习主体注意才能被选择而被认知。自我建构是指学习主体在学习过程中自己建构知识的过程，即新知识的形成和建立过程。自我创造是学习自为性更重要、更高层次的表现。此时，学习主体头脑中的记忆信息库被充分调动起来，信息被充分激活起来，知识系统被充分组织起来，学习主体的目标价值也得到了充分张扬。

3.自律性。自律学习是一种积极主动的学习。积极性和主动性来自于自觉性，只有自觉认识到学习的目标意义，才能使自己的学习处于积极主动的状态；而只有积极主动的学习，才能充分激发自己的学习潜能和聪明才智而确保目标的实现。自律学习体现了学习主体清醒的责任感，确保学习主体积极主动地探索并选择信息，积极主动地建构并创造知识。

（二）自主学习的现实需求

（1）目前学生的自主学习存在诸多问题。从学生的角度来说，相当一部分学生课外自主学习的意识淡薄，自学能力较弱，学习依赖心理非常严重。还有不少学生不了解语言学习的本质和过程，认为学英语靠强化、靠突击，他们不知道英语学习是一个循序渐进的积累过程，阅读课外读物会帮助他们扩大词汇量，增强语感，吸收文化知识，提高自己的语言文化素质。此外，还有些学生虽然意识到了自主学习的重要性，也主张课外自学，但由于课外投入不足，或方法不当，影响了学习效果，丧失了信心。

从学校和教师的角度来说，除了正常的课堂教学外，学生在课外几乎没有接触和运用英语的环境，课外学习和运用英语的机会几乎是零。因为很长一段时期以来，英语教学方法和教学模式影响和制约着教与学双方。教师在教学中只注重如何教，而不管学生如何学，这种重知识轻技能的现象使得学生只习惯于做配角，对自己的学习计划、学习需要、学习方法和学习技能不加以充分考虑，自主学习的意识和能力自然就很薄弱。

因此，当代英语教学提倡自主学习型的教学，强调教师应根据自主学习的理念为学生创建支持性的学习环境，使学生之间形成良好的协作关系，学会自我管理和自我评价，最终成为自主学习者。

（2）自主学习符合学生的迫切要求。传统的英语教学法只注重教师的教，忽视了学生自身的参与。事实上，学生是非常愿意参与到教和学的过程中来的，他们渴望教师在教学中考虑他们的学习兴趣和看法，给他们更大的空间，发展他们的语言技能。同时，他们也希望教师多与他们交流，了解他们的思想，尊重他们的意愿，建立平等友好的师生关系。总而言之，他们很乐意为自己的学习承担责任，愿意在教学过程中有更多的选择权和更大的自主权。因此，我们应当根据学生的这些反馈和愿望，积极推动新的自主学习的英语课堂教学模式。

（3）自主学习符合《大学英语教学教学要求》的精神。在新一轮的课程改革中，《大学英语教学教学要求》指出，"大学英语的教学目标是培养学生英语综合应用能力，特别是听说能力，使他们在今后工作和社会交往中能用英语有效地进行口头和书面的信息交流，同时增强其自主学习能力、提高综合文化素养，以适应我国经济发展和国际交流的需要。"

为此，大学英语教学应帮助学生打下扎实的语言基础，提高文化素养，掌握良好的语言学习方法。教师要充分利用教材所提供的语言材料组织好课堂教学和指导学生课外自学，有意识地培养学生的语感，帮助他们养成良好的语言学习习惯，提高自学能力，促使学生自主学习。

（三）自主学习教学的途径

所谓自主学习教学是以学生为主体的学习模式，强调教师应该为学生提供自主学习环境，有意识地遵循系统而稳定的教学结构引导学生开展自主学习，帮助他们逐渐成长为自主学习者。具体来说。自主学习教学要做到以下几点：

（1）帮助学生形成自主学习的观念

纽南（Nunan）认为，学习者的学习自主性是可以培养出来的，不论他原先形成的观念达到何种程度。著名英语教育学家韦斯特（West）也曾断言："外语是学会的，不是教会的。"尽管这一观点有些偏激。但我们应该清楚地认识到，虽然我们教师的"教"在学生英语学习中起着不可或缺的作用，但更重要的还是靠学生自主的"学"。学生是英语学习的主体，对英语学习的成败起着至关重要的作用。因此，教师应该让学生明白，要想学好英语这门课，就得学会在课后去接收更多的语言输入，寻找更多的使用语言的机会，形成自主学习的习惯。

（2）引导学生进行自主学习

学生自主学习习惯的养成与教师正确、耐心的引导是分不开的。首先，教师应当要求学生制订书面的学习计划。计划中要包括对英语学习的认识、学习目的、学习时间表、短期内所要达到的目标。其次，教师应当要求学生按时记学习日记并进行自我监督。学生负责自己的学习的一个重要方面就是自我监控学习过程。为了让学生能自行监督自己的课外学习，也为了使教师能了解学生自主学习的过程，教师应当要求学生坚持用英语记学习日记。学生在日记中可以记录学习的时间、内容、过程、进度、收获、对课堂教学的意见和看法、学习的感受与困惑等。教师可以不定期检查学生的日记，及时了解学生的学习动态，并把一些有效的记日记的方法介绍给大家。笔者感到，在学习英语的策略中，学习习惯的培养是非常重要的。

此外，教师还可以灵活利用课堂时间，与学生一起讨论具体的学习方法和技巧。行之有效的学习方法不是来源于教育者，而是来源于学习者本人。讨论学习技巧的过程也是学生互相学习、互相交流的过程。

（3）为学生提供良好的课堂环境

教师要充分利用英语课堂有限的时间，增强学生在语言交际中的自信心。在课堂上，教师可把教材学习和讲解的主动权交给学生，并进行适当的补充和答疑。换句话说，教师应将教材的核心地位边缘化，让它只起到学生课堂活动的媒介作用。课堂的主要内容应当是学生的语言活动。

课堂教学具体的做法为：教师根据教材内容的需要，将班级分成几个小组。小组的一个个人负责教材中一个单元的教学。小组成员将合作在课堂讲解、讨论课文。具体分工为一名学生负责介绍课文大意，回答学生就课文内容的提问或就课文内容向学生提问；一名学生以课文内容为主题组织课堂讨论；一名学生向同学介绍他认为重要的语言要点并设计词汇练习，帮助学生记忆词汇。教师在课文学习过程中不做详尽的讲解，只解答学生学习中的疑问。在学生讨论过程中，教师可以一个主持人和参与者的身份出现，使课堂气氛轻松、自然。每个学生讲完以后，教师鼓励学生互相提问。在气氛沉闷的情况下，教师提问可活跃课堂气氛，并激发学生参与课堂交流的兴趣。一旦课堂气氛活跃起来，学生参与课堂讨论的积极性就会提高，同时也刺激了学生自主学习的兴趣。

五、增强学生的文化理解能力

文化理解是指学生在学习外语的过程中通过接触和了解外国文化，克服地区中心主义，对外围文化能够采取尊重和宽容的态度的能力。传统的以教师为中心的课堂教学模式已不能与当代交际教学的发展相适应。当代英语教学的新要求之一是加强学生的文化理解能力。具体来说，我们要做到以下几点：

（一）改革教学目标

当代英语教学应当突出文化的地位，培养学生的跨文化意识和跨文化交际能力。具体来说，当代英语教学应建立以下四个方面的目标：

（1）知识目标。这主要指是语音、词汇、语法等方面的知识，这是语言能力发展的基础。只有扎实地掌握了语言基础知识，才有可能进一步实现其他目标。

（2）能力目标。这是在语言知识基础上发展起来的听、说、读、写能力以及运用英语进行交际的能力。

（3）文化目标。要使学生了解英语国家的社会习俗、价值观念、思维习惯和当今生活，明白文化的差异，提高跨文化意识和国际理解力，最终使学生具有跨文化交际能力。这就是英语教学的文化目标。

（4）情感目标。要注重培养学生的文化敏感能力，对英语文化持尊重、开明和容忍的态度。要通过多元文化的对比，引导学生更加清楚地感受本国文化的独特性，增强地区自信心和爱国热情。

（二）改革课堂教学

对英语学习者来说，课堂是他们接触、学习英语文化的主要渠道，因此，应改变原来以语言点为中心的教学模式，采取跨文化教学。

首先，在课程和教材的设计过程中，应当给学校及教师一定的自主权，为各个学校根据实际情况，创造性地开展研究性学习活动提供时间保障。现行教材的内容占据了全部的教学时间，教师和学生完全被教材所束缚，毫无主动性可言。教师被动地教，学生被动地学，通过这样的方式获得知识和受教育不是一种乐趣，而是一种负担。

其次，教师应增强文化的意识，从文化的角度分析课文，在对比英、汉语文化差异的基础上，选出课文中较为突出的文化特质，尤其是容易引起交际困难的文化特质为教学目标。教师还可以利用英语文化的具体事物和参考资料来丰富教学活动，帮助学生在真实的交际环境中体验不同文化的差异。

再次，要转变学习方式，将课堂延伸到课外，开展研究性学习，让学生根据自己的兴趣和爱好，选择有关英语文化的某一主题，开展对英、汉语文化同一性和差异性的考察。通过查阅资料、观察、体验，使学生认识两种不同文化的独特性及其价值观，培养学生的探究精神和文化的理解力。

（三）更新教学内容

由于受教育环境的限制，中国学生对于英语文化的了解和感受主要是来自所学课本。因此，我们应当充分重视教学内容的更新，教学内容应反映英语地区的文化和风俗习惯，而不是用英语谈论中国。以英语文化为主题来编写教材，增加反映英语主流文化的原文或段落在教材中的比重，可以使学生在学习英语的同时，也学习到有关的英语地区文化和社会习俗。

此外，由于社会在不断发展，语言也在发展变化。随着社会的进步和知识的更新，英语产生了大量的新词汇，也逐渐淘汰了一些旧的词汇。因此，我们的教学内容也要与时俱进，语言材料要尽量贴近英语国家的现实生活，反映英语国家的真实使用情况。

（四）完善教学评价

改革英语的教学评价可以通过两方面来进行：

（1）改革笔试考查。在传统的英语考试以考查语音、词汇和语法等基本知识为主的基础上，可以增加对文化知识的考查，以考试促进学生对文化的学习，使考试内容与教学目标结合起来。

（2）增加活动考查。对学生的学习评价要从重视学习的结果转移到重视学习的过程上来，注重考察学生在学习过程中的兴趣、参与、协作和探索精神，改变以笔试为唯一评价方式的现状，通过朗诵、演讲、讨论、编写英语小报等活动形式来考查学生，并给予学生一定的评语式评价，让学生在准备、参与活动的过程中认识、理解英语文化，提高交际能力。

（五）开展国际交流与合作

当今社会处于一个前所未有的开放时代，而当代学生也渴望了解外部世界，渴望与外界交流。我们应当充分利用这一对学生学习英语有利的因素，广泛开展国际教育合作，加强国内外学校间的文化交流，这对于激发学生学习英语的热情，了解国外的文化和教育，丰富他们的校园文化生活是很有益的。具体来说，可以开展以下国际交流活动：

（1）国际教师交流。当学生的视野进一步扩大时，教师的素质也要相应提升。与国外优秀学校合作互派教师到对方学校进行访问、教学和科研，对于提高国内英语教师的素质，推动我国英语教学的发展将起到不可低估的作用。英语教师到英语国家访问，收获无疑是很大的，英语教师将亲身体验英语国家的文化和教育，整合东西方文化的优秀成分，必然会给国内英语教学带来勃勃生机。

（2）国际学生交流。有条件的学校还可以接收外国学生到校学习。与国外优秀学校合作，互换学生到对方学校短期学习，让中国的学生在英语国家生活、学习一段时间，从而更好地了解和体验英语国家文化。这些学生返校后，将会进一步带动学校文化活动的开展，成为文化交流的组织者和推动者。而外国学生对国内学校的文化交流也是十分有利的，不同文化的学生在一起学习，文化间的碰撞，东西文化的融合，将会激发学生创造性的火花，满足学生语言学习的交流需要。

（3）国际间的校访活动。可以组织优秀学生代表团到英语国家的学校进行访问或进行实践活动，这有利于增加学生对英语文化的感性认识，极大地激发学生学习英语文化的兴趣，开阔学生的视野。此外，也可以邀请外国的学校组织代表团到学校进行校访活动，增强学校的文化氛围，推动学校的英语教学。

第三章 多元文化理念对英语教学的挑战

第一节 多元文化课程的价值

由于多元文化影响地不断深入，一元文化课程受到前所未有的批判，而多元文化课程却为当今世界课程改革注入了新的活力，甚至为新的课程改革提供了一种可供选择的路径。然而，多元文化课程同样受到质疑。批评者指出，多元文化主义对文化特殊性的过分强调容易带来只是对自己所属族群文化的兴趣，对其他文化则容易采取隔绝、冷漠甚至排斥的态度。就一个社会而言，它可能造成各个群体为了各自的权益而分裂与冲突，就国与国之间来说，它可能煽动地区主义情绪，导致对异己的诬蔑甚至迫害。选择多元文化课程可能对此有一种推波助澜的负面作用。同时，我们确实已步入了一个多元文化的时代，但由于文化类型林林总总、纷繁复杂，文化积累也比任何时代都丰富和深刻得多，多元文化课程是否需要或者有必要将所有的文化类型都纳入其中？即使需要纳入其中，但由于学生的学习负担和课程容量都是有限的，现实中的课程是否能够把各种文化类型都涵盖进去？此外，非主流文化族群对于多元文化课程也存在许多担忧，那就是让自己的孩子更多地接受本族文化的教育是否会影响他们接受其他先进文化教育的完整性？而且能否保证他们进入主流社会的机会？正如美国学者沃尔特（F.Walter）所指出的："没有接受本族文化教育的学生固然可能产生疏远感和无根感，但缺少主流文化教育的学生将会失去许多经济、政治和社会性的机会。"因此，对于多元文化背景下的课程，必然有一个价值选择的问题，而课程文化的价值选择必然影响课程的发展方向。

一、要有一个多元的发展视野。

近些年来，福山的历史终结论和亨廷顿的文明冲突论受到人们的关注。福山从西方中心主义的立场出发，将西方的社会模式视为普遍化的模式，并视西方文明为最高级的放之四海而皆准的文明，最终得出一元文化主义和普遍文化主义的结论。亨廷顿则认为，每一个文明都各有其价值，各有其不同的价值观和信念，最终得出了多元文化主义和相对文化主义的结论。可以认为，关于一元文化与多元文化的论争还将持续下去。但无论如何，人们通常用来描述文化的单一性的方法在文化多样而又急剧变动的格局中不再适用，新时代的文化沟通以在世界性的多元文化格局中寻求人文世界的求同存异而变得愈加迫切。但同时，我们也不能把多元文化主义当作解决现实社会中课程问题的灵丹妙药，甚至根本就不存在解决现存问题的现成办法。我们所努力从事的工作，正是在复杂多变的世界格局和人类发展中，开拓文化理解的新视野，在多元文化视野中寻求文化自觉。这就要求我们在文化一元与多元的矛盾中保持适宜的张力，即把对立的两极联系起来，使对立的两极互相补充，以保持文化普遍性与特殊性之间、共性与个性之间微妙的平衡，从而不会陷入到本来相互联系的两极中硬性择一而排一的两难和破坏性的左右摇摆之中。无论是价值的普遍性还是强调不同文化之间的平等和独特品质，其本身都反映了文化的两个方面，将其对立起来的做法显然是过分情绪化的。多元文化课程旨在分享不同文化的成就与贡献，促进不同文化族群之间的有效交流、相互理解、相互认同和相互尊重。

二、要采取知识统整的方法。

多元文化课程不是各种文化内容简单相加的结果，而是通过一种统整的方法，将相互作用的各种文化内容整合起来。课程设置仍以主流文化的人、事、物为主，但多元文化的观点应渗透到学校全部的显性与隐性课程之中。课程内容应反映所有族群的贡献，有助于学生全面理解非主流文化族群的文化以及性别特征，形成学生跨文化交往的知识、技能，在表述各族群的历史、文化、政治、社会状态时，避免歧视性的、带有成见的语言、文字、插图，使所有学生都感到他们处于同等重要的地位。在涉及历史及当代重要的、有争议的社会问题时，力求以一种多元的、开放的方式来进行分析和讨论。课程应考虑到非主流文化族群学生的学习习惯、风格、认知及语言。学生则立足于本地区文化基础上，融入各种文化内容，进行批判性学习，从而获得自我发展。多元化包含了最好的单一化的优点，避免了它的缺点、退化和僵化。学校受种种因素所制约，其本身是极其复杂的，它同时又要面对全民的教育需求，因而试图以一种模式，即使是最好的模式，去规定和限制它，结果只能是阻碍它的发展。而一元课程正是单一封闭的，热衷于整体划一，即统一的目标、统一的要求、统一的内容、统一的时间、统一的形式、统一的评价标准。丰富多样的教育实践失去了活力，丰富多样的个性失去了生命力。这种统一性、划一性符合了工业化进程标准化、一体化的要求。而现在工业化已经发展到后工业化水平，标准化让位于个性化，一体化让位于多样化。学校课程如果不能适应这些变化，很好地朝着多样化方向转变，仍然坚持统一的观点，就必然落后于社会的变革，亦不能满足学生多样化发展的需要。因此，学校课程一方面要对既有课程结构进行适当调整或改造，将多元文化内容有机地融入学校教育的网络之中；另一方面，要以选修课程、核心课程、增补单元等方式对课程结构做重新审视，并在此基础上予以全盘设计，为学生提供使之理解并接受多种族群文化的课程，培养他们在跨文化环境中的适应能力。

三、要坚持个性指向。

多元文化课程必须克服目前存在的划一性，树立尊重个人、发展个性、培养自我责任意识的观点。发展个性并非放任自流、自由无序，而是尊重每个人的个性特长，充分发挥和培养他们的个性特长，同时让每个学生真正地认识自我个性，在认识自我个性的同时，认识他人的个性，尊重他人的个性。个性不仅指每个人的个性，而且也意味着每个家庭、学校、社区、企业、国家、文化以及时代的个性。这些个性并非毫无关联、孤立存在，只有真正地认识自我的个性，培养和发展它，并做到尽职尽责，才能更好地尊重和发挥他人的个性。个人的尊严、个性、自由、自律、尽职尽责等，是一个不可分割的统一体。了解自己的个性和他人的个性，才能更好地尊重并发挥自己和他人的个性。这是贯穿于个人、社会、国家永恒的哲理。这就要求建立新型的课程实施形式，使得知识的被动接受和灌输让位于适合个人特点的主动学习，教师权威式教学让位于交流式教学；建立民主平等的师生关系，改变建立在以"统治和被统治"基础上的师生关系；实行有效的民主管理，而有效的民主管理主要不是依靠教师、管理人员和官员，而是依靠包括教师、学生、家长、专家、行政人员、有关社会团体在内的所有人员；强化教育的变革，经常反省教育的目标、内容、方法，根据实际做出修改，保持进取、创造和更新的活力。要满足所有人基本的学习需要，学校课程就必须在多样化和个性化上做出必要的选择。而多样化与个性化是一个问题的两个方面。多样化是从数量上保证个性化得以实现，个性化是从质量上促进多样化的发展。

第二节 多元文化理念下的英语教师角色扮演

从文化生态学的角度看，在一个多元文化的社会里，教育应具有多样性，教育要适应不同族群、不同层次的人们的多方面需要。多元文化教育因其适应多元文化社会的特性，得到了较大发展。多元文化教育始于西方国家地区教育的一场运动，随着各地区"文化自觉"的兴起，多元文化教育逐渐成为世界地区教育发展的一种理念，强调文化的异质性和多样性正成为一种趋势。它的精髓之处在于力图克服人类面临的文化狭隘、区域与制度狭隘等困境。多元文化教育源于一种追求平等的社会公正。它包含了这样一个理念：所有的学生都应该有一个平等的学习机会，无论他们的性别、社会阶级、地区或文化特征。这种平等的学习机会显然不只是入学机会的平等，而是能同等地获得学业成功的机会。

推进学校的多元文化教育是一场整体的改革，课程和教材是核心，而与学生有较近的人际互动关系的教师起着关键作用。

有多元文化教育观的教师，才可能发展适应多元文化社会的教育。与强调主流文化、强调知识的科学性和真理性的教育不同，多元文化社会中的教育应重视各群体次级文化的价值，以尊重和接纳代替偏见、压制与排斥。相应地，教师也不再是知识权威和真理的传授者，教师被赋予了新的角色。因此，多元文化首先对教师提出了新的要求和挑战。

处于新的世纪，人们的信念、价值观、宗教信仰、生活条件、理想以及生活方式呈现出多变性、复杂性、多元性，充满了矛盾和冲突。在这样的现实中，学生的生活成为一种偶发性的经历，是不确定和无法预测的。教师们正与一群来自多元化的背景和有着广泛经历的学生生活在一起。

一、教师是所有学生的关怀者

关怀是人的一种基本能力，在人与人相互交往时能转换成一种行为模式。关怀在教育环境中不一定是可见的，但它能指导学校和教学中的交往与组织。教师有责任去关怀来自不同文化和语言背景的所有学生，他们应致力于创设一个体现社会公平的教育制度，将学生的学业、情感及社会需要置于教学中。多元文化社会中的教师应该有一种教育信念：每一个孩子都有内在的学习需要，要培育所有语言和文化背景的学生的高成就动机。

不关怀学生的教师培养不出能关心他人的学生，而充满关怀的教师能让学生的生活发生变化。当教师展示他们对学生的关心，以一种亲切的方式教学，给学生设定富有挑战性的期望时，学生会做得最好。学生在教师的关怀中能感受到成功的体验，也孕育着成功。

诺丁斯（Noddings）强调通过师生间的交往来培养价值观的重要性。教师与学生的交往关系影响着学生对学校的看法、学生在教室的表现以及完成家庭作业的情况。教师是很多学生生活中的重要榜样，通过交往，教师能够确认学生的文化身份，并给学生提供有效的学习环境。

关怀还体现于教师对学生的期望。教师根据学生的地区、性别、社会经济地位、语言、服饰、身体状况等特征，对其学业成就总会有不同的期望。但这种期望不是根据学生的成就潜力本身而异，往往带有主观性。学生则从教师的期待中得到强化，最终"如所预料"取得好成绩或差成绩。这是一种自我实现预言效应，即原本不正确的期望导致了使该期望成为现实的行为。少数地区学生、女性学生、社会经济地位较低的学生、残疾学生等教育处境不利者，往往被教师给以较低的成就期待，处于"关怀"的边缘，难以养成高成就动机，这是教育中隐性的不平等。教师对所有学生都应该怀有高而现实的期望。高期望是实现教育平等的一个必需的先决条件。如果教师要提供平等的学习机会，他们对学生成功的期望必须是积极和平等的。

罗森塔尔认为积极的自我效应将最大限度地提高学生的学业成就。教师要与学生形成温和的社会关系：对学生的成绩给予更多的反馈；教给他们更多的材料；给他们更多的机会去做出反应和提出问题。教师必须时时反省自己的关怀是否有偏向，必须客观地评价每一个学生。教师要成为挖掘学生内在潜能，关怀所有学生，促进学生成就动机发展的人。

二、教师是多元文化的理解者

在众声喧哗的时代，单一的声音不再强大，多元文化的意识正在逐渐觉醒，不同文化背景蕴藏着其所处环境的思想根源。多元文化社会中的教育要反映社会多元性和文化多样性的现实。它既要保障平等的教育机会，又要尊重各地区文化团体的文化归属性和文化特点。要达到此目标，教师具有多元文化的视野尤为重要。

教师与学生文化背景的差异往往造成师生相互适应的障碍以及人际互动关系上的误解，也是弱势群体学生学习困难的主要原因之一。同时，师生沟通方式的差异也易导致误解和冲突，引来教师的负面评价，抑制学生的学习动机。这种存在于语言意义与沟通形态之中的文化断层，是师生矛盾的主要来源之一。

如何唤起学生的多元文化意识，培养学生的跨文化适应能力？最重要的就是要求教师具有多元文化的运作能力。为了适应社会的多元化发展，教师应摒弃狭隘的文化本位主义，树立一种多元文化的视野，认识到文化之间的差异。当教师遇到与自己文化背景不同的学生集团与社区文化时，如何理解这种不同的文化，能否将自己的文化对象化，这是一种处理文化差异的能力。这种能力是多元文化社会中的教师所必需的。教师只有具有一种对他文化的理解和认识能力，能够倾听一切文化群体的需要，才可能在教育中不埋没任何一个人，提供平等学习的环境。

教师在教学中须重视学生的生活体验，在日常生活中直接学习，着重学生所思、所感、所知的存在经验，使其知识能真正纳入有意义的活动历程中，并通过师生互动的理解、沟通和诠释，逐渐建构自己的有意义的知识体系。

我们应该认识到，多元文化教育的理想无论多么美妙，教师是实现这种理想的首要因素，这不仅指教师要有正确的观念，更要有相应的能力。多元文化教师应具备多元文化教育观，就该从以下几点入手：

（一）理解多元的历史观

多元历史观是基于对世界观、世界遗产的贡献等几个方面的理解。教师的这些知识可建构学生对不同地区的历史及其当代发展的意识，使学生掌握特定文化的基本价值及其社会化方式，而不只是集中于表面的食物、节日、英雄和一些历史事件等。

（二）发展文化意识观

随着世界的"变小"，面对文化矛盾，增进各种文化之间的相互理解就至关重要。教师的文化意识应从观念意识（个体对自己已有的世界观的认识和意识）和跨文化意识（对多样的思想和行为以及它们如何相互比较、立足其他观点反观自己社会的思想方式等的意识）两个维度去理解。文化意识的培养是一个渐进的过程，教师在教学中要选择合适的教学材料，及时地检查自己的假设、评价、时空概念等，以促进观念意识的良性发展。

（三）性别偏见和一切形式的歧视观

强调的是破除与性别相关的成见，强调人类的基本相近性。在教学中教师充分认识到这一点的价值，并建立起道德思考的技能，使自己的理解、态度和行为符合民主理想，如尊重、公正和机会均等。在我国中小学课程中，外语作为一门工具得到了充分的重视，但对他国的历史、文化的介绍却较薄弱，主要集中在世界历史、语文及外语课程中，就其效果而言，防止学生形成盲目排外、闭关自守的心理更甚于增进学生对世界文化的了解。

三、教师是本土知识的传授者

世界的多元化发展，也使得知识形态的多样性特征日益明显，本土知识的价值逐渐被重视。本土知识是"由本土人民在自己长期的生活和发展过程中所自主生产、享用和传递的知识体系，与本土人民的生存和发展环境（既包括自然环境也包括社会和人文环境）及其历史密不可分，是本土人民的共同精神财富，是一度被忽略或压迫的本土人民实现独立自主和可持续发展的智力资源和力量源泉"。本土知识对于解决本土问题来说是一种真正有效的知识。数千年来形成的本土知识传统中包含着真正的生存智慧，这种智慧是科学知识所不能替代的。本土知识传统的重建是本土社会实现可持续发展和独立自主的重要条件。教育自然要担此重任。

学校教育应该培养热爱本土社会的人，而现实是，学生从学校教育中获得"本土社会落后，只有远离本土社会才有出路"的观念。我国城乡二元对立的现状使乡村教育背负着"城市取向"的目标，乡村地域文化中原本蕴藏着丰富的教育资源，可当本土文化价值日益被强势的外来文化所淹没时，"本土文化价值不再能有效地生存，并彰显于他们身上，而成为排斥的对象，或者在价值差别的劣势中内化为他们的自卑情结"。

多元文化教育既要培养学生的国际意识和对异域文化的理解，也要注重培养其本土意识：既要培养其参与现代社会发展所需的能力，也要培养其对本土社会的认同、接纳和归属感，使其既能成为外来文化的吸收者，又能成为本土文化价值的继承与传扬者。我国是以汉族主流文化为主的多地区国家，各地区都有独特的文化传统和本土知识。

从本土知识的角度出发，对教师素质提出了新的要求：教师要认识到本土知识和本土认识方式的价值，认识到他们对于学生身心发展和本土社会延续发展的重要意义。教师应该比其他人更敏锐地感觉到本土知识的存在，更重视保存、保护和发展本土知识的价值，并且懂得如何去发掘和研究学校所处社区的本土知识。教师要成为本土知识的专家，就需要主动了解本土社会的历史发展、地理环境、生活方式、文化形态等方面的内容，以增进对本土社会的认识。

在教学过程中，教师应该尊重学生在本土社会中获得的知识，而不是否定和贬抑本土知识的价值。教师可以引导学生比较本土知识与书本科学知识这两种知识体系，理解它们与各自赖以存在的本土社会境域之间的内在关联，培养学生成为能够将各种知识和认识论融为一体，从而创造出新的认识方式和知识体系的人。

四、教师是多元文化教育环境的创设者

学校与教室的文化环境也可能形成处境不利学生的学习障碍。学校作为一种社会化机构，其目标、功能、课程、语言、管理等属于主流文化，如果教师忽略了少数地区的文化，或不知如何塑造多元文化的教育教学环境，则少数地区学生

往往会在"家庭——社区"与"学校"之间的文化断层中找不到平衡点，产生适应困难。所以教师要致力于创设多元文化的教育环境。

在多元文化的教育环境中，关怀及文化共享的程度能够产生更高层次的成就。教师要在文化和语言方面创造积极的学习环境，进而增强学生的成就动机。罗杰斯和弗莱贝格认为关怀型的教室有如下要素：教师移情、积极的教室气氛、信任关系，并且相信这些特征能形成有效的学习环境，学生能在这样一个充满支持的环境中形成高自尊和授权感。仅仅注重低层次技能训练的教师和教师中心的课程不可能产生学生的高成就。学校要成为激发学生学习的地方，就要真正创造一种关怀的教育环境，教师则是这一环境的重要缔造者。当然这需要教师具有很多专业技能，但是教师们不能忘记，每一个学生都是一个独一无二的个体。教师否定的目光和消极的词语对学生有极大的摧毁力，而教师肯定的目光和肯定的话语却有着使一个学生充满自信并获得成功的威力。

首先，教师要建立与学生的信任关系。师生间的人际关系是影响学生成绩的主要原因之一，文化间的差异和教师的偏见易造成相互间的误解和隔阂。一旦这种疏离的关系形成，将对弱势群体学生的自我观念产生负面影响，使学生感到孤立与挫折。美国加利福尼亚的 Calexico 学区注重进行"关怀中心"（caring centered）的多元文化教育，取得了较大的成功。究其原因，最关键的因素是教师与学生及家长建立了一种牢固的信任关系，并且强调学业成绩对每一个学生的重要性。师生间信任关系的建立能够消除文化差异带来的隔阂和不良期望。当师生彼此信任时，他们之间才能够进行平等的对话。教师应以一种倾听的心态来了解学生，通过个人故事的讲述、家访、电话、书信等方式建立信任关系。学生体验到教师的信任，信任激发了学生，就能使他们对自己的前途和发展充满自信。这种强烈的信任关系能够支持学生发展健康的文化身份和较高的自我学业观念。

其次，是营造一种积极的家庭式的氛围。教师要致力于提供关怀和尊重的教育环境，以确保学生的家庭语言和文化。教师要充分理解学生的文化背景，不断寻找相关信息，将其自然地整合进教学氛围和课程中。教师只有是一个多元文化者，才能了解学生所处的文化环境，理解学生的非言语行为和文化价值观。教师只有从多种视角来理解文化，才能提供适合每一个学生的教学策略、动机模式和内容。教师应该抽取并利用学生入学前已有的概念体系，而不是去替代它们。概念体系是通过语言沟通发展的，教师要利用学生的母语发展他们已有的概念体系。因此，教师要在学校里建立一种较强的家庭氛围，使学生能够用自己的母语学习，从而减少由于文化断层所造成的学生适应困难。

五、教师是行动研究者

教师的专业化发展要求教师成为研究者。教师作为研究者的方式有两种：一是教师将研究者提出的方案用于解决实际问题，以便改进自己的教学策略，观念上的转变先于教学策略的变更；二是教师针对某些实际问题改变自己的教学方式，在解决问题的过程中自我监控、评价，教师最初对问题的理解可望在评价的过程中得到修正和改进。

多元文化教育的特点更强调教师作为研究者的后一种方式，即行动研究。行动研究对改变社会和教育不平等有巨大作用。

行动研究强调实际工作者的参与，注重研究的过程与实际工作者的行动过程相结合。其实质是解放那些传统意义上被研究的人，让他们自己对自己进行研究。行动研究表现的是一种解放的政治，这种政治认为，任何研究都应该帮助那些在某一社会或某一历史时期受到意识形态和经济压迫的个人和群体，从他们的角度、愿望和理想出发进行研究。研究的民主化体现了多元文化尊重不同主体的要义。行动研究的目的是解放实践者，提高他们的行动能力和行动质量，改变他们所处的现实处境，因此，研究的问题应来源于实践者的日常生活和工作。

多元文化社会中，每个教师所处的具体情境及与学生的文化差异是不一样的，教师要充分考虑自己所处的多元文化背景、学生的次级文化以及社区文化。由于文化差异易造成教师教学方式与学生学习方式之间的隔阂，易导致教育处境不利的学生学业失败。因此，教师应对自己的教学方式进行反思，在教学中研究，力图改善教学活动，激发学生的学习兴趣，有效提高学生学习动机。

实施"计划——行动——观察——反思"的行动研究过程，目的在于发展新的教学实践或改善课程的限制。教师在行动研究过程中，集研究、自我反省、实践等角色于一身。作为行动研究者，教师的教学实践为自己的研究提供了具体的观察情境，多元文化教育中的教师应"在教学中研究，在研究中教学"。在多元文化的教育教学情境中，教师面临如何提高不同文化群体学生的学习成绩这一问题。每个学生都有自己独特的学习方式，教师的教学不但要建立在此基础上，而且要帮助学生发现他们自身特殊的学习方式，以使他们能更有效地进行学习。"如何提高学生的自我观念，如何促进不同文化背景的学生合作学习，教学如何适应学生的学习方式"等，都是教师在教学行动研究中的着眼点。此外，行动研究在课程领域中的应用也是多元文化教师需要关注的重点。课程是实现多元文化教育的最有效途径，课程行动研究将推动多元文化教育之课程革新。许多教师忽视了学生的低学业成就，认为历史文化、文学和仪式才是多元文化教育的重点。但仅仅呈现孤立的文化要素对学业成就没有影响，教师要开发综合的指导课程以满足学生的特殊需要，并提供给学生个别而特殊的反馈。校本课程的深入开发赋予了教师极大的参与课程发展、从事课程行动研究的空间。处于本土社会中的教师可发展一些与本土知识有关的"特殊课程"或"课外活动"，促使学生了解本土知识，热爱本土社会。

多元文化教育需要教师具有多元文化的视野和运作能力，才能帮助所有学生适应学校生活，并培养他们的跨文化适应能力。但目前的教师教育远没有将培养多元文化教师提上日程。探讨多元文化社会中不断丰富的教师角色内涵对于教师教育改革亦有启示。

（1）更新培养观念

教师教育长期以来培养的是熟悉主流文化传统、传播科学真理的教师，而不是具有多元文化眼光、认识不同文化群体、尊重异域文化的教师。教师教育中多元文化观的缺乏，致使培养出的教师对多元文化教育意识淡漠，以为多元文化教育就是教少数地区的一些历史文化内容，而没有认识到多元文化教育是一种理念，是要让所有学生接受平等的教育，是要帮助教育处境不利的群体发展更为积极的态度以及文化价值取向。原因之一，可以说是教师教育没有培养出能够执行具体策略的多元文化教师。很多教师，尤其是理科教师，认为自己与多元文化教育无关。这些教师没有认识到科学中更高层次的哲学和认识论的问题。

教师教育要更新观念，要将培养具有多元文化教育观的教师纳入培养目标。多元文化社会中的合格教师，除了必须具备扎实的教育专业素养与学科专门知识外，还应具备基本的文化人类学素养以及多元文化教育的智能。教师教育必须帮助未来教师更清楚地认识多元文化教育对他们各自学科领域和教学情境的意义，发展他们对文化差异的正确认识及尊重多元文化的态度，养成他们设计多元文化教学情境的能力。要真正实现这样的培养目标，改革师资培养的课程设置是关键。

（2）设置多元文化视野的课程

师资培养的课程一般包括基础课程、教育专业课程和学科课程。我国目前的师资培养基础课程和教育专业课程中很少有关人类学或多元文化方面的科目，教师教育课程着力于培养教师良好的教学能力，却较少顾及文化差异的问题，忽略了教师如何妥善处理多元文化教育情境的能力。这样的课程培养出的教师，当处于多元文化情境中时，往往没有足够的知识去解读学生的次级文化，可能缺乏正确的态度去建立师生关系，缺乏解决文化差异、矛盾与冲突所需要的专业智能。美国许多大学的教育学院和教育系都开设了多元文化教育课程，在华盛顿大学、印第安那大学等学校，师范生要学习一门或几门多元文化教育课程才算达到合格的标准。

要适应社会多元化的发展，师资培养的课程改革可考虑以下建议：

第一，在师资培养的基础课程中增开人类学、文化人类学或各少数地区历史文化等课程，目的在于奠定师范生对于不同文化及关系的基本认识。在基础课程中还可开设有关少数地区的音乐、美术及其他艺术形式的选修课，增进师范生对于不同地区生活文化的认识。

第二，在教育专业课程中增加"多元文化教育"课程，目的在于发展未来教师的多元文化性，促进其理解和学习如何面对文化的多元性，并且欣赏和接纳不同文化间的差异。还要加强有关教育研究方法的课程，尤其是人种志（ethnography）研究、行动研究等研究方法的探讨和训练，以增进未来教师对学生次级文化、师生关系、班级气氛的观察与理解，协助教师发展其处理文化差异的能力。

第三，在教育实习方面，应增加机会到多元文化背景的学校去学习和实践，以增强师范生未来从事多元文化教育的适应能力。

尽管提出以上建议，但要真正实施，仍面临很多问题，尤其是缺乏教师和教材。培养未来教师多元文化教育的专业能力，亦是一个无止境的过程。我国是一个多地区和多元文化的国家，发展我国的多元文化教育在当今的时代形势下显得更加必要和迫切，教师尤其应在传统角色的基础上丰富多元文化的教师形象。

第三节　多元文化理念下的英语教学发展趋势

多元文化教育是20世纪六七十年代西方国家地区复兴运动的产物。寻求多元文化教育的学校，立足于文化多元主义，以提高地区、种族意识的课程为特色，引进双语教学，向学生传授弱势族群的历史与文化。可见，双语教学不仅仅是少数地区教育背景下的一种特殊教学形式，更是一种多元文化教育的重要手段。

一、多元文化教育与双语教学

多元文化主张各种各样出身和族裔的人，都能平等地参与社会生活，同时自由地保持和发扬自己的文化。多元文化教育，是指在多地区的多种文化共存的社会背景下，在维护整个国家的一体化——团结、统一的前提下，通过改革全部教育环境，使各地区的文化共同平等发展，以丰富整个国家的文化，各地区学生在其中享有平等和学术公平的教育。多元文化教育是一种个性化教育。现实生活中每个个体都有自己的特点，在教育中必须面对这些事实，要在教学中发展学生的个性。

双语教学是多元文化教育的基本前提。著名双语教育专家、加拿大学者麦凯和西班牙学者西格恩在他们合著的《双语教育概论》一书中，对双语教学做出这样的界定：第一，仅仅使用一种语言而这种语言并不是学生的第一语言的教学，不能称为双语教学；第二，即使学校系统在官方并不被认为是双语系统，但学生在事实上接受双语教学并成为操双语者，可认定为是双语教学；第三，双语教学既不包括同一种语言的两种变体的特殊情况（如标准语形式与方言形式），也不包括学生的语言是教育系统使用的语言的方言形式这种十分常见的情况；第四，一种教育系统，其课程中列有其他语言的教学科目，也不能称为双语教学系统。双语教学不是两种语言的机械相加，而是在两种语言教学同时进行的条件下所构成的有机整体。双语教学的任何一方，都要在与另一方的联系中设计和实施。反之，就不是完整意义上的双语教学。

二、多元文化背景下双语教学的特点

根据我们对双语教学的认识，多元文化背景中的双语教学具有跨文化性、地区性、平等性、差异性和生成性等特点。

（1）双语教学的跨文化性

双语教学不同于单语教学，单语教学以一种语言为媒介，对学生主要实施一元文化的教育。双语教学则以两种语言为媒介，对学生进行多元文化教育，其目的不仅要把学生培养成懂得两种不同语言的人，而且还要把他们培养成为与两种语言相关联的跨文化人。语言与文化既有密切的联系，又互相区别。语言是一种文化，而且是最初始的文化。但语言只是文化的组成部分，是文化的一个方面，并非文化的全部。双语教学中，学生在习得一种地区语言的同时，也习得了这一地区的文化内容和文化传统。所以，双语教学具有跨文化的特性。

（2）双语教学的地区性

语言是人类历史、文化、知识和经验的载体，是一个地区文化的象征。人类的语言非常复杂，语言在交往过程中形成了各种各样的关系，如母语、双语等。我国少数地区的双语主要是少数地区自身的母语与第二语言——汉语的双语；汉族的双语是汉语与外语的双语；美国人的双语是英语与西班牙语或法语或其他语言的双语。任何一个地区实施双语教学，都必然要对学生进行两种或两种以上地区语言、地区传统、地区文化、地区风俗以及地区心理等方面的教育，这就使双语教学带有鲜明的地区色彩，具有地区性的特征。可以说，双语教学是地区教育的主要形式。

（3）双语教学的平等性

多元文化教育是一场为提高一系列不同文化和不同种族的教育平等权利而进行的教育改革运动。双语教学是实施多元文化教育的重要手段，它必然要打上教育平等的烙印，体现出平等性的特点。其表现为：双语教学中两种或两种以上的语言是一种共生共存的关系，两种或两种以上的教学用语是平等的，不存在主次之分。双语教学不仅仅是双语言的学习，而且是两种教学用语的使用，即要使双语教学充分显示其在两种文化背景下的语言性质及语言价值，否则就不是真正意义上的双语教学。

（4）双语教学的差异性

双语教学虽然具有平等性，但也存在差异性。首先，两种教学用语在时间分配上具有差异性。在双语教学活动中，要在规定的时间内完成一定的教学任务，如果两种教学用语平均用力，将会使教师无所适从，使双语教学陷入歧途。这就要求根据各地的实际情况，灵活使用两种教学用语。其次，双语教学方式具有差异性。我国双语教学难以整齐划一，不可能采用一种教学方式。从全国范围看，地区教育有其特殊性，在地区教育内部，各地区又各有其特点，因而必须从实际出发，采取不同的方式进行双语教学。通过双语教学保持地区间的文化差别，并使各地区拥有自己的文化，通过双语教学的课程设计反映其价值体系。

（5）双语教学的生成性

双语教学的过程是学生两种语言知识建构、能力发展以及师生情感交流、思想碰撞、个性张扬和精神交往的过程。在这一过程中，学生突破原来单一的思维方式和认知结构，建构新的知识，生成新的意义，培养和形成新的情感、态度和价值观以及自由、民主和平等的精神与理念。双语教学过程不再是一个客观文本的解读过程，而是师生双方利用两种语言进行对话、交流、理解和意义的生成过程。意义不是从文本中直接显示出来的，而是从师生与文本的对话中创造出来的。也就是说，"理解"不由"别人"告知，不由"文本"直接呈现，它是师生双方对话、交流和进行意义建构的产物。在双语教学过程中，学生建构了新的"知识""意义"和"理解"，从而使不同的个体生成崭新的自我。

三、多元文化背景下双语教学的发展趋势

综观国内外双语教学的现状，多元文化背景下双语教学的发展主要有自主化、多样化、整合化和现代化趋势。

（1）自主化

就目前国内外双语教学的现状来看，各个国家、各个地区的双语教学模式都是以"我"为主，越来越重视走独立自主的发展道路，注重弘扬本地区优秀文化传统。如新加坡政府确立英语为官方语言，华语、马来语、印度语都只是各地区的母语，规定各地区母语和英语为教学用语，进行双语教学。我国少数地区双语教学有民——汉兼通型、民——民兼通型、汉——民兼通型和同地区双语型。这些实施模式表现出了多元文化背景下双语教学的自助化发展态势。

（2）多样化

多元文化背景中双语教学的多样化发展是历史发展的必然趋势。不仅各国双语教学的发展路径不尽相同，而且同一国度中各少数地区双语教学的发展模式也是不尽相同的。根据世界各国存在的各种差异和一国之内存在的地区差异，未来双语教学的模式和方式仍将是多样化发展的格局。

（3）整合化

双语教学不仅是两种地区语言的学习，而且还是两种地区文化的习得。双语教学中如何让学生既学会两种语言，又能习得两种文化？这就要求双语教学人员尽量利用各种有效的方法整合课程中的有关种族和族群文化的内容。目前，国外著名的"贡献途径"和"附加途径"两种方法，已对此做出了有益的探索。"贡献途径"要求教师在教学中插入种族和族群文化的一些专门知识（如有关英雄人物），但并不改变课程的计划和单元。"附加途径"方法中课程组织和结构仍未真正改变，但教师在教学中可增加一定主题的特殊单元（如女权运动等）。课程内容的整合化，将是双语教学发展的一种趋势。

（4）现代化

现代社会要求人具有现代化的思想观念、思维方式和行为方式，如具有开放性、创造性、进取心和开拓精神等。双语教学的目的是为了培养具有现代意识、现代观念和现代行为方式的人，其发展必然要回应现代社会的要求，秉持现代化取向。双语教学现代化的核心是人的现代化。人的现代化有四种最基本的品质，即求变化、尊重知识、有自信和开放性。双语教学作为以两种语言为媒介的教学实践活动，它需要教师、学生具有现代化的思想观念和行为方式，因而人的现代化是双语教学发展的基本前提。

第四章　多元文化差异下的英语教学

第一节　中西方文化差异在交际中的具体表现

各国文化千姿百态，不同的地理环境、文化环境、生活环境形成了各自带有鲜明地区特性的文化。因此，在日常交往中，中国人与西方人往往对同一事物的思维、理解、看法和说法不尽相同，甚至差异很大。这种差异给语言交际带来诸多不便，甚至造成负面影响。下面通过几个例子来说明。

由于中西方文化形态、价值观念有很大差别，因此对人的尊卑概念的心理感受及表达尊卑概念的方式也自然存在很大差异。如称某某为"张老"或"李老"，在汉语中是敬语；而西方人却回避"老"字，因其意暗含老矣无能之意。因此，当你对外国人说"Please sit down, Mr.Green. You are old. Don't get tired." 时，在中国人看来，这句话充分体现了尊老爱幼的美德。但对英美人直言其老，不仅不讨好，反认为你暗示他"风烛残年""老态龙钟"。在英语中，granny 这类的称呼语与显示老年人"精力、体力、能力下降"这一意义联系在一起。因此，他们不喜欢称他们为"Grandpa, Grandma"，而更喜欢直呼其名。

文化习惯不同，中西方人在用词、用句的褒贬含义方面也不一样。如中国人看重龙，称自己是"龙的传人"，希望后代有出息称之为"望子成龙"，成语"藏龙卧虎""攀龙附凤""生龙活虎"都表现出对龙的崇敬。而西方人却把龙看成妖怪，看成残酷的人。中国人见面时说"您身体很棒"是称赞，而对有些外国人说身体棒，他们会马上敲敲桌子，或连吐三声"呸呸呸"，来破除晦气。

由于环境气候的差异，中国人所指的"西风""西北风"往往是凛冽的寒风，而英国人心目中的"西风"却是温暖的风。在中国，普遍的是河水东南流，所以有"一江春水向东流""大江东去，浪淘尽，千古风流人物"等诗句。但在欧洲，河流大多向西北方向流入大海。所以汉诗"功名富贵若常在，汉水亦应西北流"，只好译为"But sooner could flow back ward to is fountains/this stream，than wealth and honor can remain"，来避免东西方因河流走向而引起的误解。

　　思维方式的不同使中、西方人对事物、观念上的价值取向也存在着明显差异。就时空顺序而言，西方人习惯从小处着手，从小到大；而中国人却习惯从大处着眼，从大到小。所以中、西方表示地点和时间的方式恰好相反。另外，从颜色的取向、喻体的取向而论，中、西方也都受各自地区思维方式的影响。汉语的"红茶"译成英语是"黑茶（black tea）"，中国人着眼于茶水的颜色，西方人看到的却是茶叶的颜色。中国人说"说曹操，曹操到"，英国人说"说魔鬼，魔鬼到"，而意大利人说"刚说到狼，狼就爬到你的背上"。这些都体现了喻体取向的差异。

　　汉、英文化的思维方式不同。汉语文化深受儒家思想的影响，处处讲究克己谦和，主张"中庸"，突出"集体主义"（collectivism），反对"自我"意识。这样的文化主题决定了其思维方式、行为方式及生活方式等都与西方文化存在着极大的差异。英语文化强调"自我"，突出"个人主义"（individualism），注重个体独立，主张个人利益高于一切。而这种文化意识也滋生出了其独特的文化心态、行为方式和生活习俗，当然也就决定了其独特的语言表达方式，无论是直截了当的表达还是委婉的说法都与汉语不同。如果对这两种截然相反的文化模式缺乏了解，那么，就会在实际交流中造成语用误解，甚至闹出笑话。笔者读到过这样一则笑话：一个外宾想上厕所，便问翻译：I wonder if I can go somewhere?（我可以去方便一下吗？）而翻译却把some where误解为"某处"，因而立即回答道：Yes，of course. You can go anywhere you like.（行，当然可以，你想去哪里就去哪里吧。）外宾听后，一脸茫然。当然，这只是语用误解的一个具体事例，不过，却折射出我们语言教学中应该引起重视的方面。英、汉两种语言文化的差异性同样可以从给予赞扬和对赞扬做出的反应中找到例证。我们看看下面这段对话：American teacher：You are very beautiful.（美国教师：你很漂亮。）Chinese student：No，I'm very ugly.（不，我很丑。）这样的交流无疑是失败的，是没有达到目的的。对对话中的中国学生来说，她当然觉得应该谦虚，对别人的称赞应该采取克制的态度，以示自己有修养，虚怀若谷。然而对美国教师而言可能就十分不悦了。他一定纳闷为什么这个学生老是与我唱反调，是不是我对她的评价不公正，抑或是我的判断力出了差错。事实上都不是，两者都没有什么过错。错在文化差异造成了误解。其实，按照英语文化的思维习惯，一个人在受到对方赞扬时应该做出积极的反应，此时这种所谓的"谦虚行为"是不合时宜的，而应该满怀信心地说一声：Thank you very much.（非常感谢。）或说一声：Thank you for your flattering.（多谢美言。）显而易见，上述例子中的种种误解都是由于缺乏对英语文化的了解而造成的，而绝非因为交流中出现了疑难长句或类似的因素。

由此观之，只有把文化素质的培养放在与英语教学同等重要的位置上，并使之贯穿于各门英语功课的教学中，与语言教学同步进行，逐渐培养出学生对文化差异的敏感性，才能避免语言学中的文化干扰现象和因缺乏文化背景知识而在语言交际中出现的文化休克现象（cultural shock），做到真正意义上掌握英语这门国际通用语言，并准确无误地同英美人进行交流，达到英语教学的最终目的。

英、汉两种语言分属两大不同的语系。英语和汉语各有自己的特点，既有类似之处和相同之处，又有大相径庭的地方。那些不同的地方，就是不同文化背景所造成的差异在语言中的反映。例如：中国人用"牛饮"来描述喝酒特别多的人或情况，而英国人则说"to drink like a fish"来表达这同一概念。请看下例：

英：The man drinks like a fish.He is drunk every night.

汉：此人贪杯，每晚必醉。

我们知道，英国是个岛国，海岸线很长，渔业比较发达。英国人和鱼打交道的机会特别多，时间特别长。英语中的 fish，water，sea 和许多表达方法有关系。而我们中国是一个农业国，长期以来，我国人民从事农业，与牛打交道较多，所以"牛"一词就在汉语中的许多习惯用语中表达出来。如"牛刀小试""牛脾气""牛不喝水强按头""俯首甘为孺子牛"等，甚至现代化的农业机械——拖拉机，也被称为"铁牛"。

中、英两国人民生活在不同的自然环境中，并且生活方式又不同，这也就构成了许多的文化差异。这些文化差异必然反映到语言当中。例如，中国人所喜爱的是东风，东风总是和春天、温暖联系在一起。而英国人则相反，非常喜爱西风，在英语中 west wind 才得到人们的青睐。如下例：

It's a warm wind，west wind，full of birds' cries./And April's in the west wind and daffodils.（John Mansfield：Ode to the West Wind）

所以我国十堰东风汽车公司（原中国第二汽车制造厂）在翻译"东风"牌汽车的牌名"东风"时没有直接译成 East wind，而是另辟蹊径，把它译成 Areoles（风神），这主要是考虑到中西文化的差异。

英语教育的教学任务主要就是传授英语基础知识，培养学生对英语的理解能力和运用能力，扩大学生的视野，拓宽学生的知识面。为完成这一教学任务，教师就必须向学生传授英语文化背景知识，比较中英文化差异，使学生对主要英语国家的社会、文化知识与习俗有一定的了解，增强对文化差异的敏感性，提高英语的理解能力。

一、英汉词语反映的文化差异与理解

我们在理解汉语时根本不存在文化背景知识方面的困难，但在阅读英语时，文化差异往往给我们造成许多理解上的困难。

英语国家的文化背景和我国很不相同，作为语言的一个组成部分的词语，它的产生、发展、丰富和词义的演变与其社会历史文化背景是分不开的，所以对词汇的理解涉及有关英语国家的文化背景知识。如果这方面的知识贫乏，理解时就会忽略文化差异，出现文化错误。

举例来说，如"dog"和"狗"这两个词，在语言意义上两者是相同的，但受不同的文化影响，"dog"和"狗"在实际运用中含有不同意义。在中国人的心目中，一般都有厌恶、鄙视狗这种动物的心理，所以，常常用狗来形容和比喻坏人坏事，如狗仗人势、狗急跳墙、狗眼看人低、狗咬吕洞宾等。在汉语中用狗指人就是骂人，如狗腿子、走狗、狗头军师等。

但是英美国家的人对狗的看法与我们截然不同。他们非常喜爱狗，并且认为狗是人类忠诚可靠的朋友，常常把人比作dog，却没有丝毫的贬义。所以，英语中dog一词很受欢迎，并且往往含有褒义（除受外来语影响的少数情况外）。例如：

A top dog 最重要的人

A lucky dog 幸运儿

Help a dog over as tile 助人渡过难关

Love me，love my dog. 爱我，就爱我的朋友。

Every dog has his day. 凡人皆有得意时。

英国是航海地区，我们是大陆地区。当英国人表示处境困难时使用between the devil and sea，而我们中国人则说"进退维谷"。表达方式不一，含义相同。

再如，英语中的green可以用来指"嫉妒"一义，常说green-eyed，而中国人则用"红眼"或"眼红"来表达这一意义。选用不同的颜色词表达了同一意思。英语中说：Talk of the devil，and he will appear. 汉语中则有"说曹操，曹操到"。

在教授英语中，教师应结合词语的文化背景进行对照比较，指出文化差异，让学生尽可能多地了解英语文化背景知识，增强对文化差异的敏感性，提高对词语的理解力。

二、英汉结构反映的文化差异与理解

英语教学应重视对英、汉两种语言结构的比较。英、汉表达的结构差异体现在排列信息内容的顺序、表述中各环节间的关系、话语发展的趋势等方面。比如，英语中的时间和方位地点表达的排列顺序往往是由小到大，而汉语则是由大到小。

试比较：

英：at six o'clock on the afternoon of the 28th of August in 1995

汉：1995年8月28日下午6点钟

英：Foreign Languages Department，Zhejiang Economic and Trade Polytechnic，Hangzhou，Zhejiang，China

汉：中国浙江省杭州市浙江经贸职业技术学院外语系

另外，英语的修饰要求把主要意思放在句子的开头，"核心词"往往摆在首位，然后围绕"核心词"逐步发展枝节，形成先正后偏。而汉语的表达习惯则是由表及里，先交待旁枝末节，最后点明主题。英语的定语和状语位置往往是放在所修饰的词语的后面，汉语则反之。

英：This is the place where I met her for the first time.

汉：这就是我第一次遇见她的地方。

当然，词序与汉语大体一致的句子在英语中也有相当大的比例。

否定结构的差异也应引起重视。英语 I don't think that she can operate this machine. 中 not 一词虽位于主句谓语动词 think 之前，但否定的是后面的宾语从句中的谓语动词 can operate。而中国人则说："我认为他不会操作这台机器。"汉语常说："我看明天不会下雨。"而英语则是：I don't think that it will rain tomorrow. 这些都表明不同的文化背景与思维方式对语言的表达结构都有很大的影响。这些不同的表达结构正是文化差异的反映。掌握这些差异之后，方能较好地理解英语的结构。

（1）不同地区的文化传统、风俗习惯以及观念上和心理上的差异会带来语言使用上的差异，如果不了解这些差异，在现实的社会交际中就容易引起不必要的误会。如英美人交谈忌讳涉及年龄、收入、婚姻、信仰等有关个人的话题，认为那纯属个人隐私，不容侵犯。英语有句谚语：A man's home is his castle. 意思是说：一个人的家即他的城堡，是神圣不可侵犯的。交谈中如涉及有关个人的上述问题，在英美人看来是用另一种方式侵犯别人的城堡。中国人见面，即使刚认识不久，问对方"你多大了?""你收入怎么样?""结婚了吗?"等则都不会成为什么问题。

（2）不同文化的人对事物的表达方式也存在差异。如英语国家对家庭及亲属关系的概念较笼统，但汉语中却非常明确具体。英语中的 uncle，aunt 在汉语中分别用于表示伯父、叔叔、舅舅、姑父、姨父和伯母、婶婶、舅妈、姑妈、姨妈，而 cousin 则涵盖了堂兄、堂弟、堂姐、堂妹、姑表兄、姑表弟、姑表姐、姑表妹、姨表兄、姨表弟、姨表姐、姨表妹等12种亲属关系。

可见，外语教学中教师要重视文化差异，重视文化干扰对外语教学的影响，有针对性地介绍西方文化习俗，并将其与外语教学紧密结合起来，充分调动学生的学习积极性，逐步培养他们社会文化的认知能力，使其进行有效的交际。

我们认为，通过对英语与汉语在文化内涵上进行比较，可以把两种语言中有关同一问题的文化差异摆出来。在文化项对比过程中，要侧重揭示的是哪些文化差异直接影响交际的顺利进行，并设法使学生理解、掌握，在实践中正确运用。

文化差异的掌握及文化交际能力的培养应始终贯穿于外语教学中，我们可从以下两方面着手：

（1）精读课在传授必要的语言文化知识的基础上，还应在课内创设更多的情境，灵活选择和综合运用，如 role-play，group-discussion，pair-work，simulation，seminar 等，鼓励学生结合特定的语境大量地进行双边或多边交际。有时，可分成若干小组多说、多听、多练，以克服班级偏大、人数偏多的困难，也可以借助图片、幻灯、电影、电视、录像、多媒体课件和其他电教手段或直观教具来组织教学，进一步增进课堂效果和文化知识的积累。

精读课除了进行文化差异方面的教学外，更应注重词语的文化内涵差异方面的教学。它是了解目的语与本地区词语的文化内涵差异的有效方法。教师应把具有浓厚文化内涵的词语、习语、谚语、格言、警句、典故等特定的文化内涵介绍给学生，使学生在学习语言的同时了解西方文化。

仅就英、汉词汇的文化蕴涵而论，教学中既要讲解指示意义和文化内涵都相同的词，如汉语中的"狐狸"和英语里的"fox"都喻指"狡猾"；又要讲解指示意义相同但只在一种语言里具有文化内涵的词，如中国文化中的"松""鹤"表示长寿，"鸳鸯"喻指情侣，而英语里的"pine""crane""mandarin duck"均无此内涵；更要透彻讲解指示意义不同而文化内涵相同的词，如"雨后春笋"与"spring up like mushrooms（蘑菇）"，"多如牛毛"与"as plentiful as black berries（黑莓）"，"挥金如土"与 spend money like water（水）"。

（2）外语教师还应积极指导学生开展第二课堂活动，有计划、有重点、分阶段地带领学生多读一些英语报刊、多听一些英语广播、多看一些原版影视资料来广泛接触和逐步丰富文化背景知识，还应尽可能多地指导学生开展英语沙龙、英语角、英语辩论、英语晚会、专题讲座以及各类单项（口语、听力、阅读、写作、演讲、表演）或综合比赛等形式多样、内容丰富的课外实践活动，力求在多学外语、多用外语的交际实践中学好外语、用好外语。

总之，只有在教学中充分挖掘课程中的文化内涵，使学生认识到正是多元化文化的存在才使得世界丰富多彩，只有达到中西方文化的融合，真正做到"入境而问禁，入国而随俗，入门而问讳"，才能最终形成较强的跨文化交际能力，从而激发学生融入世界的热情，使他们的跨文化交际能力和素质得到全面提高。

至于因社会习惯、生活方式、家庭模式不同而形成的中西方行为差异更是不胜枚举。如果不了解这些社会文化习惯，而从本国文化背景出发来进行哪怕是最简单的交际，说出来的话即使句子结构正确，也难免引起误会和尴尬，影响交际目的。

第二节 文化差异对英语教学的影响

在我国长期的英语教学之中，大多数教师和学生都习惯地认为，我们只要掌握了基本的语法、一定量的词汇、语音语调知识，就等于掌握了英语。因此，在教学中，我们往往把主要精力集中在语言知识的传授上，而忽视了文化背景知识对语言的重要作用，培养出来的学生尽管掌握的词汇量很大，语法知识也很好，但却缺乏在不同的场合恰当地使用语言的能力。学生常常出现造句准确但使用失当的现象，在听、说、读、写各个方面也受到很大的制约。例如，很多学生诧异，在做听力练习时，有时每个单词都懂，但却不知通篇说的是什么。很明显，这不是语言本身的问题，而是听者的思维活动与说者的思维活动不合拍的缘故。教学中我们都有这样的体会，如果听力材料是大家所熟悉的内容，一般很容易听懂，并能较好理解，但遇到一些不熟悉或与异国文化背景知识相关的材料时，听起来就难得多了。

中西方文化上的不同，在词汇上也可以反映出来。学生由于对英语词汇缺乏文化内涵的了解，在听的过程中又无法对一些单词做出合理的推测，因此就体会不了语言信息以外的含义。例如，学生会将"There are still some dry states in the United States.（在美国尚有几州禁酒。）"误解为"在美国还有几个州十分干旱"，将"She prefers dry bread.（她喜欢无奶油的面包。）"误解为"她喜欢干面包"，将"blackbird（画眉鸟）"误解为"乌鸦"，将"soldier's heart（军人病）"误解为"铁石心肠"等。

由此可见，不了解中西文化间的差异，只把单词的意思生搬硬套，是无法真正掌握英语、达到文化交流的目的的。我们在教学中除了要强调听、说、读、写四要素外，帮助学生了解西方文化背景知识也是责无旁贷的。

在英语教学中，要充分利用现代化的教学手段让学生最大限度地接触一些英美本土文化信息。我们知道，对异域文化的敏感性主要来自两种途径，即直接途径和间接途径。直接途径当然是说要到异域文化中去生活、去体验，通过直接接触的方式来获取文化信息。这对中国学生来说显然不可能，所以在此不再赘述。而间接的方法则很多，这些渠道包括课堂学习、课外阅读、收听英美广播、观看一些英文图像资料等。这里需要特别强调的是，由于课堂教学的局限性，教师应该花精力去指导学生开展形式多样的课外学习活动，阅读一些介绍有关英美文化背景知识的书籍，特别是要借助于先进的现代化的教学手段，加强学生的语言听说训练，直接在英语学习中给学生导入一些英语文化背景知识。根据笔者的亲身体验，观看一些英文原版电影录像也是一种非常有效的提高文化差异敏感性的手段，因为大多数英文原版电影录像都是由英语国家本族人所演绎的，这些音像资料具有浓厚的英语文化气息。通过这种途径，我们不仅可以学到一些地道的英语，还能了解到许多风土人情以及一些特定情景下的言语表述行为。对英语学习者而言，特别是对那些在相对缺少英语语言环境下学习英语的人而言，最大的憾事之一就是他们从课本里学来的英文知识往往与现实生活中的语用实际脱节，甚至产生笑话。由于受书面语以及正统的学究味十足的表达方式的影响，很多学生及英语语言工作者都显得过于拘泥于语法形式而不够灵活自如，在交谈中让对方感到很不自在。看过录像《廊桥遗梦》（The Bridge of Madison County）的学生都会有一个深刻的印象，那就是片中的英语对话表述简洁明快，大方得体。有一段剧中男女主人公的对话，背景是在一个温柔的夜晚，两位主人公在漫步交谈，都有些疲惫有些干渴了。这时男主人公很自然地问道："A cup of drink?（喝杯什么吧？）"而女主人公也很自然地回答："Sure.（很好。）"由此可见，在这种特定情景下的对话就是如此地自然得体。试想如果没有亲眼目睹这一对话情节，仅凭我们从课本中获得的信息，在这种情况下，我们会做出怎样的表述呢？我们一定会绞尽脑汁地想要如何尊重对方，应选用英语中哪种最能表达敬意的句型，在是用"Would you like…"还是用"Shall we…"句型上左右摇摆。这便是课本知识与实际知识运用相脱节的一个例子。可见，观看英文录像不仅可以扩大词汇，增强听说能力，而且还能从中学到很多文化知识。

我们可以采用灵活多样的课堂教学方法培养学生学习文化知识的兴趣，同时帮助学生树立起"打持久战"的英语学习态度。学生是教学的主体，传授的知识要由学生加以理解、吸收，能力的培养主要靠实践来实现。在教学中一定要结合具体教学对象的学习实际采用行之有效的教学法。教无定法，贵在得法。所谓贵在得法，指的是教师应根据教学内容和学生特点，在课堂上灵活变换自己的教学方法和教学手段。教师应当在培养学生的学习兴趣和帮助他们养成良好的学习习惯上下功夫，即主要是教会学生学习方法（teach the students how to learn）。有的学生抱着"一本教科书的思想"，整天抱着课本去啃，一味地死记硬背，记住了英语的一些条条框框，但应用能力却很差，究其原因，还是学习方法问题。语言学习重在实践，一定要活学活用，一定要常开口，正所谓"Open your mouth, open the door to success.（张开嘴巴，你就开启了通向成功之门。）"此外，英语学习是一个漫长的过程，文化信息更需要日积月累，这是由英语语言学习的规律所决定的，只有持之以恒地学习和进行大量的实践训练才能获得娴熟驾驭英语语言的能力。法国著名教育家保罗•朗格朗提出的终身教育的思想，其基本内涵就是强调教育要贯穿于一个人的一生，教育应该渗透到个人和社会生活的各个方面，无时不在，无处不有。依笔者之见，英语教学更需要提倡终身教育，每一个从事英语学习的人都要有坚持不懈、持之以恒的学习态度。唯有如此，才能学好英语。

英语教学要把讲解语言知识和介绍文化背景知识、比较中英文化差异有机地结合起来，充分发挥文化背景在教学中的积极作用，培养学生对文化差异的敏感性。

一、介绍文化差异，提高学生文化感悟力

在英语教学中，教师应介绍文化背景，使学生了解英美等国家的实际，学会在适当的场合用适当的英语表达自己的思想；通过介绍文化背景，比较文化差异，让学生明白不同的文化、不同的语言有着不同的习惯表达方式。

在杨立民、徐克容合编的 College English 第四册第三课 "The Big Buffalo Bass" 一文中出现了这样的句子："Old King Solomon is a bass，" he said. "We call him that be cause he's so smart that nobody can catch him." 而且反复出现 King Solomon，King Solomon holds court 等。这里为什么把这条大鱼称作 King Solomon？如果不了解西方文化，不知道 Solomon was the king who ruled Israel from 937B.C.to 933B.C. He was renowned for his wisdom and he is mentioned numerous times in the Bible.那么就不会明白 Solomon 的名字是聪明、智慧的象征，这在西方国家是家喻户晓的。正如诸葛亮的名字在中国的情景一样。

通过文化差异的比较，学生在头脑中形成一种潜在反应能力，这种能力就是通过语言这一载体对英语所反映的文化内容的综合性的理解能力，也就是我们常说的文化感悟力。例如，我们一见到或听到 blacktea，头脑中反应的不是"黑茶"而是中国人常喝的"红茶"，bluemovies 不是"蓝色电影"，而是指"黄色电影"等。这种能力的培养和提高，需要教师在教学过程中不断地采用中英文化差异比较的方法，让学生有意识地排除本族文化的干扰。

二、比较文化差异，培养学生对文化差异的敏感性

介绍英语国家文化背景，培养和增强学生对中英文化差异的敏感性是英语教学的一项主要任务。如果忽略或轻视了这一点，就会造成只教授语音、语法规则、词汇这些纯语言知识的局面，其结果会影响学生的语用能力，使学生不能够恰当、准确而灵活地运用英语进行交际活动，甚至会犯文化差异所引起的错误。例如：

Your English is very good.

No，I don't think so.My English is very poor.

这样的回答，英美人士听后会不知所云。主要问题在于答句是按中国文化习

惯对赞扬进行回答，语言上没有错误，但不符合英语社会的文化性常规。这种由文化差异所引起的错误比语言性的错误更为严重，更应引起重视。

三、介绍文化差异，提高学生的交际能力

每一语言都有自己特有的交际模式，例如，中国人见面打招呼，首先会问"吃饭了吗？""到哪儿去？"，分手时会说"慢走""有空到我家来玩"等。如果把这种交际模式用在英语中，英美人士会感到很吃惊。因为"吃饭了吗"等这一类的客套话，在汉语是表示亲热、问候，而在英语中却成为提问。所以，在英语教学中对于交际文化项目要给予说明，比较差异，时常提醒学生注意英语国家所特有的交际文化模式。比如汉语中可以称呼"义老师"，而英语中却不能当面直呼"Teacher X"，这种情况只能按照英语文化的习惯用"Mr. X"或"Miss X"等来表达。

四、比较文化差异，调动学生学习兴趣

兴趣就是人对某事物所具有的喜好的情绪。当一个人做自己感兴趣的事情时，会投入全部精力，专心致志。无论做什么事情，首先要培养自己对其有浓厚的兴趣，然后再发挥自己的主动性，采用适当的方式方法，才有可能获得成功。学习英语也是如此。

这里所说的兴趣，主要是指学习兴趣。学习兴趣可以分为直接兴趣（direct interest）和间接兴趣（indirect interest）。直接兴趣是由学习过程本身和知识内容的特点直接引起的。间接兴趣则是由学习结果的有用性而产生的。培养学生的直接兴趣是英语教学所必须考虑的一个方面。只有我们不断地改进教学方法，增加新的教学内容，将趣味性贯穿于教学过程之中，才能调动学生的兴趣，激发学习的热情。

文化差异的对比，无论是方法上，还是内容上，都有助于调动、培养学习的直接兴趣。介绍文化背景，比较文化差异，不限于就课文讲课文，而是透过语言看文化，通过所学的语言材料了解其中所含的地区文化语义，把枯燥无味的词语解释、结构分析等变得有滋有味、生动活泼，这样就能引起学生极大的学习兴趣，使学生既学到了英语语言知识，又领略了英语地区的传统文化。

综上所述，英语教学离不开文化背景的介绍，离不开中英文化差异的对比，文化差异的对比在学习英语中起着不可忽视的作用。除在教学中介绍文化背景、对比文化差异之外，我们还可以通过让学生阅读英语文学作品、报刊，观看原版电影、录像、戏剧等去了解英语国家的文化。这样可以使学生受到英语文化环境的浸润，在潜移默化中感受到英汉文化差异，以此来达到丰富学生的社会文化知

识，增强学生对英汉文化差异的敏感性，提高学生的文化感悟力和交际能力等教学目的。

第三节　英语教学中重视文化差异知识教学

王佐良先生曾指出："不了解语言当中的社会文化，谁也无法真正掌握语言。"语言是文化的一部分，是文化的载体。语言与文化的关系密不可分。它是学习文化的主要工具，人在学习和运用语言的过程中获得整个文化。由于东西方社会是在不同文化的基础上形成和发展的，所以人们的思想、信仰、习俗等都存在不同程度的差异。我们学习外语时不可避免地会接触到这些差异。不了解外语的文化背景，就无法正确理解和运用外语。

为了培养学生的跨文化交际能力和对所学语言材料的全面了解，外语教学应注重文化知识的传授，这在外语教学界已形成共识。文化知识是一个国家、一个地区约定俗成的。如果不是有意识、有目的地去学，是很难了解和掌握的。由于东西方文化差异较大，在我国的英语语言教学中，文化知识的传授就显得尤为重要。在国外，文化知识的教学在教学计划中占有很大比重，教师的文化教学意识较强。在我国，广大教师已开始认识到文化知识的传授在外语教学过程中的重要性，但在具体实施过程中还存在很大差距，进展也不平衡。另外，我国目前的大学生也存在着英语交际能力普遍低下的问题，大多数学生在和英、美国家的人交流时，往往产生误解和困惑，甚至导致交际失败。

因此，在英语教学中不仅要让学生掌握语言基础知识，而且还应当加强有关文化背景知识的传授，这样不仅能使学生克服"母语的干扰"，养成良好的思维习惯，把英语学"活"，达到英语教学之目的，而且又有助于学生融东西方文化为一体，提高文化修养。只有让学生们同时掌握以上两种知识，英语的社会交际功能才能得到充分的发挥。这正是母语教学与外语教学的根本区别。只重视前者，忽视后者，往往会造就出"高分低能"的学生。由于这些学生的英语是在不具备社会和文化环境的情况下学习的，因此一旦面向社会，进入一种陌生的文化环境，在实际运用语言的时候，就会遇到许多困难，甚至无法进行正常的交际。

在英语教学中注意导入英语的文化内容与汉语文化的有关内容进行对照，是我国英语教学界近年来取得的一个新收获，也是不少专家学者及外语教学人员的一个共识。那么，英语教学中究竟应该导入并对比哪些方面的文化内容呢？我们认为，习俗文化、思维文化、心态文化、历史文化、体态文化等五个方面的内容是应当导入并加以比较的。

一、习俗文化

习俗文化亦可称"语用文化"，它与日常生活和社交活动中的社会风俗、习惯紧密相连。

（一）称谓与称呼

英、汉两种文化在这个问题上的差异是显而易见的。在汉语文化中，称谓是分析型的，而在英语文化中，称谓是模糊笼统的。这恐怕主要是因为中国人的宗教观念比较强，并注重血缘关系的缘故。一个英语词 cousin 可以对应八个不同的汉语称谓，而 aunt 及 uncle 也可分别对应八个不同的汉语称谓。

在称呼问题上，汉文化一向以为小的、年轻的必须尊敬老的、年长的，这与社会伦理道德有关。称呼一个比自己年长的人时，我们常常说老张、张先生、张师傅、张老师、李大娘、王大嫂、何大妈或张阿姨等，而在家庭成员之间，不称爷爷、奶奶、爸爸、妈妈、哥哥、姐姐是断然不行的。但在英语文化中，除却在正式场合称先生、太太、小姐之外，相识的人之间不论男女老少，皆可直呼其名，并认为是一种亲密的表示，即使在一个家庭内，子女亦可直呼父母的名字，而这在汉语文化中是无论如何不能接受的。

（二）敬称与谦称

汉语文化中表示敬称的词语很多，择要而论，它们有某君、某老、某翁、某公等。最简单、最普通的是"您"（英语只有一个 you）。另外还有称他人的论著为"大作"，称他人的父母为"令尊"，称他人的子女为"令郎""令爱"之类的表达法。此外，还有用"贵"来称呼对方的，如贵厂、贵公司、贵方、贵校、贵国、贵体、贵姓等。而在谈论自己或本单位时，我们习惯上说拙文、拙见、拙著、鄙人、小人、在下、敝人等。所有这些敬语与谦称在英语中是找不到等同语的，这是因为英语中敬语、谦称较少且又不注重的缘故。英语中的 Your Majesty 和 Your Excellency 非常人能用，Lord 与 Sir 也是受封或世袭制的。

（三）问候与寒暄

一大早两人相遇打招呼，中国人习惯说"吃饭了吗？""啊，老王，你早。""你到哪里去？"等。可是这几种寒暄用语在英语文化中就可能引起误解乃至反感。比如"吃过饭了吗？"这个句子本身无任何特别意义，只是用于寒暄、引出语题而已，相当于英语会话中问及天气情况的寒暄句一样。但是，这个寒暄用语（Have you had your breakfast?）在英语文化中则意味着你邀请对方去吃饭。而在未婚青年人之间，如果发话人是位男子，受话人是一位女子，那么它又意味着这男子对女子有意，欲与其约会。同样，"你早啊！哪里去？"等汉语寒暄用语也是不能被英语文化接受的。

（四）送礼与受礼

汉语地区与英语地区在社交方面同样存在着一些有趣的差异。在汉语地区文化中，不论是过生日，做"红白喜事"，还是探视病人、访友或请客吃饭，我们习惯上是送礼，而这个"礼"又以钞票、水果、滋补品及玩具等为主。可是在英语文化中，如果是探视病人，人们习惯买一束鲜花送给病人。当然送花是有讲究的，不同的对象、不同的场合送的花是不同的。再如，应邀去朋友家吃饭，人们通常是送女人一束鲜花，有时也有送其他东西的。与之紧密相连的是受礼问题。当主人收下所赠的礼物后，我们中国人通常不立即打开来看一下礼物，认为当着送礼人的面这样做既不礼貌又会使客人感到尴尬。而英美人通常的做法是在收下礼物后，立即打开看上一眼，然后赞美一番，说声谢谢。

（五）致谢与答谢

汉语文化与英语文化在致谢方面基本相同，只有一点例外，那就是在汉语文化中，关系密切的人之间几乎不用道谢，这一点在家庭成员中尤为突出。但在英语文化中，即使是关系非常亲密的人之间，致谢也是不可少的，如父子之间、夫妇之间等。在答谢上，汉、英语之间的差异不大，但在英语文化中，道谢用语"Thank you"已超出了致谢的范围。比如，在你向对方表示感谢之后，对方甚至会说Thank you。如果碰到这种情况，你大可不必大惊小怪或迷惑不解。

（六）告别

在汉语文化中表示告别一般用"再见"。这与英语文化中的告别用语无甚两样。但有时我们也说"走好，路上当心，请多保重"等，这与英语里的take care等也几乎是等值的。然而当我们说"慢走"或"请留步"时，英语中恐怕就没有与此相对等的表述了，此其一。其二，汉、英两种文化中有关告别的方式也不尽相同。在英语文化中，如果客人想告别，通常要提前几分钟将告别的意思暗示或委婉地表达给主人以征得同意，然后才可离开，如果突然说"时间不早了"，而后站起来告别主人，在英语文化中是不礼貌的。而这一点在汉语文化中是可以接受的。

（七）称赞方面

中国人素以谦逊为美德，所以当某人夸奖或称赞自己时，我们总是要说："哪里哪里，您过奖了"或"我还差得远呢"等。然而在英语文化中，当某人受到夸奖时，他会很高兴地说上一句"Thank you"。

在汉语文化中，如果我们当着一位女子的面，赞美她长相美丽，那么她就会显得不自在，不好意思。有时甚至还会引起误解，以为赞扬者心怀邪念。然而在英语文化中，男子当着女子的面说她年轻漂亮，她会欣然地说声"谢谢"。

再比如胖与瘦的问题。在汉语文化里，如果说某人瘦了，受话者就会感到忧虑，因为"瘦"字通常是与营养不良或劳累过度等连在一起的。相反，如果说某人胖了（发福了），那他就会感到高兴。然而在英语文化中，这"胖"与"瘦"的效应正好相反。说某人瘦了（You've lost your weight.），受话者就会感到很高兴，这说明他（她）变得苗条漂亮了；相反，如果见说某人胖了（You've gained some weight.），那他（她）就会显得不高兴，甚至忧虑重重了。

二、思维文化

不同的地区不仅有很不同的语言，也有不同的思维。思维方式的差异在文化及语言中的种种表现，我们称之为"思维文化"。综观英、汉两个地区的思维方式，其相映成趣、形成鲜明对照的差异主要有下列几组：

（1）英语地区从小到大，而汉语地区则由大到小。

比如日期的表达：

1988年5月24日：24May，1988

比如钟点的表达：

下午3点12分：12 minutes past 3p.m.

再比如"大中小城市"的英文说法却是 small，medium-sized and large cities（变成小中大城市）。

（2）英语地区"轻在前重在后，弱在前强在后"，而汉语地区则多"重在前轻在后，强在前弱在后"。比如：

救死扶伤：heal the wounded and rescue the dying

无地和少地的农民：the peasants who have little or no land

我和约翰、玛丽：John，Mary and I

一张木制小圆桌：a small round wooden table

（3）在方位表达上，汉语文化多"横向"，而英语文化则多"纵向"。比如：东南southeast，东北northeast，西南southwest，西北northwest。

（4）先与后的问题。如中文里的"您先走"，英文不说You go first，而说After you.中文里的"新郎新娘"在英语里变成了bride and bridegroom（新娘新郎），中文里的王先生、王夫人、王校长在英语里分别变成了Mr.Wang，Mrs.Wang，President Wang。

（5）写人状物的描述顺序。汉语多为"时间、地点、动作（方式）"，而英语则多为"动作（方式）、地点、时间"。如：我们明天下午在老李家碰头。We'll meet at LaoLi's home tomorrow afternoon.

（6）时间观念上的差异。比如用"前"与"后"，分别指称过去与未来时，中、英两种文化的态度迥然不同。中国人仿佛是面对着过去看问题，因而有"前无古人，后无来者"，以及"前所未有""后继有人"等说法，而英语地区却正好与我们相反。如：

（1）But we are getting ahead of the story.（不过我们说到故事后头去了。不是前头）

（2）In measuring forwards from a point of time in the past，only the following construction is normal.He finished the job in three months.

原译：要从过去某一时间点向前衡量时……

改译：当从过去某一时间点向后算起时……

（3）The first is in the two essays of part II on culture and biological evolution，where the fossil dating，given in the original essays have been definitely superseded. The dates have，in general，been moved back in time.

如果将句中画线部分译成"推后了"而不是"提前了"，那么，译文就会同原意正好相反。

（4）The verbs in hypothetical conditional clauses are back shifted，the past tense form being used for present and future time reference.

原译：假设条件分句中的动词是后移的……

改译：假设条件分句中的动词是前移的……

三、心态文化

一个地区的心态文化是一个地区文化的历史沉积，它与地区心理、宗教信仰、社会意识等有着密切的关系。不同的地区有着不同的心态文化，因而，也就有不同的价值观、审美观和伦理道德观等。

（一）价值观念上的差异

在汉语文化里，我们奉行的是集体主义，即个人价值的实现在于他对社会做出的贡献，因而我们强烈反对"个人主义"与"自我奋斗"。但在英语文化里，一个人价值的大小在于他获得的 self-perfection 或 self-integrity，在于他 individualism 的强与弱。在西方，人们考虑的问题不是：What's the meaning of life? Rather, what is the meaning of my life?（Grace Halsell 语）因为西方人普遍认为：Each person has his own separate identity which should be recognized and stressed.（Stewart 语）电影导演黄建新有一次在国外访问，看到一个残疾人正吃力地推着轮椅上坡，便上前帮他推了上去，没想到那残疾人非但没说声谢谢，相反还恶狠狠地回头看了黄导演一眼。这是为什么呢？这就是 individualism 在作怪。这是我们在主动帮助别人时没有充分认识与肯定对方独立的 identity 的缘故。事后黄导演才弄明白其中的缘故，他不由慨叹东西方价值观念上的差距。

另一个能说明问题的是人们对"金钱"的态度。我们由于长期受到了汉语文化的熏陶，因而对"金钱"的态度历来比较淡泊，认为"钱是身外之物"，"生不带来，死不带去"。而英美人恰恰相反，他们自幼受到的教育便是长大后追求两样东西，一是"金钱"，二是"权力"。这是因为他们那个社会以及人都是 money minded. Peter G. Bealer 在一篇文章中指出：All Americans are taught to want when they grow up—money and power. 由于从小就受到这种 individualism 和 independent identity 的教育与影响，在西方，尤其是在英美，子女年满18岁便开始离家，只身闯荡江湖，过独立的生活，即使父母很富有或很有权势，子女也不愿利用父母的财产与名声为自己在社会上、事业上构筑一个"暖窝"，而父母也不愿慷慨赠予。

（二）审美观念上的差异

一个地区认为是美的东西在另一个地区看来可能是不美的，甚至是丑的，这是两个地区的传统文化、地区心理、社会生活方式上的差异在审美活动中的具体表现。就汉、英两个地区来说，各自的审美观及审美趣味也是大不相同的。

在如喜鹊与老鹰。喜鹊在汉语文化中给人的印象是良好的，认为它是吉祥鸟，是叫喜报喜的。然而在英语文化中，它却是"叽叽喳喳或爱收藏杂物的人"的化身。而在俄语文化中，它的形象则更丑，因为人们认为它是"搬弄是非的饶舌者"。老鹰在汉语文化中的形象不及喜鹊，不知是不是"老鹰抓小鸡"之类的故事引起的。但在美国，老鹰是力量的象征，你看美国的国徽上不是有一只老鹰吗？

另一个问题是"颜色偏向"问题。马克思曾说过："一般来讲，色彩的感觉是美感的最普及的形式。"然而不同的地区对不同的色彩的感觉是不同的。在国际贸易中，色彩的重要性则更具现实意义。比如，巴西人忌绿色，日本人忌黄色，墨西哥人忌紫色，比利时人忌蓝色，土耳其人忌花色，欧美人忌黑色。如果不了解这一点，不尊重不同地区的不同颜色偏向，那么就卖不出商品，也赚不了外汇。

（三）伦理道德观上的差异

汉、英两个地区在心态文化上的又一差异反映在伦理道德观中。如在对待女子的态度上，英美人历来奉行的一种社会道德是"女士优先"（Lady first）。因而有为女士开门的习惯，也有称呼表达上女士居前的习惯。如"女士们，先生们""新娘新郎"，这恐怕与"尊重妇女"这种社会道德观有关。

再如"亲吻"，在西方是十分普遍的，即使在光天化日、众目睽睽之下，"亲吻"都不违背伦理道德。然而这种亲昵行为在汉语文化中是不道德的，是不可接受的。

社会伦理道德上的差异还反映在下列"三问"中，即"问工资、问年龄、问结婚"。在汉语文化中，这"三问"几乎是会话交谈中的必谈话题。对汉语地区来讲，这是很自然、顺理成章的，也符合社会道德。不仅如此，这"三问"在许多情况下，还表达了问者对听者的一种关怀与理解。然而在英语文化中，这"三问"犹如社会文化中的一种禁忌，不能触及，因为"三问"的内容都是纯个人的私事（privacy）。比如问工资，在英语文化中，个人收入是纯个人的事情，他人不得问及，即使家庭成员之间也不知道各自工资的确切数目。

再一个问题就是"尊老"。比如在汉语文化里，我们对长者是绝对不能直呼其名的。但在英语文化中，直呼其名习以为常，即使是子女对父母也可以直呼其名。在英语文化中，这不仅符合社会伦理道德，而且还是一种亲密的表现。另一个问题是对子女对父母的义务，在英美等国，子女长大后一般不负有赡养父母的义务，因而后来就出现了一种 loneliness industry。而在汉语文化中，如若子女不尽赡养父母，那他就是"大逆不道""忤逆不孝"。

四、历史文化

我们这里说的历史文化是文化的历史发展与文化的历史沉积在各自语言中的表现，尤指一些传统说法、典故、格言、成语等。比如，汉语里的俗语"吃红蛋"（娶媳妇，生儿子）、"吃汤圆"（亲人团聚）、"月老，红娘"（介绍人）、"老泰山"（岳父）、"戴绿帽子"（妻子不忠）、"穿小鞋"（压制不同意见）、"戴高帽子"（赞扬，奉承）、"抓辫子"（找岔子）、"擦背"（互相批评）、"河东狮吼"（泼妇）等。而成语中蕴含的特定的文化意义则更加丰富，如"司空见惯""名落孙山""四面楚歌""得陇望蜀""东施效颦""牛郎织女"等。而英语中的 January chicks, green revolution, Eureka, black Friday, blue Monday, loneliness industry, Bufidan's ass, talk turkey, face the music, blue stocking, white elephant 等都具有一定的历史文化内涵，打着历史文化的烙印。

更引人入胜的是有关成语中出现的现象、喻体的比较。比如：

大海捞针：look for a needle in the hay（草垛中找针）

水中捞月：fish in the air（空中钓鱼）

缘木求鱼：look for the grass on top of the oak（橡树顶上找草）

杀鸡取蛋：kill the goose that lays the golden egg（杀鹅取蛋）

鸡皮疙瘩：goose-flesh（鹅皮疙瘩）

鸡窝里飞出金凤凰：a peacock in the shed（牛棚里的孔雀）

拦路虎：a lion in the way（拦路狮）

画蛇添足：gild the lily（为百合花镀金）

五、体态文化

不同的地区有不同的体态文化。我们这里讲的体态文化包括非言语交际的诸方面，如身体动作、面部表情、空间利用、服饰以及其他装饰等。虽然有些非言语交际手段与方式随着时代的变迁而变迁，但在信息传递中它始终占有十分重要的地位。在朱迪·C•皮尔逊看来，百分之七的情绪信息由语言传递，其余百分之九十三要靠非言语手段来传递。

（一）身体动作

人的身体各部位的动作在一定文化里都载有一定的信息。现择要简述如下：

（1）点头与摇头。在许多国家，点头表示同意赞许、肯定；摇头表示否定、不同意或反对。但在印度、希腊等地，点头与摇头表示的含义恰恰相反。

（2）耸肩。在英、美等国，耸肩膀是人们习惯使用的一个动作，表示不知道、怀疑、冷淡或无可奈何。但在中国极少有人使用这个动作。

（3）挎胳膊。在中国，同性朋友勾肩搭背在马路上走是常见的事，一般认为这表示两者之间有密切的关系（友谊深厚）。但在美国等地，这种动作可能被误认为"同性恋"。

（4）握手、拥抱、亲吻等。久别重逢，互致问候，不同的地区有着不同的方式。中国人一般用握手，而在西方除握手之外，关系亲密者可以拥抱或吻脸。爱斯基摩人则是用拳头拍打对方的头。而美籍西班牙人则习惯拍打对方的背。波利尼西亚人则是拥抱与相互擦背。

（5）抓鼻子与嗅鼻子。在北美，用手抓鼻子表示怀疑，而嗅鼻子（turn up one's nose）则表示轻蔑。

（6）掌心与掌背。在中国，掌背向上，指头里外移动（抬手），表示要对方"来"。而在英、美等国，表示要对方"来"时，通常是掌心向上，指头前后摆动。

（7）手指动作，美国人用拇指与食指连成一个圆圈，表示OK，中国人则多用"翘大拇指"这一动作。在西方，中指与食指张开成"V"形，表示取胜的决心与取得胜利时的喜悦心情，但中国人却很少使用这个动作。在中国翘起小指表示轻蔑、不赞成，但在英、美等国，人们是用大拇指倒扣这一动作表示不同意、批评与惩罚。捻拇指在英语文化中表示轻蔑、不在乎，但在中国文化中，这一动作则表示满意、兴奋、想出了好主意。在英、美等地，手指在太阳穴画一个圈，表示某人"发疯了"，而同是这个手指动作在中国则表示"动脑筋"。

（二）空间利用

（1）坐着与站着。交谈时一人坐着，一人站着，这常表示两人间地位不平等。在西方，站着的通常在职位、地位或年龄上要高于坐着的；但在中国，情况恰好相反，坐着的通常在职位地位或年龄上高于站着的。

（2）距离。两人交谈时，相距的距离也载有一定的文化信息，如是陌生人，距离通常要远一点；如果是亲密朋友，距离则很短，一般在半米左右，一米以内。

（三）面部表情

对比分析表明，英、汉两种文化中有关面部表情所反映的"喜怒哀乐"是相同的。比如，扬眉与英美人的 raise/elevate one's eyebrows 是一样的；皱眉与英美人的 knit/contract one's eye brows 也是一样的；"拉长着脸"与英美人的 wearing a long face 是一样的；苦笑与英美人的 bitter smile 也是一样的。

（四）服饰与饰物等

（1）大幅衫与对面襟。过去在中国，尤其是在农村地区，已婚妇女通常都穿大幅衫，而未婚女子则多穿对面襟。

（2）旗袍与长衫。在过去，中国男子无论是年老的还是年轻的都着长衫与马褂，而妇女、小姐则多着旗袍。在西方，女子则多着裙子，男子多着西装、马裤。

（3）戒指。戴在中指上表示此女子已有婚约，戴在无名指上表示此女子已婚。

（4）十字架。胸前佩十字架，表示佩戴者是基督徒。

（5）打钩、画圈与打叉。中国人在选票上打钩或画圈表示赞成、支持，打叉表示反对，但在英国，人们在候选人名下打叉，表示支持与同意。

服饰在中国是一门历史悠久的文化，称为"服饰文化"，在此不做深究。因此，在英语教学中，我们应该注意以下几个方面：

1.加强教师修养，提高综合素质

文化背景知识包罗万象。从广义上讲，它包括所学外语国家的政治、经济、历史、地理、文艺、宗教、习俗、礼仪、道德、伦理、心理及社会生活的各个方面；从狭义上讲，语言是文化的重要载体之一，如常用语、专有名词、成语典故、民间谚语等和形体表情等无声语言，都能够反映出大量的文化背景知识。要在教学中传授社会文化知识，外语教师显然起着主导作用。但目前我们的困难是，一则我们使用的教材缺少相关的社会文化背景知识的介绍；二则我们缺乏系统的以文化为导向的参考书籍。英美人的语用习惯、文化习惯，词的文化内涵，人名、地名的文化背景以及文学典故等都有赖于我们不断搜集和积累。这就对我们教师提出了更高的要求。我们必须不断学习，不断提高自身的文化修养，探索新环境下指导语言学习的新方法和新技巧，不断更新知识，提高水平，只有这样才能把英语教"活"。

2.把握中西差异，注意对比教学

中西方社会文化的差异应是教学中的重点。特别是初学英语的学生，总喜欢把母语和外语互译，这种学习方法往往成为以后运用英语的潜在障碍。因此，在教学中，教师不但要对词语的文化背景知识进行必要的解释，而且还应该同母语进行适当的比较，以便使学生了解两种文化的区别，从而掌握正确运用英语的方法。在向学生介绍一些文化背景知识的同时，要重点讲解中西方文化的差异。例如，中国人见面常以"吃饭没有？你到哪里去？"等来打招呼。如我们见到一个美国人也问"吃饭没有？你到哪里去？"他肯定会感到无所适从。可见外语教学不能局限于语言本身，而应把所教语言与现实生活中的文化教育结合起来，使学生既掌握了一门外语，又掌握了一定的文化知识，实现语言教学的最终目的，即：交际。在教学中，我们还可利用对比法，将中华地区的文化特点与西方文化特点进行比较分析，使学生更清楚地认识到中西文化的异同，以获取跨文化交际差异的敏感性。

此外，我们还应当注意英美文化的差异。美国英语、英国英语两百年前是一家，是同一种语言。但由于近百年的历史、地理和社会政治等原因，使同一种英语在美国、英国形成各自的许多特点，如不熟悉这些特点，在理解和表达方面就必然会产生误会，造成不必要的损失。例如，billion在美国表示"十亿"，而在英国则表示"万亿"，public school在美国表示"公立学校"，而在英国则表示"私立学校"（译为"公学"）等。

这些习惯表达方式，我们都可以将它们和文化背景，以及中、美、英三国之间的文化差异联系在一起讲，这样就能使学生掌握比较地道的英美英语，而不是"中国式的英语"。

3.教学中随文解说，进行文化导入

在课堂教学中，应该不拘一格地对语言教材中所涉及的文化背景知识进行随文解说，明确其最基本、最重要的文化因素，讲清它所包含的文化背景知识。同时还要适当扩展其知识内容，顺便讲一些相关的外国风俗习惯和交际常识等。比如，涉及"In a restaurant"的对话时，可加入getting people's attention的常识：

As the waiter or waitress is going by, raise your hand, palm out, and say "waiter" or "Miss" in a voice just loud enough to carry above the restaurant noise. Customers in restaurants do not snap their fingers.

另外，引导学生在阅读文学作品、报刊时留心搜集有关文化背景、社会习俗、社会关系等方面的材料。这样一点一滴、日积月累，文化差异这道鸿沟是可以逾越的。

4.制定系统大纲，明确导入原则

教师在讲授语言过程中随时阐释遇到文化现象的做法，具有随意性，内容也不够完整，缺乏一定的系统性。所以，当务之急应针对目前外语教学文化导入的相关内容摸索出一整套符合我国实际情况，符合语言学习普遍规律，符合不同学习者需要的原则、方法、手段和措施，制定出相应的教学大纲，明确文化导入的具体内容、措施和导入规则，以满足教师课堂实践的需要，使教师在教学中有纲可依，从而避免文化导入过程中的盲目性和混乱现象，更有效地提高学生的外语交际能力。

5.优化学习环境，注意寓教于乐

学习语言的目的在于应用，而学习外语的难题之一是缺乏语言环境。因此，在教学过程中，教师应千方百计为学生创造良好的语言环境。首先，教师要给学生创造能够与真实语言交际对象进行交流和讨论的机会，让学生参与有一定知识的、感兴趣的并有真实交际目的的活动。其次，帮助和指导学生进行反思和表达他们的想法，创造一个以学生为中心的课堂，使学生有意识地投入并自愿参加这些思想交流活动。再者，教师在教学中可以利用多媒体等教学手段，采取寓教于乐的多种形式，调动学生学习的积极性，让他们在轻松愉悦的气氛中学习和掌握语言基础知识和文化背景知识，从而真正达到提高学生运用英语进行交际的能力。

另外，英语中有许多成语、谚语包含着丰富的文化背景知识，教师也可以有选择地介绍给学生。这不但能激发学生的求知欲，增加词汇量，扩大知识面，使学生了解西方文化，而且能使学生认识到学习英语不能用汉语生搬硬套，更不能一律望文生义。要学会把外国文化不同的表达方式换成中国的表达模式，即"入乡随俗"。例如，把 shed crocodile tears（流着鳄鱼的眼泪）译成"猫哭耗子假慈悲"，把 You can't make an omelet without breaking eggs（不先打破蛋，蛋饼做不成）译成"巧妇难为无米之炊"等。

所以说，语言是文化的一部分，而文化又必须借助于语言这个工具才能得以记录、保存和反映。不同的地区有着不同的文化传统、地区意识和审美情趣，而这些各具特色的文化上的差异，即文化个性，势必会在各自的语言里得到充分的反映。从英语教学这一角度看，重视英汉文化差异的对比分析，揭示文化差异对英语教学的制约与影响，其意义是不言而喻的。可以说，英语学习的成败在很大程度上受着英汉文化差异的影响与制约。因此，在英语教学的各个环节注意适当导入所教语言涉及的文化内容并加以分析对比，英语教学就有可能收到事半功倍的效果，因为语言教学不仅仅是一个纯语言的问题，它和社会文化是息息相关的。谁不了解语言当中的社会文化，谁就无法真正掌握语言。

第五章 多元文化视域下大学英语教学创新发展

第一节 英语教学观念转变

多年来，英语教学一直以培养学生具有较强的阅读能力和一定的听、说、写、译能力为目标，而新的《大学英语教学教学要求》则将大学英语的教学目标定位为："培养学生英语综合应用能力，特别是听说能力，使他们在今后工作和社会交往中能用英语有效地进行口头和书面的信息交流，同时增强其自主学习能力，提高综合文化素养，以适应我国经济发展和国际交流的需要。"而目前许多学校实际实施的教师讲授、学生被动接受的灌输式教学不利于语言综合能力，尤其是听说能力的培养。因此，教学观念上必须实现两个转变：教学目标从原来的以阅读理解为主转变为以听说为主，全面提高综合应用能力；教学主体从以教师为主的课堂教学转变为以学生为主的课堂教学。这是大学英语教学改革的首要任务。

一、教学目标的转变

关于教学目标转变的必要性与重要性，近年来报刊上已发表大量论文论述过。我国当前英语教学的目标是：培养学生英语综合应用能力，特别是听说能力，使他们在今后工作和社会交往中能用英语有效地进行口头和书面的信息交流，同时增强其自主学习能力，提高综合文化素养，以适应我国经济发展和国际交流的需要。

许多学者都强调大学英语教学应加大口语和写作训练的力度，在教学观念上切实从知识传授转到能力培养上来。其实，大学英语教学中的知识传授和能力培养是相辅相成的。英语知识绝不能简单地理解为英语语音、词汇和语法知识，它还应包括文化知识及学生从切身体验中获得的经验形态的知识等，它是一个综合统一的系统。新的《大学英语教学教学要求》（试行）也强调大学英语教学要以培养学生英语综合应用能力为目标，但并不意味着知识传授无足轻重，而应该把它看作实现目标的途径和手段。道理很简单，学习任何一门语言，没有知识作为基础就不能运用。只有学习和掌握知识，并把知识内化为相对稳定的内在素质，形成一定的素质结构，才能产生综合的语言运用能力。因此，在教学思想和观念的转变过程中，一定要着重处理好知识、能力与素质三者之间的关系，"学习知识是基础，培养能力是关键，提高学生综合素质是目的"。此外，重视听说能力的培养，并不意味着可以忽视读写能力。听说能力的提高在很大程度上与读写能力的水平相关，在语言学习的过程中，需要大量的信息输入并通过内部语言系统进行加工，进而转化成一定程度的外部语言，而阅读是信息输入的重要途径，没有足够量的阅读，要想提高口语能力也是不可能的。听、说、读、写、译五项技能是一个相辅相成的有机整体，在以往的英语教学中，我们忽视了听、说能力的培养，在纠正这一错误倾向的同时，也要注意不要走向另一个极端。清华大学外语系崔刚认为我国英语教学中存在着偏激现象，并提醒："我们解决'哑巴英语'的同时，也要避免产生'文盲英语'的现象。"因此，新的《大学英语教学教学要求》（试行）在突出听说能力培养的同时，也要求重视阅读理解能力、翻译技巧和基本写作能力的培养。

二、教学主体的转变

按照传统的教学观念，教师是课堂教学的主体，学生只是被动接受，不需要进行太多的思考、分析、归纳和判断。在这种情况下，学习是静态的，甚至是机械的背诵和记忆的过程。教师充当的是演员的角色，学生充当的是观众的角色。这种以教师为中心的被动学习，一方面挫伤了学生的积极性，使很多学生在课堂上提不起精神，"教师讲得口干舌燥，学生听得头昏脑涨"；另一方面学生对知识的掌握并不牢固，虽然短期之内记忆了一些人、事、物和名词，应付了考试，但考完之后所学知识就很快被淡忘了。学生逐渐形成了对教师的依赖思想，他们在教学活动过程中的主体地位得不到确认，学生学到的是"哑巴英语"，没有语言实践机会，更谈不上应用能力的提高。

现代教学思想从以教师为主体转变为以教师为主导，以学生为主体，学生和教师的角色有了显著变化，转变了教育者和被教育者的角色定位。教师要向学生传授知识，但更重要的是要教会学生主动获取知识的能力。学生是教学活动的基本出发点，是教学活动的主体，居于教学活动的中心地位。而教师的作用主要是组织、引导或指导。教育部高等学校大学外语教学指导委员会副主任委员夏纪梅先生在对《当代大学英语》的评论中指出，语言课堂由教师、学生、教材和教学活动四个方面组成。他们就像一个剧团和舞台，其中教师是导演，学生是演员，教材是剧本，教学活动是演出。导演若对剧作理解不当，必然指导有误。演员若演绎与演技不当，演出自然失败。可见，他把学生（演员）视为语言课堂成败的关键角色。

授人以鱼不如授之以渔。教师要教给学生语言学习的规律和方法，要善于启发学生思考，培养学生的自学能力和主动获取知识的能力。整个教学活动是以学生的语言活动为中心。以学生为中心，就要求教师理解和体现学生的知识、智力、情感和个性需求。每单元围绕一个主题，语汇重复出现率高，便于联想和记忆。围绕大学生共同关心的话题，展开听、说、读、写、译活动，培养语言综合应用能力。课堂活动能激发学生思考，并在语言实践中获取知识、了解风情、提高应用能力。课内、课外相结合，注重学生自学能力的培养。

"学教并重"教学模式和"主导——主体"教学模式，尤其是基于Internet的"学教并重"的网络教学模式，正是整合了以教为主的教学模式和以学为主的教学模式而提出的。这种教学模式的理论基础就是奥苏贝尔（Ausubel）"学与教"理论和建构主义的"学与教"理论两者的结合。建构主义理论的突出优点是有利于具有创新思维和创新能力的人才的培养。奥苏贝尔理论的优点是有利于教师主导作用的发挥（"有意义接受学习"理论和"先行组织者"策略都是建立在充分发挥教师主导作用的基础上，否则无法实施）。其突出的缺点则是强调传递——接受式、否定发现式，在教学过程中把学习者置于被动接受地位，学习者的主动性、创造性难以发挥，因而不利于创新人才的成长。可见两者正好优势互补。由于"学教并重"这种新型教学模式能兼取两大理论之所长，并弃其所短，因此不仅适用于指导课堂教学，也可适用于指导网络教学和多媒体辅助教学课件脚本的设计与开发。应当着重指出，这里所说的"双主"和前几年有些人所主张的"学生是主体，教师也是主体"的"双主"是有原则区别的两个不同概念。如上所述，我们所说的"双主"是指既要发挥教师的主导作用，又要充分体现学生的认知主体作用。

第二节　英语教学内容的创新

一、课堂教学内容改革的客观要求

在英语改革实践中，不少教师对英语教学改革的课程设计基础理论一建构主义学习理论缺乏深入的学习，不能用以指导具体的教学改革实践；疲于繁重的课时负担，疏于对教学任务重、教学进度快、教学内容多、教学班级大等教学实际的对策研究；教学内容的取舍上往往师承先生、师承书本、师承自己的学习经历和教学经验；教学模式的运用上固守精读课程的讲授常规，将多媒体设备当成了摆设或点缀；自主学习中心的指导往往是就事论事，不能从根本上解决问题。很多学生对自己的知识水平和学习风格缺乏应有的认识，不具备自己掌握和控制学习过程、选择学习方式和评估学习结果的能力；对信息化教学模式的新鲜感消失之后，因未见实质性进步而感到些许失落和茫然，上机自主学习的时间和次数明显减少。

班级规模庞大，难以互动；水平参差不齐，众口难调；多媒体设备和纸质教材并用，电子教案、练习答案师生共享，照本宣科缺乏新意，相互矛盾、例外纷呈的所谓规则让学生头昏脑涨，学习风格不同、英语基础程度不同的同学"济济一堂"，难以达到应有的教学效果。

这些新情况、新问题使我们反思，大学英语课堂教学究竟应当教什么？教育部高教司司长张尧学在"关于大学本科公共英语教学改革的再思考"一文中指出，学生"没有真正领会那些比较简单的英语单词组合成语言后的真正含义"，"还需要熟练掌握如何组装这些零部件"，"还缺少组装和使用这些零部件的技能和方法"。怎样才能让学生真正掌握语言的运用技巧，领会语言后的真正含义，熟练掌握组装和使用的技能和方法？我们认为，根本途径是改革大学英语课堂教学内容，创新教学方式方法。

二、课堂教学内容改革的理论基础

（一）改革大学英语课堂教学内容是建构主义学习理论的本质要求

建构主义学习理论认为，学习不是一种被动的"复制"活动，而是学习者认知结构的主动建立、重组、改造和发展；主张教师必须知道学生正在想什么，他们对所呈现的材料有何反应，要训练学生建构重要概念和原则的技能，为学生提供意义建构的材料、工具、模型和良好的学习环境。帮助学生建构意义就是帮助学生对当前学习内容所反映的事物的性质、规律以及该事物与其他事物之间的内在联系达到较深刻的理解。而现行大学英语的课堂教学内容未能科学系统地反映英语语言的内在规律以及语言要素之间的内在联系。

（二）认知理论是大学英语课堂教学内容改革的理论基础

认知研究从心理学中发展分化出来，深入系统地揭示了人类认知世界、掌握知识的过程。从认知的角度来看，语言学习涉及如何积累词语、词组和句子，如何辨别概念和规则，如何去解读和表达，既是陈述性知识的学习过程，又是程序性知识的学习过程，还是从陈述性知识向程序性知识的转化过程。尽管认知客体都是英语语言，认知主体大学生与低龄学习者在知识结构、理解力和记忆力上不同，应该而且必须采取不同的认知策略和学习策略。认知理论认为，对以命题形式贮存于记忆中的语言信息进行加工的认知过程是人类知识的基本存在形式。命题由两个或两个以上的概念组成。一个句子可以包含几个命题，构成命题网络，将事件信息储存在人的记忆之中。言者的句子表达，是对记忆中已有的命题进行组合；听者的话语理解，是解构所听句中的命题及命题间的关系。储存在记忆中的是命题，不是句子，所以表达时用的可能不是原句。语言表达和思维方式、母语知识以及认知风格、认知策略之间的依存关系远非传统语法所能揭示，现行大学英语的课堂教学内容难以实现教学改革的目标。

三、课堂教学内容的创新

（一）帮助学生建构个性化的英语语言体系应成为课堂教学的主要内容

大学英语教学改革的目的是提高大学生内化的英语语言能力。语言学习包括输入和输出两个方面，就外语来说，包括听、读、译、说、写五种技能。对于绝大多数中国学生来说英语阅读就是翻译，或者说翻译是阅读理解的一种外化形式。这五种技能关系密切，相辅相成。支配着这五种技能的是笼统而庞大的英语语言体系。

人们往往以为，研究和掌握英语语言体系应当是英语语言学家、语法学家或教师的任务。其实，语言体系存在于每一个语言使用者中，对于某一具体语言，既有广义的语言体系，也有狭义（个性化）的语言体系。而日常交际中，交际的双方是以广义的语言体系为背景，用各自的个性化语言来进行的。语言学习就是学习者构建个性化语言体系的过程。这一点，分析我们自身的母语习得和母语学习过程可以不言自明。我们认为，英语教学应该以帮助学生构建其个性化的英语语言体系为主要内容。

英语语言体系是指由语音、词汇、语法、文化、语境等要素构成的有机系统。课堂教学科学、全面地揭示语言体系要素及要素间的关系，学生在教师的指导和帮助下通过自主学习加以掌握；在听、说、读、写、译等语言实践中理解、体验和验证英语语言体系、体系各要素之间的有机联系，从而实现英语语言知识的内化，即真正掌握"组装和使用这些零部件的技能和方法"。

（二）建构个性化的英语语言体系具有可能性和可操作性

目前的英语研究多是经院式的独立体系，脱离中国学生的学习实际。学生很难以独立的学习来构建英语语言体系，需要教师指导和帮助。基于计算机和校园网的大学英语教学改革将教师从繁重的教学课时中解放出来，从而有时间休息调整、静心思考，有机会进修，提升学历层次，提高科研水平，继而进行创造性的研究。

英、汉两种语言，作为独立的语言，差别很大；作为交际的工具，发挥着同样的功能；作为学习的对象，既有语言的差异性，又有功能的相似性。如果能将两种语言结合起来研究，找出语言的普遍规律性，把英、汉两种语言的形式差异看作语言发展的合理结果，势必会大幅度地提高母语习得和母语学习的经验和经历在外语学习中的利用价值，学生原有语言认知能力的合理发掘和自觉运用会大大缩短外语学习的时间，克服外语学习中的畏难情绪，让外语学习变得轻松愉快。

运用功能语言学、认知心理学等现代语言教学理论的最新研究成果使教师能够在充分研究教学内容和教学对象的基础上，通过英汉比较，重新归纳、整合英语语言规则；能够对教学目标进行分解，制作教学细目，将之细化成有机的英语语言知识体系；从而指导学生对照教学细目盘点自己现有的英语知识和具备的英语能力，帮助他们设计个性化的指标体系。

个性化的英语语言体系建构中所涉及的语言规则的归纳和整合要基于对现代语言学诸学科最新研究成果的消化吸收，基于对教学内容的全面了解、系统分析和科学总结。规则要涵盖思维方式、语言表达、结构转换和遣词造句各个层面，以纲带目，以目释纲，环环相扣，步步联系；要具有科学性、全息性、简洁性、可重复性、递归性和可操作性。规则的可推导性和解释力要能给学生以全新的感觉，激发学生的学习兴趣和成就感。

教师应大力改进教学方法，充分发挥学生英语学习的主动性与创造性，将应试教育转为以培养学生语言应用能力为宗旨的素质教育。语言教学的关键不在教而在学，语言教学不在教师做什么而在学生做什么，学生如果没有加工知识的过程，没有运用交际的机会，他们的语言学习只完成了进程的一半。因此，英语课堂教学应该以学生为主体，教师应尽可能多地把课堂时间让给学生进行语言实践与语言能力的培养。教师应运用正确的指导方法，培养学生的观察能力、思维能力、想象能力、交往能力及合作精神。

传统的大学英语教学方法就是教师将大量的时间、精力花在句子结构分析、语法结构和词汇的讲解上，教师讲得过多过细，以为给学生讲得越多，学生就会学得越多。其实这种教学方法事倍功半，得不偿失。教师占用课堂绝大部分时间进行词汇讲解、句子结构分析，学生在课堂上没有任何的思考，只是不停地记笔记，课后照着所记的笔记死记硬背，学生没有获得任何语言实践的机会，知识无法转化为能力。课堂气氛不活跃，易使学生失去兴趣。因此，要想培养学生语言应用能力，必须以学生为主体，充分调动他们的积极性和创造性。在实际教学过程中，笔者尝试了以下一些以学生为主体的教学方法。在介绍背景知识环节时，将任务交给学生来完成。比如《全新版大学英语综合教程》第一册第三单元介绍的是霍金所写的一篇文章。有位学生对霍金的著作很感兴趣，他主动承担了介绍作者的任务，上网查找了有关霍金的一些英文资料，并搜集了一些图片。在他的精心准备下，演讲十分精彩，引起了学生极大的兴趣，他也从这次演讲中得到了锻炼。在对课文进行讲解时，笔者通过提问消除学生对文章理解上的障碍，然后根据课文的内容和学生的兴趣设计一些问题让学生以小组讨论的形式加以解决。学生通过思考，积极发表个人见解，从而锻炼了他们独立思考的能力和语言表达的能力。

第三节　英语教学方法的创新

善用教学方法是大学英语教学改革的关键环节。英语教学方法有很多，语法一翻译法（grammar-translation method）、直接法（direct method）、听说法（audio lingual method）、认知法（cognitive approach）、交际法（communicative approach）、自然法（natural approach）、沉默法（silent way）及暗示法（suggestopedia）等，都对外语教学理论和实践的发展作出了巨大贡献，但也都是不同时期不同教学理论的产物，是一定的历史条件下为达到某种特定教学目的的产物。它们一方面从各个侧面充实和丰富了外语教学法体系的完整性，另一方面又过分强调了某个侧面，各有所长，亦各有其不完善之处。

交际教学理论近二十多年来在国际上广泛传播，是当今国际外语教坛的教学法主流。交际教学法是在批判传统的语法一翻译教学法的基础上建立起来的，其中一个主要的原因在于传统的教学方法过分地强调语言知识的传授，忽视了语言技能的培养。交际教学强调培养学生的外语交际意识，提高学生主动的、积极的外语学习热情与应用能力。它改变了以往课堂教学被动的、单向灌输的、封闭的教学模式，使之向主动的、双向交流的、开放的教学模式转变。因此我们可以把机械操练、有意义操练与交际练习有机地结合在一起。通过机械操练，使学生熟练掌握语言形式；通过有意义的操练，使学生能灵活应用所学的语言形式；通过交际练习，使学生逐步向真实交际靠近。在训练的过程中，不要过多地做语言形式的练习，要使语言形式与语言意义相联系，使语言形式与学生的生活实际相联系，从而使言语技能发展为运用语言进行交际的能力。

近年来，国外一些新的教学方法被介绍引进，拓宽了英语教师的视野，也给英语教学注入了活力。广大英语教师积极投身到英语教学方法的改革、研究和实践之中。但是，不少英语教师在为改革开放以来英语教学面临的大好形势感到欢欣鼓舞的同时，又被不断介绍到国内的外国新的教学法累得无所适从，致使英语教学法的研究和实践在某种程度上陷入了一些误区。面对各有所长的教学方法和日益高涨的更新教学方法的呼声，我们应该保持清醒的头脑。当今世界上并不存在一种能适应各种情况的万能教学法。正如天津外国语学院何建芬老师所言，没有哪一位教师用一种新的教学法代替旧的教学法后解决了旧的教学法中存在的所有问题，也没有哪种教学方法一下子使所有以往的语言学习失败者变为成功者。因此，外语教师切忌为了赶时髦，盲目地否定那些行之有效的传统教学法，一味地推崇某一种教学方法，而应该博采众长，为我所用。要根据具体情况，基于需要和可能，运用各种教学法中最有效、最适用的部分，逐步形成各具特色的教学方法体系。归根到底，我们就是要建立轻松和谐的课堂气氛，这样才有助于学生积极思维，有助于教学效果的提高。在教与学的双边活动中，教师对创造轻松和谐的课堂气氛起着主导作用。

一、活跃课堂气氛

外语课是一门实践性很强的课程，没有大量的语言实践，是不可能掌握好语言知识的，更谈不上运用语言进行交际的能力。掌握好课堂提问这一重要的教学手段，便能有效地促进学生积极参与课堂教学，活跃课堂气氛，达到不断提高外语教学水平的目的。要利用好课堂提问这一教学手段，教师要注意以下几个方面的问题：

（一）运用启发式的教学方法，调动学生学习的积极性

要使课堂教学的内容为学生所掌握，作为教与学双边活动中的教师，不仅要对各教学环节先有缜密的考虑，尽量安排好课堂的各个步骤和细节，并对教学活动的发展情况有所预计和估量，对可能出现的各种问题有比较充分的思想准备。同时，教师还要注意运用启发式的教学方式，调动起学生的积极性和主观能动性，唤起学生的求知欲望。这也是保持轻松和谐的课堂气氛的一个重要方面。启发式教学的关键是创造一种情景，诱发学生产生疑问，提出问题，激起学生积极的思维活动和求知欲，使学生置于教学活动之中，从而培养学生思考问题和分析问题的能力。

（二）充分了解学生的语言基础，做到因材施教

教学的对象是学生，教师对学生要有所了解，主要包括了解学生已掌握的知识情况、学生的知识水平和语言能力等方面。充分了解了学生，在课堂教学、课堂提问中，就能做到有针对性，对难易不同的问题找不同的人回答，力争在每堂课中让每个学生都积极参与，让他们在轻松活跃的课堂气氛下学习。例如，对一

些创造发挥和扩展性的问题，最好先让学习优秀的学生来回答。因为回答这些问题须具有一定的语言综合能力和口头表达能力。对一些目的在于检查学生对所学材料的理解和掌握程度的问题，应多提问中下水平的学生。如果这类学生也能顺利回答，这说明全班绝大多数同学都较好地掌握了所讲的内容。在提问中，千万不可冷落那些学习较差的学生，可以为他们准备一些比较简单的是非判断题，或者比较简单的可以直接从课本中找到答案的问题。

（三）教师在提问过程中，对学生犯的错误应采取正确的态度

学生在语言交流过程中，难免会出现一些错误。如何对待学习过程中出现的错误，存在着不同的观点。行为主义心理学认为，语言学习是个刺激—反应（stimulus response）的训练，应有错必纠，以便形成正确的使用语言的动力定型。功能派心理学认为，学生在使用语言进行交流的过程中，犯错误是正常现象，它的出现属于不完善语言向完善语言的过渡。这种错误不必纠正，他们会在以后的语言交际活动中逐步纠正，只要在不影响完整理解的情况下，可大胆放手。我们认为，在实际教学活动中，教师应避免过多纠正学生交际过程中出现的错误。学生本来就担心自己的语言表达不规范，担心给别人留下不好的印象。如果教师反复纠错，容易造成学生的心理负担和压力。学生怕犯错误，怕人笑话，因而采取"防卫式"的学习态度，不敢大胆开口，不敢参与课堂活动，在语言交流中，不注意自己想要表达的内容，而是考虑说的话有无语法错误，久而久之，会使学生感到课堂教学很压抑，一提起外语课，便如临大敌一般，思想极为紧张。在这种情况下，学生是无法掌握好语言信息的。对一些不影响交际和理解的错误，教师应采取宽容的态度。对于影响交际和理解的错误，教师应视具体情况加以引导。如采用："You mean…?" "You say…?" 等句型对学生说错的地方加以澄清。除引导以外，还可以采取自己纠正的方法，即让学生自己意识到自己的错误，然后自己加以纠正。教师发现学生的错误后，以不同的形式反复不断地重复正确的句子，学生随即会意识到他们自己所说的与听到的不同，于是自己将错误纠正过来。

二、启发学生思维

为了使课堂教学生动活泼，吸引学生的注意力，使其身心都投入课堂学习，作为教师应根据教材的不同体裁及内容，交替使用各种教学方法，这样才能调动学生积极进行思维，提高学习效率。例如，《核心英语》第一册第八课 "London" 一文对英国首都伦敦进行了介绍。这篇课文内容简单，大多数同学在经过预习后都能够看懂。在讲解此课时，如果按照课文的顺序一段段平铺直叙地讲解，极易使学生感到学不到什么新的内容，从而造成学生注意力分散。针对这种情况，在

讲解此文时，首先利用一幅英国地图来简单地介绍背景知识，如英联邦构成及 England，Britain，The United Kingdom 三个名称的不同含义。然后转入课文，即对首都伦敦作介绍。在讲解课文时，不是照本宣科，而是利用归纳法的教学方法把有关伦敦的信息归纳为五个方面，即 population（人口），tourism（旅游），city traffic（城市交通），history（历史），architecture（建筑艺术）。然后引导学生就这五个方面对伦敦的情况进行逐项的分析、讨论、总结。如关于伦敦的人口方面，学生便可总结出 total population of London（伦敦的总人口），the population of inner London（伦敦市区的人口），the population of outer London（伦敦外区的人口）及 the proportion of young people（年轻人在人口中的比例）等。这样，就把课文中有关伦敦人口的诸多分散的、零散的信息总结了出来，从而达到了外语教学以获取信息为主的目的。由于已对课文内容进行了总结，在讨论时，学生发言非常积极，课堂始终保持着非常活跃的气氛，这样学生在不知不觉中提高了学习的兴趣，收到了良好的效果。

在外语教学过程中，教师应注意直观教具的使用。利用直观教具进行外语教学，不仅可以使外语教学过程变得生动、形象、直观，加深学生的印象，强化学生的记忆，而且容易引起和保持学生的学习兴趣，最大限度地调动学生的学习积极性。例如，在《核心英语》第一册第四课"Christmas"一文中，作者对与圣诞有关的风俗进行了介绍，文中提到了圣诞音乐、圣诞树、圣诞卡等。在讲此课文时，利用了许多直观的教具，如各种彩色的圣诞卡、外国人欢庆圣诞的彩色照片等，并在课间休息时间里，为学生放了几首著名的圣诞歌曲。这种直观的教学引起了学生的兴趣，调动了学生学习的积极性。

三、激发学生的学习兴趣

心理学家认为，兴趣在学习中起着十分重要的作用，它往往成为学生乐于刻苦钻研、勇于攻克难点的强大动力，因此，在教学过程中，教师应自始至终地注意这个问题。教学方法的多样化、直观教具的运用是调动学生积极性的有效手段。而英语竞赛、游戏在这方面也起着非常重要的作用。英语竞赛、游戏可增加学习英语的兴趣和信心，有助于培养学生开口的习惯和能力。同时游戏又可以缓和课堂的紧张气氛，消除学生的课堂疲劳，形成轻松和谐的课堂氛围。因此，教师在正常的教学过程中，应随时发现课文中有助于组织英语竞赛、游戏的材料。如在讲构词法时，教师可以先给几个词，然后有控制地进行词汇竞赛。如在讲到"micro-"这一前缀时，可以告诉学生 micro 意为 tiny（微小的）。再给学生几个例子，如 microwave（微波），micromotor（微电机），然后由学生抢答由 micro 作前缀的其他词，如 microcomputer（微型计算机），microworld（微观世界），microphone

（麦克风）等。

有时，在课前、课间休息或临下课几分钟可为学生播放一些优美的英语歌曲，并把留有空格的歌词印发给学生。学生对"Do Re Mi""Jingle Bells"等歌曲十分感兴趣，跟着录音反复学唱，认真地听，希望把所缺的歌词听出来。学生对此做法反映非常好，认为这样有吸引力，不仅能消除疲劳，活跃气氛，而且可以帮助他们训练听力和语音，还有助于记忆单词。

利用竞赛、游戏的方法进行外语教学，给学生一种摆脱了教师控制的轻松感，可以使学生始终保持浓厚的兴趣。学生把争强好胜的心理带到课堂中，促进了积极思维，从而活跃了课堂气氛。当然，创造轻松和谐的课堂气氛并非一味地迎合学生的口味，投其所好，目的在于淡化学生的防卫意识，提高单位时间的教学效果。

总之，外语教学过程是教师引导学生利用语言这种交际工具进行交际的过程。课堂教学中，教师要以自己满腔的热情、充沛的精力以及认真细致的备课去感染学生，让全班学生始终以积极态度参加教师所设计的各种各样的训练，使人人都有收获，从而达到运用语言进行交际的目的。

第四节 英语教学手段的创新

当前我国与世界经济的融合程度越来越大，旧产业的淘汰、新产业的诞生，必然推动人才的知识、能力、素质的快速更新，接受英语教育已成为越来越多人的迫切需要。这从根本上刺激着英语教学手段的发展。

教育本身作为一种服务性行业，也直接面对着外来的竞争，一本教科书加一支粉笔这种传统教学模式已经不能适应社会的发展。国内外英语教学专家普遍认为，我国高校英语教学正酝酿着一场新的变革。随着计算机和信息技术的迅猛发展，网络远程教学、多媒体课件等将成为英语教学的崭新手段。

正如教育部高教司司长张尧学在谈到英语教学改革时所说，目前的英语"教学模式还是黑板、书、粉笔、教师加课堂的方式，有的也用一点多媒体技术，但改变不大。由于学生数量多，有的学校甚至二三百人一个班上大课。这样的大班，只能是教师讲讲语法、翻译，再讲讲课文和笔头练习，教授口语很难。如果再不改变，不但影响教学效果，还会导致学生学习兴趣下降"。

教育部对申报改革试点的高校，在利用现代教育技术方面提出了严格的要求。强调新的教学模式应以现代信息技术，特别是网络技术为支撑，使英语教学朝着个性化学习、不受时间和地点限制的学习、主动式学习方向发展。同时，应体现英语教学的实用性、文化性和趣味性相融合的原则，充分调动师生的积极性，尤其要确立学生的主体地位。可见，教学模式的改革无疑是大学英语教学改革的核心。为适应大学英语教学模式的变化，提高大学生的英语综合应用能力，必须采用国内外优秀的教学资源和先进的计算机网络技术，精心设计开发大学英语教学多媒体课件。为集中体现教育部大学英语教学改革精神，加强实用性英语教学，突出和加强大学生听说与交流能力的训练与培养，我们应注重和强调学生的中心地位，促进个性化学习和自主学习，以解决目前大学英语教学所面临的师资不足、语言环境缺乏、教学观念和手段落后、重结果不重过程、学生的听说表达能力较差等问题。

一、基于网络的教学手段

随着计算机技术的发展，电子邮件和国际互联网不仅成为交际的手段，而且人们逐渐认识到它的教育功能。高速的网上查询，大范围的网上聊天，以及专业内的新闻组的建立为英语教学添上了现代化的色彩。英语学习从教室移到全球，从书本移到现实，远程网上教育、虚拟大学、虚拟图书馆如雨后春笋，层出不穷，电子出版物使英语教学的效率大大提高。由于基于互联网的英语教学组织逐渐增多，国际交流日趋频繁，英语教学质量将得以大幅度提高。

大多数人仅仅把互联网当成信息的载体，其实它真正的意义就在于信息本身，并且大部分是英语信息，难怪有人把互联网称为盎格鲁一撒克逊（Anglo-Saxon，指纯正的英语）网络。网络本身提供了一个英语资源的空中大宝库，它包含了新颖、广泛、生动、实用的英语素材，能够带你进入一个丰富多彩的英语世界，让你教好英语或学好英语。

网络教育是目前实现继续教育和在职教育的最佳解决方案，而且因其符合建构主义教育理论而使得它在英语教学方法的改革中举足轻重。建构主义强调教学应以学生为中心，充分发挥学生在学习过程中的主观能动性，而不是以教师为中心、学生被动接受的传统的教育模式。基于网络的英语教学是信息时代计算机和通讯技术应用于教育的新形式，它实现了适应性学习和智能化教学：所有的课程内容在网上发布（甚至可以包括听力练习）；学生在网络上学习，并完成作业，甚至参加考试；学生在网上参加讨论，向导师咨询、答疑，并可获取标准答案；所有教学计划安排都在网上发布，学生还可从网上注册或获取成绩单。

基于网络的英语教学具有以下主要特点：

（一）多样性

英语教学的内容和形式都突破了传统教育的局限，而具有丰富多彩的特点。在 Internet 上通过多媒体信息（图像、声音、动画、影像、文字等）的呈现，为学生提供了一个形式生动逼真、内容包罗万象的教学环境。

（二）交互性

在 Internet 支持下，英语教学过程中的教师和学生相互沟通，进行双向交流。学生可以通过网络向教师提出问题，教师也通过网络给予学生解答。

（三）实时性

通过先进的通信和网络技术可以实现异地的教学同步，实现教师和学生交流的实时进行。

（四）针对性

学生可以自主地安排学习，包括学习的内容、时间和进度。教师可以根据学生的学习情况（包括进度和效果）及时地调整教学内容，有针对性地、个别化地"因材施教"，达到最佳的学习效果。

（五）共享性

网络的重要特征就是信息资源的共享。这些信息来自不同的国家和地区、学科领域，所有的网上用户共享这些信息资源。

（六）开放性

教学内容总是最新的、开放的，它克服了传统教学手段在时间和空间、教学内容以及教学对象上的种种局限。

（七）基于网络的英语教学信息量大、方式灵活新颖

在网上学习真的如同在知识的海洋中遨游。网络教学还可在很大程度上解决跨区域师资优化组合分配的问题。

网络英语教学主要采用两种教学模式，一是同步式教学模式，它是采用定时的方式，实现实时交互的多媒体教学模式。实现手段以视频广播和 IP 组播等为主。二是异步式教学模式，它是采用非实时交互的多媒体教学模式。实现手段以 Web 浏览和视频点播方式为主。

视频广播、视频点播等不同的实现手段各有其优劣，不同的手段适用于不同的教学模式和教学环境。学习者可以在 Internet 上通过视频广播实时观看名师的授课内容，也可以非实时视频点播已有的教学录像或多媒体课件。此外，教师可以将教学内容编制成超文本标记语言文件，放在 Web 服务器上，学习者通过浏览 WWW 的方式学习，可自己支配学习的时间及内容。学习者可以利用

E-mail 或 BBS 向教师求教或提交作业；教师可以通过 E-mail 或 BBS 来答疑、发布教学安排、教学计划甚至作业等。需要强调的是多种技术的同时使用比只使

用单一技术的教学效果要好得多。

二、基于多媒体的教学手段

计算机多媒体技术是指人与计算机通过多媒体对话，即人可以通过键盘、鼠标、声音甚至动作等向计算机发出指令，计算机可以通过屏幕的图像、文字、声音及影像与人对话。具体地说，计算机多媒体技术应用于外语教学有如下作用：

（一）提供交互式学习环境

通过学习者与计算机之间的一系列相互作用完成各种教学功能。计算机提供信息—学生反应—计算机进行判别与处理，这种工作可以反复进行，直到计算机认为学生已学会为止。这种交互式的方式使学生能及时得到回馈信息，知道自己做对多少，做错多少，以及为什么错等，随时了解自己的学习情况，不断调整自己的学习步调、速度及难易程度。这样就可以改变传统课堂教学中强制学习程度不一的学生被动地接受同一模式及步调的严重缺陷。可以做到因材施教、因需施教，发挥每个人的最大能动性，激发学生的求知欲。而且在这样的学习条件下，学习者精力集中持久、记忆力强、不易疲劳，有利于学生的身心发展，提高学习效率。学生还可以通过分段放像、选择放像、定格观看等形式充分理解所看资料的内容，这些都是由学生自己控制的。然后，根据有关内容口头回答计算机提出的问题，通过人机对话模拟教师与学生的双边交谈。就这种人机交流的功能来讲，以前的任何一种教学媒体都是望尘莫及的。总之，计算机多媒体技术使学生主动参与学习过程、个别教学及独立获取知识信息成为可能。

（二）创造良好的语言环境

心理学研究表明，外部环境对受传者有较大的影响。要培养学生的交际能力，为学生创造英语语言环境，提供语言实践的条件和机会，最大限度地克服非英语环境下进行外语教学的局限是非常必要的。我国的学生每时每刻都处于一种本族语的环境中，即使在教学中也侧重书本教学，课堂上很少能听到地道的英语。因为教师在课堂上大多使用课堂式英语，学生无法准确地使用交际语言。当然，让每个学生都置身于目的语学习的环境中，或引进目的语教师也是不现实的。计算机多媒体技术在弥补这一缺陷、创造外语环境方面具有十分明显的优势。由于多媒体的信息存储与处理过程都是数字化的，因此最有利于实现高质量的图像与声音的再现。学习者不仅可以听到地道的语音、语调，而且能直接看到对话的环境和现场、说话人的表情、神态和姿势等，从而使自己有一种身临其境的直观效果，有助于他们对语言的理解、吸收与模仿，使他们不知不觉地进入用英语思考和解决问题的境界。总之，多媒体技术为语言教学提供了丰富的学习环境，能使教材的思想性与艺术性充分地结合，逻辑性与直观性同时并重，创造出与讲授内容相关的丰富生动的语言环境，不但对学生具有极大的感染力，而且增强了他们的联想能力。学生在这种交际环境中相互感染，相互学习，逐步提高自己的语言能力。

（三）使所传输的信息便于接收记忆

显而易见，视觉和听觉在感知方面起的作用最大。多媒体教育模式可以做到声图并行、音像并茂，把学习者的视、听和发音等感官有机地结合起来，刺激多种感觉器官，有利于调动学习者的主观能动性和积极性，从而可获得较高的接收效率。

计算机多媒体技术具有交互性、形象性和高效性等特点，可以使学生获得学习主动权，从而激发学生的学习兴趣，提高学习效率；同时还可以减轻教师的部分工作负担，特别是能从繁重的讲授及批改作业中解放出来，以便将更多的时间投入到教学改革、进修或提高业务水平等工作中去。

目前，市场上的英语教学多媒体软件也不少，如"社交美语""实战听力""办公室英语""商贸英语""大嘴英语"等，它们从技术上来讲已研制得较为成熟，充分地发挥了多媒体在辅助外语教与学中的作用。但这些软件的学习内容与大学师生对其要求尚有一定距离，尤其缺少一种以大学英语教材为原本，旨在为教师的教学提供丰富资源和为学习者的学习提供良好环境的软件。前不久，教育部在清华大学举行的大学英语教学软件验收展示活动，得到了众多申请大学英语教学改革试点高校的关注。

我们相信，通过现代教育技术实现的个性化、交互性和体验性的教学效果的大学英语课堂，一定能为提高大学英语教学质量奠定坚实的基础。当然，一项新的教学模式能否成功，其关键因素之一就是教师的认识能否到位。教师要主动适应新的教学模式。

同样需要引起我们注意的是，不能将这种新的教学模式等同于趣味教学。在大学英语教学中需要强调学习的趣味性，但不能只片面强调趣味性。为了提高学生的学习兴趣，许多英语教师做过多种尝试，如在课文的讲解当中加入大量的英语文化背景知识，讲英语小故事，教授英文经典歌曲，有些教师甚至把英文原版影片带到课堂上给学生观摩，有的教师还自制了"很有趣味性"的多媒体课件。事实证明，过度地使用以上手段，虽然会在短期内促进学生的学习兴趣，学生变得爱上英语课了，但学生只对这一部分有意思的"教学内容"感兴趣，而当教师真正切入正题时，他们就开始左顾右盼，注意力分散，甚至变得不耐烦起来。在这种"趣味教学"当中学生只记住了有限的几句口语，听懂了几个单词，而学生分析句子、阅读较长文章、写作和对英语语言的运用能力并没有太大的提高。因此，学校和教师在按新的教学模式要求选用或开发多媒体课件时，一定要围绕教学目标和教学效果，而不是片面强调"趣味性"。教师在按新的教学模式组织教学活动时，切忌"迷失自我"，千万别忘记"导演"的职责。

第五节　英语教学场所的变革

一、发挥图书馆英语教学的优势

近年来，随着大学教育的不断升温，高校图书馆事业发展迅速，馆员队伍素质明显提高，馆员队伍的学历结构、职称结构比过去有了较大的改善，他们除掌握图书情报知识外，还精通英语专业知识，有丰富的英语教学经验，扎实的心理学、教育学知识，为辅导学生的英语学习提供了可靠的保证。

数据库资源建设是图书馆为读者服务的基础，是图书馆自动化的重要组成部分，也是实现资源共享的重要环节。近年来，图书馆信息素质和科研能力不断增强，先后开发了"高校图书馆智能采购系统""多媒体光盘镜像数据库"等数据库系统，初步形成了一批具有馆藏特色的数据库，而且数据库载体也呈多样化特点，有文字型、图像型、E-book（光盘型）、网络数据库等。特别是"多媒体光盘镜像数据库"，存有大量的计算机及英语学习光盘，使读者获取文献资源的形式从单机版提升到局域网版，实现了光盘资源的共享，极大地提高了光盘的使用率。

高校图书馆拥有丰富的馆藏文献资源、多媒体资源及网络数据库资源，图书馆丰富的现实和虚拟馆藏为发挥英语教学辅助功能提供了有力的保障。现在的高校图书馆都藏有大量的英语类图书，其中包括大量的与大学英语教学有关的资料，还有专门的视听室，学生在那里可选择各种磁带和英语多媒体光盘。此外，学生还可从校园网上下载英语四、六级考试学习软件，供考试复习用。发挥图书馆的教学辅助功能，首先必须得到高校领导的统一领导和大力支持。其次，须有教务处、外语系等有关部门的密切配合，共同建设。再次，须有一定的经费保证，尤其是多媒体网络教室的设备添置和数据库资源的开发，需要大笔资金的投入。

（一）确立四、六级考试信息为特色馆藏，建立相关的数据库

图书馆可根据各校教学需要，把四、六级考试信息定为特色化馆藏，重点建设。要改善文献资料结构与馆藏布局，整理和补充相关的文献资料、光盘、磁带等。此外，技术人员可用Access软件制作四、六级考试信息数据库，然后用ASP技术动态生成网页。读者通过浏览Web服务器，访问网页。数据库的信息应包括：大学英语教学大纲，英语四、六级考试要求，四、六级水平测试题集，大学英语

听、说、读、写、译、词汇等项目的考试复习方法，四、六级考试常备图书目录等。

（二）建立多媒体网络教室

应用语言学家 S.P.Corder 曾说："我们实际上不能给学生教会一门语言，我们只能为他们创设一个适合于外语学习的环境。"多媒体网络教室具有网上交互功能和强大的信息服务功能，是理想的语言教学环境。建设多媒体网络教室，配置上必须给每位学生配备一台网上多媒体电脑、一台录音机和耳机。管理上应创设英语交流环境，规定进入该教室的师生必须用英语交流，忘掉母语，并配备英语专业馆员加以培训指导。师生可在此教室开展多项语言活动：（1）开展常规听说教学；（2）访问网上英语学习资源（站点）；（3）开展网上教学；（4）访问四、六级考试信息数据库。

在多媒体网络教室，利用多媒体技术和网上资源，可开展多种形式的教学活动。在局域网上用英语进行时事、生活、学习的讨论是一种有效的训练交际能力的方法。又如使用 Daedalus Interchange 软件，把显示器屏幕分成上、下两部分，可进行全班讨论和小组讨论。主要是通过 E-mail、BBS、新闻组等方式进行。学生思路活泼，语言更富有创造性。馆员可同英语教师一起用 PowerPoint 或 Authorware 软件联合制作大学英语电子教案，并把它同电子教材一起存于网络中，以便学生通过图书馆主页的学习栏目读取。这大大方便了学生的课后复习、练习和作业等。网上听力资源较之录音带的优势在于听力材料更新，更具时代感。

（三）加强参考咨询服务

设立四、六级考试咨询服务台，由英语专业馆员直接面对学生，回答咨询问题。馆员必须具有良好的精神风貌，热情细致的服务态度，熟悉大学英语教学大纲，并尽可能用英语交流。也可邀请外籍教师一同参加服务工作。图书馆还应加强虚拟咨询台的建设，目的是让读者可通过网络存取馆内外的参考工具和提出咨询。在网络环境下，读者可得到有效的资源引导和24小时参考咨询服务。

（四）改善环境

图书馆应努力营造一个良好的英语学习环境。

一是用艺术作品美化环境。如在走廊、阅览室内可布置英美科学家和文化名人的画像或雕塑，也可挂一些西方油画作品。二是建设语言环境。馆员服务时尽可能用英语交流，馆藏分布、读者须知和各部门、阅览室的标牌用英语书写。三是拓宽教学时空。设立英语调频电台，或利用校园广播的英语角在中午和晚上播放。内容可是四、六级考试听力试题、英语故事及笑话，以及 VOA 等英语新闻。

（五）做好学生的个别辅导工作

根据因人而异、因材施教的教学原则，对不同的学生应采取不同的教学方法。图书馆应发挥自身优势，对学生实行个别辅导。它通过馆员导读或检索系统，向优秀的学生提供他们所需的文献、信息，满足他们的求知欲；同时可以向成绩落后的同学提供相应的学习辅导材料、学习方法等，帮助他们赶上教学进度，提高成绩。馆员还应与各系部和外语教师加强联系，了解学生们的英语学习情况，开办英语基础知识辅导班，探索帮助差生取得进步的新路子。

（六）及时反馈信息，开展课外活动

图书馆应把学生咨询的问题加以归纳、整理，并及时反馈给英语系老师。还可邀请英语专家来馆作专题讲座、举办学术讨论会、报告会等。此外，图书馆还应重视第二课堂的建设，提高学生的学习兴趣，引导他们的学习积极性，如开展英语诗歌比赛、戏剧表演赛、英语电影配音赛、英语角、英语网页制作比赛等。

二、发挥网络第二课堂的作用

（一）网络辅助英语教学的优势

有利于建立以教师为指导、学生自主学习的教学模式。传统课堂教学中，教师是主导，是知识的传播者和灌输者，学生是被动的接受者和被灌输的对象。在这种模式下，学生的积极性和自主性得不到发挥，学习效果自然要大打折扣。网络的运用可以使教师和学生在课堂上的角色发生变化。教师成为课堂的组织者，学生是信息加工的主体。课堂真正地成为了学生的课堂。如上课前先确定学习目标，目标包括阅读课文，了解大意，学习重要词法、句法，完成阅读练习。然后确定任务，任务包括读懂并能判断对错，根据文章提问并回答，复述。这样的练习设计，使不同程度的学生都能得到发展。最后让学生进行自主学习。告诉学生上相关网站搜寻并阅读相关资料。学生经过个体学习、小组研讨等方式研究学习内容，通过自己的实践得出结论，使学习的过程更直接、更具体。

这种新型教学模式的效果是显而易见的，学生的积极性被调动起来，自主学习，其乐无穷。如此良性循环，学生的学习劲头越来越足，课堂成了学生自由驰骋的天地。

课堂信息量增大，教学密度增强。网络辅助英语教学有着传统媒体不可比拟的优越性，这种教学采用多种承载信息的媒体，如声音、文字、图像、视频等，具有图文声并茂的优势，可以容纳更多的教学信息，增强教学密度，充分调动学生的各个学习器官。教师把教材教活，学生学得有趣，既轻松又有效，是教学者所追求的目标。例如《大学英语》第一册第十课"Going Home"，教师可事先在网站下载与课文内容相关的英文歌曲 Tiea Yellow Ribbon round the Old Oak Tree 和电影，并把歌词处理成为完形填空练习，学生一边欣赏歌曲一边完成该练习，观看英文电影，同时记录影片对话，这样就训练了听力。通过这些练习，他们对课文表现出极大的兴趣，更容易理解课文。

网络对英语教学的作用具体表现在以下几个方面：

有利于建立交互式的学习模式。交互式学习充分体现了学生的主导地位，实现了从以教师的教为中心向以学生的学为中心的转变。交互式学习侧重让学生掌握获取知识的方法，使他们具备获取知识和自我更新知识的能力。教师的重心由知识库型向指导型转化，培养学生的创造性思维和创新能力。

有利于实现分层次教学和个别化教学。关注每一个学生，关注每一个具有差异的学生是新课程建设中强调的重点，然而，在现实的教学中，教师只能满足大多数学生的需求，不可能照顾到每一个学生。在这样的课堂上，学生的个体特征得不到体现。那么，网络的优势使得分层次教学和个别化教学成为可能。网络使学生能够共同享有网络资源。学生可以根据自己的实际情况选择目标，完成学习。在学习的过程中，先让全体学生学习基础目标，通过反馈练习了解学生的学习情况，掌握的学生即可以转入拓展目标的学习，未掌握的学生则继续学习基础目标，随时帮助有疑问的学生。这样的教学就可以实现因材施教了。

有利于培养学生的学习兴趣，注重"授人以渔"。电脑和英语是现代人必备的两项工具。如何将这两者协调统一起来，让电脑更好地为英语学习服务呢？网络为我们提供了绝佳的媒介。在英语阅读中，可以充分利用 Internet 的优势，浏览英文网站，直接阅读原版材料。教师确定阅读主题，提供相应的网站或文章，学生上网自主浏览，然后整理出阅读笔记，以供课堂交流。一旦学生养成了网上阅读的习惯，英语还有何难？此时已不是纯粹为学英语而学英语，而是学以致用，边学边用。兴趣是最好的老师，一旦学生对所浏览的文章感兴趣，阅读过程中遇到的生词他们肯定会想办法解决，长此以往，英语词汇量自然会激增，阅读能力自然也就提高了。而且，通过上网，学生还可以了解不同国家的文化背景，开阔眼界，增长知识，拓宽思路，在学习英语的同时，电脑技术也得到了提高，两者相辅相成，相得益彰。学生学会在网上漫游，在课外也可以继续学习。这样，学习从课堂延伸到了课外，从教师指导变成了自主学习，从被动变成了主动。

（二）运用国际互联网服务于英语教学的措施

在国际互联网上搜寻、获取并理解英语教学资料固然很重要，但是要懂得如何开发和有效利用更具有实际意义。下面是笔者运用国际互联网服务于英语教学的一些措施。

搜寻并获取资源，扩充英语教学资料。可以选择并编辑英语新闻，这些都是国际互联网每天免费提供的，我们可以把这些新闻改编成为 Cloze 或 Reading and Comprehension，然后运用于教学中。我们还可以从国际互联网的 English Learning and Discussion Group 中选出优秀的外国学生文章介绍给我们的学生。然后我们还可以给学生提供一些网站，让他们在课余时间读一些国际互联网上的英语文章，特别是与课文相关的文章。

下载软件，丰富我们的教学方法。许多外语教师通过努力开发了新的教学软件 Teaching Software，并且他们非常乐于与同行分享其成果，甚至希望他人享用、试验其成果，并提出建议，使其得到进一步改进和完善。

许多英语教学软件都可以从国际互联网上免费下载，其中不乏活泼、积极有趣的软件，都是传统的教学方法不能比拟的。例如，一种英语教学软件叫作 Markin32，有助于教师修改学生的英语作文，使教师的工作效率大大提高。在这种软件的帮助下，教师不仅能提高学生作文的修改质量，而且还节省了大量的时间。

充分利用网络，认真备课，合理安排网络课程。教师应该在国际互联网上找到可以辅助教学的资料，然后给学生明确地指出要求和任务，并要求在规定时间内完成。

（三）延伸课堂教学

有一个软件叫作 Hot Potatoes，可以用于制作网页，可以从国际互联网下载。教师可以利用国际互联网提供的免费空间建立简单的网页，给学生展示一些相关的阅读与听力资料，要求他们当课后作业按时完成。当然，教师应该提供答案和解释。我们也可以将学生的答案挂在网上供其他同学阅读和参考，以利于学生相互交流。

网络在英语教学中的运用是非常广泛的，但是，网络教学也不是万能的，还有许多不足。网络教学与常规课合理、有效地结合的道路漫长而曲折，还需要广大教师不断努力探索，学习交流。

第六节　英语教学形式的变革

一、英语教学中辅助考试的多样性

阶段性测验是学科教学中的重要环节，是检验阶段性教学效果的重要手段。阶段性测验一般多采用笔试，在英语教学中多数也是如此。但这种考核方式对英语这个特殊学科（综合性工具课）来说有一定的局限性，应该加以改革。

英语作为一门语言课，应通过听、说、读、写、译等五个环节来学习，才能够收到预期效果。为更好地把握学生的领悟能力、理解程度、对课程的掌握水平，教师可有意安排独立的英语口语、听力考试和英语交流来填补笔试考试的不足。

（一）口语考试方式多样

首先，教师可以根据学生学过的知识准备多套试题。如读出50个单词或词组，然后译成汉语；读一段课文并译成汉语；同样是读课文译成汉语，然后用英语回答教师提出的问题；读课文找出本课的语法并说明；用英语复述课文；用课本中学过的单词、词组和语法口头造句，同时变成同义句；根据课文内容口头命题作文或即兴表演和演讲。

其次，由学生抽签选题型，每人任选其一，然后逐一在老师面前考试。这样进行英语阶段性测验有利于提高学生们的英语口语表达能力，也考查了学生的基础知识和基本技能。另外，也锻炼了学生沉着应变和临场不惊的能力。更重要的是这种考试教师当场给分，对错与否当面评判。

（二）听力考试精心策划

第一，根据所学精心准备多套试题。不同的班级答不同的题，同一班级的考试方式类似一些资格考试中A、B卷，并注意安排好座位，避免学生之间的抄袭，保证考试的公平、公正和严肃性。

第二，听力阶段性测验的题型。有的是听单词和词组；有的是听句型和句子；有的是听对话；有的是听课文或短文；有的是听小故事或小幽默等。

这样进行听力阶段性测验不受任何限制，灵活性强。大家知道，在英语综合考试中都有听力测试，但有一些局限。如果不是每个考场都有串联的设备或多个语音室，每个考场同时备有录音机，这样的考试就很不方便。而随堂进行考试，有时读，学生们听写；有时放录音，学生按题中要求完成试题；有时学生们听电脑里的资料，然后回答问题，就要灵活方便得多。同时，平常进行听力考试，题型也比进行综合考试时多，因为时间可以更长或更灵活。另外，这种阶段性测验范围小，学生们注意力容易集中，而且听力效果也不错。

二、四、六级考试改革

作为改革开放以来高校大学英语课实行分级教学的一项重要配套措施，大学英语四、六级考试经过近20年的发展，得到了社会的普遍认同，产生了良好的社会效益。但是，由于种种原因，英语四、六级考试目前仍存在一定问题，如考试大纲是依据原来的教学大纲制定的，偏重测试学生的语言知识和阅读能力，词汇的限制比较死，不能适应社会对学生实际应用英语的要求。为此，教育部有关部门通过深入调研，公布了《全国大学英语四、六级考试改革方案（试行）》。它的目标是更准确地测量我国在校学生（非英语专业）的英语综合应用能力，尤其是英语听说能力，以体现社会改革开放对我国大学生英语综合应用能力的要求。这里，我们尝试通过对《改革方案（试行）》的学习和研究，探讨其对相关的大学英语教学与学习可能产生的重要影响。

（一）四、六级考试计分体制和成绩报道方式的改革

这一改革更加明确了四、六级考试的宗旨，即为大学英语教学服务，提高学生的实际英语水平，有助于各校摆正教与考的关系。特别是"不设及格线"这一变化，减轻了广大师生面临通过率的压力，在一定程度上降低了由于四、六级统考给大学英语教学带来的负面影响。过去，很多学校由于对四、六级考试的目的和意义缺乏正确认识，把通过考试作为教学的最终目标，把通过率高低作为衡量教学质量高低的唯一标准，从根本上忽视了按《大学英语教学教学要求》有计划、有步骤地培养学生听、说、读、写的语言交际能力。不是以教代考，而是以考代教，片面理解提高学生应试技巧的作用，随意削减教学计划内容，课内外补充大量练习题或模拟试题实行题海战术，忽视了对学生进行基本知识讲授和技能的训练，未能真正提高学生的语言能力和交际能力，违背了四、六级考试的宗旨。因此，四、六级考试计分体制和成绩报道方式的改革，意味着从原来单纯依靠四、六级考试测评教学效果，逐步转向教学终结性测评与过程评价相结合上来，将在很大程度上缓解各校面临通过率的压力，有利于各校根据自身特点和具体情况调整并制定出切实可行的教学目标，真正摆正四、六级考试与教学的关系，更合理地使用四、六级考试，以教代考，以考促教，使教学质量得到稳定持久的提高，从而真正提高学生的实际英语水平。

（二）四、六级考试加大听力理解部分的题量和比例

这一变化凸现了听力教学在大学英语教学中的重要性，必将有力地推动大学英语听力教学的发展。教育部高教司司长张尧学多次强调，大学英语教学必须由培养学生阅读能力为主转变到全面提高学生综合性实用能力上，全面发展和提高学生的听、说、读、写能力。大学英语教学中，听力教学是其中的一个重要部分。听、说、读、写能力的平衡发展不仅是全面掌握一门语言的必然要求，而且是促进英语水平提高的重要条件。但长期以来，公外学生的英语阅读水平和听力水平的发展极不平衡，虽然有长达两年的听力训练，但相对于其精读水平而言，大部分学生对听力仍然感到困难重重，因而听力教学成为公外教学的一大难点，学生听力水平的提高成为制约其英语整体水平提高的一道障碍。究其原因主要有两方面：其一，大部分学生对大学英语教学中听力的重要性认识不够，抱有"消极应

付的态度"；其二，目前听力课的教材教法单一，缺乏趣味性和多样性，很难激发学生学习的兴趣。《改革方案（试行）》将听力理解部分的比例提高到35%，突出加强对学生英语听说能力的测试，把大学英语四、六级考试这个教学评价系统从原来的以评价语法、阅读、理解为主转变到以评价学生的听说能力为主的英语综合应用能力上来。我们完全有理由相信，它必定会引起教学行政部门、教师及学生们的高度重视。同时，教材编写者、课程设计者以及教学研究人员也会受到一定的影响，必将有力地推动他们对各自的工作作出相应的、更为合理的调整，以提高大学英语听力课堂教学质量，满足社会交际的需要。

（三）把阅读理解分为仔细阅读理解和快速阅读理解

四、六级考试改革在阅读理解考试方面也作出调整，即把阅读理解分为仔细阅读理解和快速阅读理解。除原来的多项选择外，还增加了选词填空、是非判断、句子填空等多种题型。这一调整完全体现了"阅读课应注重阅读理解能力与提高阅读速度并重"的教学原则，既有难度要求，又有速度要求，同时也符合现实生活的交际要求。21世纪是经济建设高速发展的社会，只有赢得时间，才能赢得效益。这种调整对阅读的教学与训练提出了更高的要求，必然对提高大学英语阅读能力的教学的具体工作产生积极的影响。过去，为了阅读速度的训练，人为地降低阅读难度，与实际相脱离。今后，在培养阅读理解能力时，应根据实际情况，在保证一定难度的前提下加速阅读速度，加大阅读的量，以适应用人单位的需要。

（四）《改革方案（试行）》增加非选择性试题的比例

如听力中的复合式听写、阅读理解中的选词填空及句子填空、综合测试中的简短回答及中译英等，一方面符合为社会培养听、说、读、写能力全面发展的复合型人才的社会需求；另一方面也提高了四、六级考试的科学性、客观性和公正性。过去由于选择性试题所占的比例较高，许多学生抱着侥幸心理参加考试，有的甚至出现考场违规行为，一定程度上影响了四、六级考试的信度，也使考风考纪受到严重的破坏。因此，这一变化有助于学生进一步明确学习目标，端正学习态度和动机，极大地调动他们的学习积极性，同时也有利于考风考纪的管理，更好地推动大学英语教学的顺利进行。

（五）进一步扩大口语考试规模

关于四、六级英语口语考试，将积极研究开发计算机化口语测试，以进一步扩大口语考试规模。虽然这只是中长期计划，但足以表明考委会对全面提高大学生口语能力的高度重视。对我国高等学校学生（非英语专业）的英语口语能力现状，我们必须有一个清醒的认识。也就是说，改革开放、经济高速发展的新形势对高校学生的口语能力提出了新的要求；同时，也对我国的大学英语教学提出了新的挑战。仅用传统的基础英语教学、测试模式已不能适应用人单位对新的复合型人才的需求。语言是交际的工具，学习英语的目的是获得以英语为工具参与国际交流的能力。口语成为四、六级考试的一部分，有利于培养学生的交际技能，也有利于推动以学生为中心的课堂教学模式的实施，对促进大学英语教学改革起着非常重要的作用。

三、考试改革的目的

改进英语测试的最终目的是为了让测试更好地服务于课堂教学评价。为了得到更准确的评价结果，不仅要根据评价与测试目的调整测试类型，采取多样的考分解释方式，保证测试质量，而且应明了评价不仅仅是针对学生，同时也针对教师的教学。评价结果是教与学的效果的反映。负责任的教师不能只是将学生测试时的好成绩与自己的教学相连，而在学生成绩不甚理想时却只是把责任推给学生。实际上，在测试、教材等条件均完备时，测试结果如果不好，我们是可以从教学上寻找根源的。之所以在英语测试中存在种种问题，很大程度上是因为教师对课堂教学评价不甚了解造成的。

（一）使测试行为与课堂教学评价要求一致

有效的教学评价是不断监控与调整教学，以促进语言学习的过程中的一部分，它帮助教师作出恰当的教学决策——决定何时或怎样根据学生个体或群体需要调整教学内容、进度和方法，它与教学计划的实施有关。

课堂教学评价的要义之一是没有"最好的决策"。对一个教师或学生群体有效的教学决策也许对另一个教师或群体构成一种灾难，所以根据测试结果所做的决策要根据教学目标、教师和学生的能力及其个性、教学风格、学生基础进行变化。要义之二是评价时既要清楚应达到的教学目标，又要明白理想目标与现实实践之间是有距离的，所以决策需要把握"度"，以恰当为妙。要义之三是评价要有计划，这样既不会错失评价时机，又能将整个进程记录在案，便于考查。要义之四是评价的方式应该多样、富于变化，因为每一种评价方式均存在弱点，而且决策不能只基于一次性评价，所以建立在能更真实地反映学生学习和教师教学情况的、多次评价基础上的决策才可能是合理的。因此教师需要有意识地使测试行为与上述有关教学评价的要求一致，才可能通过测试改进教学决策。

（二）利用测试指导教学设计

由于教学从根本上关心的是学生是否达到课程目标，所以惯常的关于评价的思考方式是在课程进行中或结束时进行测试，检查学生的学业成绩。然而评价并不需要等到课程结束时，这样只会削弱基于测试结果所作评价对教学可能产生的有益的影响，因此我们应该在课程开始时就进行评价。课程开始前评价与测试可以为教学设计提供决策信息，在课程开始时就能指导教学。它表现在可通过测试了解学生的整体状况、水平差异；明确学生的优势与不足，从而掌握学生的需要，根据测试结果制定适合的教学方案。

（三）利用测试调整教学方案

课程进行中评价与测试使教师了解学生的努力成果，学生在哪些方面有提高，哪些方面仍存在问题，需要如何改进教学。它表现在可根据测试结果决定教学进度，调整教学方案，强化学生薄弱的能力，决定是否变更教学方法，便于学生接受，决定是否应对学生进行个别辅导。

（四）利用测试反思教学问题

课程结束时评价与测试，所获得的信息可以用于评定学生成绩，明了教学目标实现状况，教师这时已无法就测试结果调整教学决策，以利于该学生群体英语能力的提高，但这时的测试结果却可为将来的教学决策服务。教师应根据测试结果总结教学成功的经验，反思教学中存在的问题，思考怎样调整教学方案、方法，使下一个学生群体的学习更成功，更好地实现教学目标。

第六章 多元文化视域下大学英语技能教学研究

第一节 多元文化理念下大学英语听力教学

一、听力教学的原则

语言教学中的听，实质上是理解和吸收口头信息的能力。在语言学习活动中，人们正是通过这种领会能力，获得大量语言材料，并促进说、读、写等其他言语技能的发展。由于近年来英语听力的分值不断提高，许多教师在听力训练中也加大了力度，但也许是没有找到一种合适的训练方式，收效甚微。下面我们介绍一些听力教学中所应遵循的原则：

（一）循序渐进原则

听力材料的选择应遵循循序渐进的原则，由易到难，并兼顾多样性以及真实性。教师在听力教学之初，应选择那些吐字清晰，连读、弱读现象少，并且语速不能过快的材料。听力材料尽量具有真实性，语音、语调真切自然，不夸张，符合在自然交际场合中的说话标准。另外听力内容可以是社会热点话题、新闻、故事以及日常生活会话等，以激发学生听的欲望和兴趣，让学生在听的过程中确实有所得，有所知。随着教学的进程，教师可以在各个方面提高听力材料的难度，以满足学生的求知欲。

（二）训练模式多样化原则

教师应该根据不同的训练目的，采用不同的训练手段。在课堂上，学生听教师和其他同学讲英语是培养听力的重要途径。教师可根据由慢到快、由易到难、由简到繁的原则坚持用英语组织课堂教学、讲解课文，并鼓励学生大胆讲英语，以创造浓厚的课堂氛围。另外教师应根据不同的教学目标选择不同的听力材料并采用不同的训练模式，比如：让学生区分练习各种语音，从而领会其表述的意义；事前给学生一些问题，让学生听材料时用母语做出答案；听以正常语速讲的所学过的各种对话；鼓励学生自由选听各种材料，然后说出或写出所听的内容。教师应尽可能地为学生创造听英语的机会和条件，通过听觉接触大量的英语，逐步发展听的能力。

（三）符合交际需要原则

听力训练的最终目的是培养学生听懂地道的英语的能力，以适应交际的需要。在平时的教学中，教师应坚持用正常的语速说英语，并严格要求自己，力求发音准确无误。由于听录音是培养听力的有效方法，因而教师要充分利用各种电教设备，让学生多听地道的英语，并让学生习惯于听不同年龄、性别、身份的人在不同场合的发音。偶尔也可以让学生听一些地道的英文歌曲以此来提高学生的学习兴趣。

（四）综合性和分析性相结合原则

综合性是指对听力材料进行粗线条的整体理解，这种原则可以解决听力题中对材料主旨的理解、对整体思想的分析等方面的要求。分析性指的是为了应对听力题中对细节部分的考查，而逐字逐句地分析细听。这就需要学生在听时"抠"字眼，例如对题中要求回答的事件发生时间、地点、年份、数字等就要求学生在听时特别注意此类细节并做简单记录。在听力训练中，由于听力题既涉及材料的通篇理解，又不忽视细节问题，所以要求学生把综合性与分析性结合起来，以适应答题的要求。

（五）分散训练和集中训练相结合原则

分散训练主要通过语言教学，不自觉地让学生接受听力的专项训练。教师在日常教学中例句、文章尽可能口头完成。这种潜移默化的影响对学生听力的提高也有很大的帮助。集中训练指在分散训练的基础上，每周专门抽出1—2课时进行大量的、有指导的强化训练，对学生在听力中遇到的具体问题进行具体的帮助、指导。对于可能拼读或者读音有些相似的单词，教师应该进行分散训练。对这类词进行专项训练，避免在听力训练中的混淆。在分散训练的基础上，教师还可以进行短对话的集中训练、短文阅读的听力训练，有针对性地抽取听力理解难点，给学生训练，从而提高学生的听力水平。

（六）听说读写有机结合原则

英语教学中的听说读写活动，既有其独立性，又有其依存性，但是更多的情况下则是几项活动互相结合，同时进行。在听力训练中，采用会话、听写、听后复述等方式，不仅可以集中听的注意力，并带动其他技能的发展，而且可以创造真实的语言环境，有利于培养实际的交际能力，从而收到事半功倍之效。在听、说、读、写四种能力中，任何一种能力的提高，都能带动其他的能力，反之，任何一种能力的缺乏，都会影响其他能力的掌握和提高。因此，英语教师应将听力训练与其他能力的训练相结合，齐头并进。

（1）视听结合

学生除了上课时听老师和同学讲英语、听英语磁带外，教师还应该充分利用多媒体技术，课内让学生多看一些音像视频材料，同时鼓励学生课外多看英语电视节目、电脑学习光盘以及网上视频英语等，使听觉与视觉一起参与听力理解活动。由于视觉形象思维与逻辑思维相互作用，可以减少影响听速的心译活动，从而学生能够迅速准确地理解听力材料。

（2）听说结合

听和说作为交际的两个方面，是不可分割的整体。在日常教学中，要让学生积极参与听力教学实践，变被动为主动，因为只有听懂了，才能说得出。听力练习的过程也是口语熟悉的过程，而口语训练的过程也是听力锻炼的过程，因而二者是相互促进的关系。在英语口语中，不同的语调表达不同的感情，在听力练习中要多加注意，对此，教师应积极地利用课内课外的机会，鼓励学生用口语表达自己的思想感情，并揣摩不同语调的内涵。

（3）听读结合

听读结合不仅能增强学生的语感，还有助于单词音、形、义三者统一起来，从而减少判断误差。朗读的材料可以是课文或与课文难度相仿的文章，让学生边听边读，不仅可以模仿到纯正的语音、语调，还可以纠正学生的发音错误。另外长期坚持边听边读，不仅可以加深对文本的理解，而且对语言的反应速度也随之提高。由于听力输入量的增大，词汇复现率也会越高，对于常用词语就会越熟悉，在读与听时就可很快将这些词语从记忆库中调出，马上领会，理解所读与听到的内容。

（4）听写结合

听写结合的最佳形式是听写练习，它要求学生在有限的时间内将所听到的内容同步记录下来，这需要高度集中的注意力和对语言的敏感性。有的时候，听懂不一定能写得准确，只有二者结合，才能真正地提高我们的英语水平。另外在大学英语四、六级的听力中常有 Spot Dictation 或 Compound Dictation 题型，这也是对听写结合的重视。教师在平时的教学中要有意识地培养，鉴于这种训练难度比较高，在听写起步时可以听一些基本词语和简单句型，进而听写课文和与课文难度相当的材料。

二、听力教学的策略

学生在听力训练过程中经常会感到听不懂，有的学生只要听力材料中有一部分听不懂，就觉得很难，没有信心听下去了。有的学生认为虽然多数内容都听懂了，但是因为不能记住所听内容，仍然觉得自己没听懂。事实上，"听懂"不等于"百分之百地听懂"，我们在日常听新闻时也有听不懂或者听不清楚的时候，可是并不影响我们了解新闻的大意。可见，听力重要的不是百分之百地听懂，而是理解。

一般说来，在听力训练过程中听不懂的现象主要指以下几点：

一是不能把握说话人的主要观点或意见。

二是不能把握主要事件的来龙去脉。

三是不能抓住关键的细节，如地点、时间、数字等等。

教师针对这种情况，可以在听力教学过程中运用一些教学策略，帮助学生把握听力材料，提高听力水平。

（一）听前预览

教师在听力教学之前要教会学生进行听前预览，即在做每个小题之前，把要做的各个选项通读一遍。学生通过预览可以事先掌握一些数字、人名、地点之类的特别信息，并可以预测要听到的句子、对话或短文的内容。对于关于人名、数字、地点的问题来说，听前预览尤其重要，因为在不预览的情况下，一旦题中提到两个或两个以上的相似信息，就可能对听者产生极大的干扰作用。例如：

A.In the dormitory.B.In the classroom.

C.In the restaurant.D.In the library.

当读完这四个选项后，我们大致可以猜测到，问题肯定是有关场所的。有了这种猜测，心理上便有所准备，于是在听问题时，就会对有关的词语特别注意。

M：I'm exhausted today. I've been here in the classroom all day reading and doing my homework.What about you?

W：Not too bad.But I'm hungry now.Let's go to the restaurant，shall we?

Q：Where does this conversation take place?

当我们听完听力材料后，发现该题果然是有关场所的。然而，材料中却出现了两个地点，不过提到restaurant，用的介词是to，表示方向，是干扰项。因此正确的答案是B。由此可见，听前预览的重要性。

（二）抓听关键词

有的时候可能一段听力材料并没有听懂，只是听出了几个关键词，仍然能够答对题目，这就是巧听关键词的策略。事实上，有的题目主要就是听关键词，关键词抓住了，那么问题也就解决一大半了。

所以，教师在听力教学中应该经常训练学生抓听关键词，这是克服听力理解过程中的记忆问题的有效方法之一。

（三）边听边做记录

英语听力的题型有选择题，也有短文理解，学生先听到录音然后答题，主要考查学生的记忆能力和记忆效果。有的时候学生虽然听懂了，但是由于需要记忆的内容很多，而且有个别听不懂的，容易造成急躁情绪，学生很难记住所需要听的内容，所以教师在对学生进行听力训练时，要引导学生边听边做笔记的好习惯。所记的内容可以是数字之类的信息，也可以是关键词。记录要以不影响听下面的内容为原则，因而速度要快，单词不一定写全，可以是缩写，也可以只写开头的字母。

很多人认为做笔记是到了英语学习的高级阶段才开始的，我们认为做笔记其实应该从英语的初学阶段就开始逐步进行训练。做笔记要注意以下几点：

（1）要有选择地做笔记

在做笔记时，有的学生试图把听到的内容全部记下来，这是不正确的。记的内容应该是重要的信息、容易忘记的内容，比如时间、地点、数量，或者自己特别感兴趣的内容。

（2）有效地运用缩写、符号

要有效地运用缩写、符号等形式，减少记录的负担。有的学生在做笔记时总是写完整的句子和单词，甚至还记那些无关紧要的冠词、介词等。要培养学生有效地使用那些通用的缩写和符号，并且还可以建立自己的符号和缩写体系，因为笔记是给自己看的，建立自己的系统也是非常有效的。

（四）关注所提的问题

在听力训练中，所提的问题也是至关重要的，因为有的时候仅仅从提问的方式就可以判断出正确的选项。

（五）听英语新闻

课堂的时间是有限的，教师应该鼓励学生养成听新闻的习惯和爱好，而且听新闻既可锻炼英语听力水平，也可以了解国家大事。事实上，在学生听新闻时，不需要对一切都准确地把握，只是对于感兴趣的东西，可以用心听每一个细节。

所以，学生在听新闻时，心理上是轻松愉快的，没有任何压力和包袱这样反而会比带着任务听的效果要好。

在听新闻时，主要是听一些关键词，把它们串起来，就可以了解这篇新闻的大概了。也可以说，听新闻是对听关键词的再训练。

第二节　多元文化理念下大学英语口语教学

一、口语教学的原则

英语口语教学主要是为了培养及训练学生对语言知识的转换能力，即让学生通过读和听获得信息，并在原有知识的基础上对它们进行加工、重组，并赋予新的内容，然后再输出语言，完成整个交际过程。通过对口语的特点和具体要求来分析，可以看出，对口语教学目标的定位应该是培养学习者流利表达和有效交流。为了达到这一目的，口语教学必须遵循相关的原则，以达到最佳教学效果。从具体的实践看，在教学过程中应遵循以下教学原则：

（一）互动性原则

口语教学不是机械的训练，而应该是一种互动的操作训练，让学生在训练中练习自己的口语。互动性原则强调的是动，也就是对某一话题进行有意识的动态性的练习。在课堂上，如果教师单纯采用提问的形式，学生开口的机会和时间都受到限制，这对提高他们的口语显然是没有多大益处的。若要改变这种现状，教师就应该多开展生生之间的互动训练活动，比如对话练习、小组讨论、角色扮演等等，这样一来，课堂的安静气氛必然会被打破，显得热闹，但这正表明所有的学生都在进行积极的、有意义的参与。如果没有一个活跃的口语课堂，那么学生的口语水平是很难得到提高的。

（二）先听后说原则

听是说的前提条件，在交际活动中听和说是相辅相成的两个方面。学生通过听获得知识信息，接触到大量的英语词汇，进而激发表达思想的强烈愿望。当具备大量的语言储备时，才会有真正意义上的口语会话，这也是大量听的必然结果。可见在听懂的基础上进行模仿，不仅能够加快反应，还能提高说的能力。遵循这个原则，可以在组织学生复述故事之前先让他们听懂情节，然后再抓大意，记细节，让学生互相提问，交换意见，最后达到用自己的话复述故事的能力。

（三）循序渐进原则

英语口语的训练需要一个过程，这个过程需要由浅入深，由易到难，由机械模仿到自由运用，循序渐进地展开。比如在口语教学中，有的学生发音不标准，教师要注意不同地区的语音特点和学生发音的实际困难，加以引导，要鼓励学生大胆说英语，对语音、语调和语法的正确性有一定的要求，但要逐步提高。另外，需要注意的是，开始时设定目标不能太低也不能太高，要吸引学生的注意，引起学生的兴趣，否则会使学生在开口时产生畏难情绪。

（四）多样化原则

在实际的教学过程中，教师不仅能够运用多样化的教学手段，还应该运用多样化的教学方法。口语课应该是轻松愉快的，教师根据学校的教学设备，多运用录音机、多媒体，让学生通过图片以及原味的英语，提高自己的口语水平。同时根据每堂课不同的教学目标，运用不同的教学方法，可以设计情景对话、故事接龙、唱英语歌曲、看图说话等方式训练学生的口语。教师在学生能够开口说的基础上，应该注重训练其说话的流利性，并在语言的规范性、语音语调的正确性上有更高的要求，给他们创造实践的机会。

（五）内外兼顾原则

兼顾的原则是指不仅要注重课堂，还要兼顾课外。课外活动是课堂教学的继续和延伸，与课堂教学息息相关，因而教师不仅要注重课堂教学，还应该注重课外活动。课外活动是课堂教学的补充，是让学生复习、巩固与提高所学的知识，教师应为学生提供各种语言环境，创造用英语进行交际的条件，指导学生在不同场合运用所学语言材料进行正确、恰当、流利的口语操练，比如组织英语角、竞赛，或者根据自由组合原则编出课外活动小组，安排小组活动等。另外，在课后作业上，教师可以让学生结成学习对子，培养学生说口语的兴趣，利用一切可能的机会巩固和提高学生的口语能力。

（六）科学性原则

在语言学习的过程中出现错误是不可避免的，在口语学习中更是如此。教师的任务是为学生提供连续、完整的交流空间，热情鼓励学生树立信心，大胆去实践，不怕犯错误，达到口语练习的最大实践量。口语教师的职责在于培养学生对语言的敏感性以及对自己、他人说话中的语言错误的识别能力。在口语练习中，学生不可避免地会出现各种各样的错误，有的教师会匆忙打断学生的思维和交流去给他们纠错。这种方法实不足取，不仅会破坏学生的思路，还会打击学生信心，增强其恐惧心理，导致因害怕出错而丧失说话的勇气。一般是在学生谈话之后，教师给予及时的纠正，然而即便是这样，也要讲究策略，讲究科学的方法，对不同的学生犯的不同的错误进行区别对待，根据不同场合及不同性质的错误进行分别的处理。

二、口语教学的策略

口语教学的目标就是要发展学生的口头交际能力，而口语教学的成功与否很大程度上取决于教学的策略性，本节主要从展示策略、文化导入策略、创境策略和功能评价策略等四个方面，论述具体的教学策略。

（一）展示策略

展示策略主要涉及两个部分，即展示的方式和展示的原则。

其一，展示的方式

展示的方式按照展示主体的不同，可以分为教师展示和学生展示；按照对材料的使用，可以分演绎展示和归纳展示；按展示所用材料的不同，可以分为多媒体辅助展示和无辅助展示。

其二，展示的原则

展示的方式很多，然而要想保证展示方式的效率和效益，必须遵循以下的原则：

（1）简易原则

简易原则是指展示应该尽可能地简单明了，不要把简单的事情复杂化。在多媒体技术高度发达的时代，尽可能使用多媒体技术已经成为人们追求的目标，然而我们在展示中应该注意，不要为了使用多媒体而使用。简易原则就是要求我们如果能够用无辅助展示展示得比较清楚，就不用多媒体展示，要尽量地少用一些设备，不必无端地增加设备应用量。

（2）经济原则

经济原则要求展示用最少的时间、最小的精力投入、最低的财力投入获得最佳的展示效果。任何事情的投入都讲究经济原则，对学生进行材料的展示也不例外。教师在对学生进行材料展示的时候，如果出版社有配套的视频材料，最好选择多媒体。如果没有配套的视频，教师希望自己制作 flash 动画，但自身又不具备技术优势，需要请人帮助制作，就不如选择纸介文本，因为这样耗费的时间、精力、财力都很多，不符合经济的原则。

（3）效果原则

效果原则是指展示方式的选择应以能够保证达到最佳展示效果为标准。如果无辅助展示的效果要弱于多媒体设备展示，并且学校又具有配套的设备，那么，我们从效果原则考虑，最好使用多媒体展示。

（二）文化导入策略

语言是文化的组成部分，也是承载文化信息、反映人类社会文化生活的工具。

任何一种语言都与某一特定的文化相对应，然而由于观念、信仰、思维方式、历史文化、社会背景等因素的差异，针对同一交际场景，不同文化背景的人会有不同的认识体验，从而产生社会文化的差异。口语教学应加强文化因素的导入，培养学生跨文化的交际能力，帮助其构建和完善跨文化交际的目的。

（1）文化导入的内容

文化对语言的影响和制约主要体现在两个方面：一是词语意义，二是话语组织。因此，教师在口语教学中应从词语文化和话语文化两方面进行文化导入。词语文化的导入内容主要包括：习语、词语在文化含义上的不等值性、字面意义相同的词语在文化上的不同含义，以及地区文化中特有的事物与概念在词汇语义上的呈现。而话语文化的导入内容主要包括：话题的选择、语码的选择、话语的组织。

为了让学生能够在跨文化环境中成功进行交际，就必须弥补他们在社会认知上的缺省，因而在口语教学中加强词语文化和话语文化内容的导入就显得尤为重要。

（2）文化导入的方式

1.结合教材导入

教师在教学中可根据每堂课的教学目标，结合教材向学生介绍一些与之相关的文化背景知识，扩充其文化知识信息，这种方式是最自然、最直接的导入。例如在一节关于日常食物的口语课上，教师可以向学生介绍与西餐有关的文化常识，并扩展与之相关的词汇及餐厅用语。

2.对比导入

在口语教学中将主体文化与客体文化进行对比分析，是一个帮助学生构建客体文化行之有效的教学方法。对比导入策略应发挥学生的主动性与积极性，可以把任务提前布置给学生，让学生在课前充分查阅资料，然后让学生在每节口语课前轮流讲解，教师给予适当补充。这种策略不但把文化学习贯穿到整个口语教学过程中，还培养了学生的自主学习能力。需要注意的是，两种文化的对比内容要具有可比性，即应是"同质"比较。

3.运用多媒体导入

中国的学生是在汉语的环境下学习英语，缺乏真实环境下对目的语文化的感受，而多媒体能再现真实的情境，使学生产生身临其境的感觉。甚至有些多媒体还能与学生进行互动式的交流，从而激发学生的学习热情。可以说多媒体的运用对口语教学中文化的导入起着积极的促进作用，尤其是跨文化的交际，多媒体的展示对文化的转换甚至起着决定性的作用。

（三）创境策略

学习是一种真实情境的体验，学习发生的最佳情景应是具体的、活生生的，因为只有在真实情境中，学习才能变得更为有效。因此，教师应该把真实的社会语言情景引入口语课堂，加强语言与情境的紧密结合，使抽象的语言教学具体化、情景化、形象化，更贴近于日常实际生活中自然交谈的形式。实践证明，如果教师能为学生营造出各种真实的语言情景，不但可以促进学生积极主动学习，还可以加快学生掌握实际应用外语能力的速度。

（1）创境策略需要注意的内容

教师在为学生创设情境时要注意情境主题的真实性，由于学生的言语交际活动受到情境的限制，因而教师选择的情境必须与教学目标相一致。教师在情境的选择上应该是与学生的生活、学习关系比较密切的，最自然、最常用、最典型、最适合言语交际的情境，这样可以帮助学生把所要学习的内容和创设的情境相联系，使学生"沉浸"在真实的情境中习得语言，培养其在现实环境的情景中自然输出语言的能力。

（2）情境教学的主要形式

1.配音

教师可以节选一部电影片段，让学生先听一遍原声对白，接着对其中的语言难点进行讲解，之后再让学生听两遍原声并尽量背诵，然后把电影调至无声，由学生模仿电影中的角色进行配音。这种方式不仅缓解了学生说英语时的焦虑感，增强了学生的自信心和成就感，还能让学生学到最地道的语言，并掌握不同情境下应该运用哪种语音语调。

2.角色表演

角色表演把学生从机械、重复、单调的练习中解放出来，给学生提供了在不同的社会场景里以不同的社会身份来交际的练习机会，从而为有效的交流提供了条件。角色表演是情景教学最为主要的教学手段，也是深受学生喜爱的口语练习方式。教师可以让学生自己进行角色分工，只是适时给予相应的指导，当学生排练结束后，让学生进行表演。表演完毕后，先让学生从表演技巧、语言运用等方面发表建议，最终由教师对学生的表演进行点评。

（四）功能评价策略

口语教学中的功能评价策略，有形成性评价与终结性评价之分。形成性评价是学习者在整个学期中口语发展的历程性评价。终结性评价是学期结束时的口语能力评价，同样也包括水平测试中的口语部分语言功能应用能力的评价。

（1）形成性评价

形成性评价要求教师能够把课堂教学的功能目标分解成几个阶段性评价目标，然后根据每个阶段性目标的特点设计相应的评价活动。形成性评价主要是诊断学习者是否达成了阶段性目标，如果没有达成，其影响因素是什么，下一步活动应该如何开展。根据形成性评价的要求，课堂教学过程中教师要通过自己的课堂观察与学生之间的对话诊断学习者的学习进展，为学习者功能方面的发展提供自我建构的环境。

（2）终结性评价

口语教学中的终结性评价必须根据课堂的口语交际能力目标设计，至于口语教学中的目标达成评价可以采用应用性活动。也就是说，应用阶段的产出性活动本身就可以作为目标达成评价活动。终结性评价可以根据学习者的具体情况采用不同的评价标准。

（3）口试评价标准

英语口语的评价多从四个方面进行：一是语音；二是总体可理解度；三是语法；四是流利程度。

当然，随着评价理念的变化，评价标准也在发生变化，但是我们不会用"是否与本族人说得一样"作为标准，因为即便是本族人，在语音、语法、流畅性等方面也是千差万别的。再者，由于评价的内容不同，因而评价标准的关注点也会不同。

第三节　多元文化理念下大学英语阅读教学

一、阅读教学的原则

鉴于上述对影响学生阅读能力提高因素的分析，为了达到阅读教学的目标，保证阅读教学的有效开展，要遵循以下原则：

（一）兴趣激发原则

学生对阅读是否产生浓厚的兴趣是阅读教学成败的关键。有了兴趣，学生才能产生积极、主动、热烈的学习情趣。教师要注意教学内容的适当变换和教学形式以及手段的多样化，尽量避免教学活动的枯燥乏味，从而激发学生的阅读热情和兴趣，使阅读教学经常保持新鲜感，使学生学会阅读，乐于阅读，变被动阅读为主动阅读。

（二）层层设问原则

层层设问原则主要是指教师在阅读教学中提出的问题应该具有层次性，一环扣一环，逐步揭示文章的主题。

（三）循序渐进原则

阅读教学目标的完成不会一蹴而就，它是一个循序渐进的过程，需要一个合理的总体设计和长远规划。教师应该在材料选择、任务确定、阅读方法以及阅读教学的反馈等诸方面作出全面细致的考虑，并鼓励学生寻找适合自己的阅读方法，积极引导学生采用适合自己的阅读方法去完成既定的阅读任务。

（四）速度调节原则

阅读速度不一定等于理解能力。有的人阅读速度快，可是理解能力差；也有的人阅读速度慢，理解能力也差。针对这些学生，应加强一般阅读技能的训练和语言的基础知识，而不宜加快阅读速度。教师应根据教学的进程设置不同的阅读速度，在阅读教学进行之初，可以放缓阅读速度，注重的是对材料进行有效的理解。并且慢速阅读有时也是一种需要，例如对于诗歌、散文、小说等等，应该细细地品读，深入地分析领会，认真思考、品味、评价和欣赏。但随着词汇量的扩大，语义、句法知识的增加，语感的增强和阅读技能的提高，阅读速度亦随之增强。这个阶段就应该进行相应的限时训练，加强训练的强度，进而完成阅读教学的目标。可以说速度调节原则就是要求教师在阅读教学过程中做到张弛有度，根据不同阶段的教学目标做相应的调整。

（五）因材施教原则

由于学生之间存在着个性差异，因而学生学习阅读的进程就有所不同。因此，教师应注意满足不同水平学生的特殊需要，力争使每个学生都能相应地发展阅读技能。比如有的学生阅读成绩不佳，进而自暴自弃，对于这类学生，教师可以先给他们简单的阅读材料，并逐步增加难度，让他们看到自己的点滴进步，还要经常表扬、鼓励他们，帮助他们树立战胜困难的决心和取得进步的信心。而有的学生基础好，学习兴趣浓厚，课堂上的阅读常常满足不了他们的阅读欲望，针对这类学生，教师应向他们介绍和推荐世界名著等读物，布置一些富有挑战性的阅读任务，以满足其阅读欲望。总之，教师应根据每个学生的特点，认真分析，并将其分类，在教学中有意识地对其提出不同要求，采取不同方法，从而做到因材施教。

二、阅读教学的策略

阅读教学是为了实现从重视知识传授到重视技能培养的转移，而阅读教学的成功与否很大程度上取决于教学的策略性。本节主要从阅读前（Pre-reading）、阅读中（While-reading）以及阅读后（Post-reading）这三个过程中，探讨具体的教学策略（PR—WR—PR）。

（一）阅读前的策略

阅读前的活动是为学生了解文章大意做准备，它包括引出主题、提出问题、交待任务，其目的是激发学生的阅读兴趣，使学生尽快进入文章角色。一般说来，阅读前的活动有以下几种：

（1）扫除障碍

对于学生来说，影响阅读的最重要的因素莫过于词汇了。教师应在阅读前通过游戏、动画、图片、故事、对话等形式，设计语境导入词汇，扫除词汇障碍，从而更好地帮助学生阅读。教师可以通过"学案导学，先学后教"的方式在课前指导学生预习，并布置难度适当的预习题，能使学生明确预习的目标，从而做到有的放矢；同时有助于培养学生自主学习能力和自主学习习惯，为课堂教学的顺利进行做好心理和知识的准备。这种有针对性的预习使处理课文的节奏明显加快，为阅读课文后的巩固理解，即课文的"升华"处理赢得了时间，从而加大了课堂的容量。

（2）以旧引新

俗语说，字不离词，词不离句，句不离篇。一篇文章是由无数句子组成的，而句子又是由单词通过语法结构构成的。一般说来，一学期的英语课要教授的语法不是很多，并且语法的难度呈现的是递进的趋势。有的时候是几个单元共同呈现一个语法点，教师在教授的时候，就要经常重复这些语法点。当学习新的语法点时，教师通过重复旧的语法知识，引出新的语法点，通过对旧知识的复习，实现知识的再现和滚动，从而加深学生的印象。

（3）激活背景

语言是文化的载体，学好一门外语，不只是多背单词，更要了解异域的文化。因而教师在阅读教学之前，有必要介绍一些与文章有关的社会文化背景知识，让学生对将要阅读的内容有一定了解，从而激发学生进一步阅读课文的欲望。例如，教授与Easter有关的课文，教师就有必要提前从网上下载一些文字资料进行展示，最好是在阅读前与学生谈论相关的节日信息，唤起学生已有积累的知识与生活经验，同时放映一段万圣节的图片或影像资料，并提问：What do you know about Halloween？让学生交流观后感，得出一个大致的结论：It's an autumn festival，进而引出学习的目的，而后通过进入课文，一步步地解决问题，这样课文中的难点也就迎刃而解了。

（4）预测情节

教师在授课之前可以让学生根据课文的题目和一些关键词，展开想象，大胆预测情节，激发学生阅读的兴趣。这种策略不仅锻炼了学生运用已有的知识，还培养了学生逻辑推理的能力。每篇文章都有篇名，好的篇名常常包含了文章的中心思想。例如在学习"Earthquakes"这篇课文时，学生看到篇名就会想象这篇文章的主要内容，并由此联想到中外闻名的大地震，以及地震的起因、反应和结果。教师在此时适时地引导，激起他们急于阅读的欲望，去印证他们猜测的后果，因为不论学生的猜测正确与否，最终都会有助于对课文的理解。另外教师还可以根据课文中的关键词引导学生预测课文的内容，可以让学生独立预测，也可以采用小组讨论的方式预测，让学生充分发挥想象，将关键词进行排序，预测故事的发展过程，然后通过阅读文章验证自己的猜测，最后根据关键词复述故事。

（二）阅读中的策略

传统的阅读课通常是通过判断正误、提问、解释句子以及翻译等几种活动来进行。心理学家古德曼认为阅读是一种"心理语言学的游戏"。学生在阅读中可以了解课文中的一些语言现象，进而获取较详细的篇章信息、。阅读的过程，实质上是认识层次的推测与验证相互交替的过程，因而这里所要谈论的阅读中的策略是强调阅读过程的分析，而不是针对传统的阅读结果。阅读中的策略主要有下面几种：

（1）略读（Skimming）

贝弗里奇曾经说过："正确的略读可使人用很少的时间接触大量的文献，并挑选出有特别意义的部分。"可见略读是一种选择性阅读，对于信息也是有选择地获取，因而并不要求学生逐词逐句地阅读。略读的目的是尽快了解文章的大意或中心思想，所以学生可以有意识地略过一些词语、句子，甚至段落。这种策略注重的是文章的大意，而不是细节。

在略读中，我们首先要关注的是文章属于什么题材，涉及了什么内容，然后在阅读的过程中，要注重文章的第一段和最后一段，以及各段的第一句和最后一句，因为，第一段是一篇文章的大概，有助于我们抓住主要情节和论点，而各段的首句和末句则给我们提供了文章的线索。具体说来，略读时应该注意使用以下技巧：

1.注重文章的题目、小标题、黑体字、斜体字以及划线部分。

文章的题目常常是文章内容的宗旨，利用题目我们可以对文章的内容做到心中有数。而小标题是各部分内容的概括和浓缩，至于黑体字、斜体字和划线部分通常是作者提醒学生加强注意的重要信息，也是考试的重点。

2.着重阅读文章的第一段和最后一段，以及各段落中段首的主题句和段尾的结论句。

文章是由段落组成的，段落是由句子构成的，然而并不是东拼西凑的，而是有一定的章法。一般说来，文章的首段是对全篇的综述和概括，尾段往往是总结。在段落中也是一样，首句通常是主题句，而末句常常是结论句。掌握文章和段落的这种结构有助于有效地略读。

3.注意关键词语和关联词语。

关键词可以反映在特定的场景下谈论什么话题，因而大多同文章的主题有关，利用关键词可以推测文章的主题。关联词包括很多种，有表原因、递进、顺序、转折的等等。通过关联词，我们可以预测下一段与上一段的关系，由此判断作者的思路和观点。

（2）跳读（Scanning）

跳读的目的主要是根据问题去寻找答案，尤其是在时间来不及，不可能进行通篇阅读，而对选择题的几个选项又无法判定时，宜采用这种策略。

跳读是为了准确定位详细而又明确的信息，在采用该种阅读方法时，一般需要采取以下步骤：

1.读懂问题，并大致了解四个选项，确定所要寻找的是哪类信息以及这种信息以何种形式出现。例如：如果你想知道是谁做了某事，你就会特别关注人物；你想知道某事的发生时间，你就会寻找日期。

2.根据问题提供的线索，快速回到原文中去，明确到哪里去寻找所需的相关信息。

3.快速搜寻，找到你所需的信息后，认真阅读上下句，并对其进行加工处理。对于阅读问题中要求选出的时间、地点、人物、做事的方式、事情的起因、结局之类的信息，可以边读边划下来。

4.对于与本题无关的信息，可以略过。

5.再返回到阅读问题中，比较问题的四个选择项，然后确定哪一个和文章中的信息是一致的。

在平时的训练中，教师应该注意对学生这方面的培养。无论是在日常的运用中还是考试中，如果对每个词、每个句子都细细咀嚼是不现实的，尤其是对一些通知、广告之类的应用文，略读可以快速地进行信息的比较、筛选，提高解决问题和信息处理的能力，从而达到高效准确的实用效果。

运用这种阅读策略需要注意的是，对于一些关键词和关联词，在平时的训练中要及时总结，这样在考试中可以提高解题的速度。

（3）寻找主题句（Looking for Topic Sentences）

确定主题思想是正确理解文章的关键，而要想确定主题思想，就必须找准主题句。主题句一般概括了文章的大意，结构简单，一般不采用长、难句的形式。

并且段落中的其他句子必定是用来解释、支持或发展主题句的。主题句的位置通常出现在开头和结尾，但也不排除在中间的位置，还可能无主题句。在这里我们主要介绍三种情况：

1.主题句在段落开头

主题句位于段首的可能性最大，作者通常先引出一个新话题，然后围绕这一话题详细展开叙述。把主题句放在段首，开门见山，主旨明确，阅读时读者很容易把握。

2.主题句在段落结尾

如果主题句位于段尾，那么作者通常采用归纳法撰写，也就是采用"分述——总结"的模式。主题句往往是对上文的归纳和总结，或者是对以上的描述提出的建议。主题句在段尾通常是和一些词相关联的。

3.主题句暗含在段落之间

不是所有的段落都有主题句，尤其是在多段文章中。当阅读这样的文章时，我们就要抓住文章的细节，包括事实、观点、事件的分析，在大脑中形成初步印象，然后发挥自己的逻辑概括能力，综合归纳成一般概念。或是根据作者提供的事实、观点和事件对各段落中心思想进行概括来体会整个文章的主题思想。

（4）信息转换（Information Transferring）

为了把文章中的信息保留在记忆中，可以对信息进行转化，从而加深印象。在阅读教学中常使用的转换方式有：图画；标题；表格；地图；循环图；流程图；树形图；条形统计图；圆形分格统计图表；按年代顺序再整理。以上列举的转化方式使课文形式的信息变成了可见信息，这样有利于第二语言学习者在阅读中理解意义。

（5）提问（Questions Asking）

提问是阅读教学中最常用的方法之一，然而提问也是有层次的，教师在提问时应着重把握提问的频率和难度。根据学生需要掌握的信息来划分，提问包括五种类型：

1.表层理解，即在课文中可找到问题的答案。

2.深层理解，要求学生根据文章提供的信息以另一种形式组织或解释。

3.推理性理解，要求学生对文章句子中字里行间蕴含的意思加以认真阅读和思考，作出准确推理。

4.评价性理解，要求学生根据材料所提供的信息作出正确判断。

5.个人理解，这源于学生对课文内容的理解和反应。

（三）阅读后的策略

阅读后阶段是巩固和运用所学知识的重要环节，旨在练习、巩固和拓展学生在阅读过程中所学的语言知识，并培养其说和写的能力。这一阶段的教学，教师应该充分发挥学生的创造力和想象力。并应根据学生水平，设计一些与课文内容有关的活动，给学生提供机会，让他们流畅地表达阅读后的感受。具体的活动有以下几种：

（1）复述（Retelling）

复述是一种比较有挑战性的口语练习。在学生了解阅读材料的内容并掌握了生词的情况下，教师可以让学生根据关键词和图片复述阅读材料的主要内容。

（2）转述（Reporting）

对于对话性质的语篇，可以让学生用第三人称转述所学的内容，引导学生将对话转述为描述性的语篇。

（3）填空（Blank-filling）

教师可以写出课文概要，留出一些空白让学生填，并鼓励学生尽量使用不同的词和短语。

（4）写作（Writing）

这里的写作是指对阅读材料的仿写和续写。教师可以安排学生根据所读材料写课文摘要，或者写一个广告，对产品进行具体的描述。当语篇是一篇叙事性文章时，教师可以让学生展开想象，续写故事，培养学生的发散思维。

总之，培养学生的阅读能力，是一个渐进的复杂过程，切忌操之过急。养成良好的阅读习惯是前提，兴趣是动力，必要的阅读技巧指导是关键。另外，每篇文章的阅读不可能都用上以上提到的这些策略，但是恰到好处地用到其中的一两个，不仅可以激发学生的兴趣，而且可使他们的阅读有方向性，做到事半功倍。

第四节　多元文化理念下大学英语写作教学

一、写作教学的原则

英语写作教学是非常重要的教学手段，它重视学生英语能力的培养、综合素质的提高，而不是一种机械模仿能力的培养，因为写作的综合性很强，它把词汇、语法、句型等知识进行融合，从而促进学生英语水平的提高。另外经常进行写作，其书面表达能力、口语表达能力也会随之提高。在教学过程中，要以学生为中心，以培养持续性写作能力为目标来提高英语写作水平，所以教师要充分利用这一教学手段。在写作教学中我们总结了以下七条原则：

（一）层进原则

学生要想打下良好的写作基础首先要从单词、句子的写作抓起，逐步向语篇过渡。词是英语写作中的最小单位。词按照一定的规则排列，就形成了句子，人们借助句子相互传递信息、交流思想。当句子按照逻辑相关性的系统排列时，就形成了语篇。卜玉坤曾经就英语写作教学提出了"大学英语写作分阶段教学的具体方案"，大致分为以下 10 个阶段：写简单句；写复合句；段落的组成及要点；段落的发展方法；文章的文体类别；文章的结构；写作步骤；写作的书面技术细节与修辞手段；范文分析和题型仿写；独立撰写实践。当然不同教师的具体教学实施的阶段划分可以不尽相同，但是由词到句再到篇，这种由低到高、由易到难的教授方法却是写作教学的一般规律。

（二）对比原则

吕叔湘先生曾说："对中国学生最有用的帮助是让他认识英语和汉语的差别。在每一个具体的问题——词形、词意、语法范畴、句子结构上，都尽可能用汉语的情况来跟英语比较。让他通过这种比较得到更深刻的领会。"可见了解母语和英语的区别，对我们的写作有很大的帮助。对于中国的学生来说，英语写作中，如果不具备完善的用英语进行解码和编码的能力，然而却具备了相当程度的中文写作能力，这种能力会自动、机械地迁移到英语写作过程中，从而产生中式英语。例如有学生将"亚洲四小龙"写成"four Asian dragons"，事实上，英语中的"dragon"一词，虽然其词典意义是中文的"龙"，但其文化内涵与中文中的"龙"却有很大差异。英语中的"dragon"常有"不祥""怪物""魔鬼"等文化意义，而中文中的"龙"则有"庄严""神圣""威力无比""吉祥"之义，其文化意义几乎与英语中的"tiger"相当。因此，"亚洲四小龙"宜说成"four Asian tigers"。这类问题，教师如果不从英汉语言与文化的各个侧面进行对比教学，学生是很难掌握个中道理的。

（三）系统原则

目前大学英语写作教学中存在的最大的问题之一就是整个教学过程缺乏系统性，主要表现在以下几方面：无系统的教材。目前还没有一套专门而又系统的写作教材，大都安排在每课的最后，教师鉴于时间的关系，往往以布置作业的形式，这根本就不能达到提高写作教学的目标。无科学的教学计划。针对大纲规定的教学目标，教师没有制定科学的教学计划，使得教学目标的实现没有可靠的保证。无具体的时间保障。由于课时有限，写作不单独设课，而只是附带在阅读课或是口语课中，于是写作教学就变成了一个随意的过程。常常是教师发现剩下点时间，于是任意指定个题目，让学生写篇作文。无系统的练习。要想写好文章，必须建立在大量材料的基础上，进行大量的系统的练习，并且掌握写作的基本方法和技巧，这样写起来才能得心应手。这些问题都亟待解决，否则肯定会影响英语写作教学的效果，学生的写作能力也很难得到提高。

（四）优化原则

不同教学模式所适应的学生群体不同，并且也各有优缺点，所以教师要根据学生的实际水平选择恰当的教学模式。重内容的教学模式对学生的语言能力要求较高，因而不适合在低年级中使用；重过程的教学模式强调写作本身的过程性，因而不失为一种比较科学的教学模式；重结果的教学模式是一个不可取的教学模式，因为它缺乏对写作过程的监控，不利于写作能力的培养；而小组合作教学模式，是新课程背景下的教学模式，不仅体现了以学生为中心，还激发了学生的写作热情。这些都给教师一些提示和参考，教师在具体教学中要根据学生的实际水平，进行有选择的运用。

（五）任务原则

传统写作教学缺陷是语言脱离语境，脱离功能，导致学生能建构准确的语言形式，但不能以这些形式得体而完整地表达意义。而任务化教学是让学生完成一系列的任务达到教学目标，让学生在执行任务中充分感受语言形式和功能的关系以及语言与语境的关系。如果把写作与学生的实际任务需求联系起来，比如让学生写求职信、个人简历等，这些与其未来生活、工作都有关的内容，可以让学生体会英语的实用性，激发学生参与的热情，并开发学生的潜能，进而发挥学生的创造力。

（六）综合原则

在英语教学当中有"听说领先，读写跟上"的说法，一堂生动有效的写作课实际上应是听、说、读、写的综合运用，因为听、说、读、写是相辅相成，互相促进的。在写作课上，教师要选择优秀作文进行评价，学生在听的过程中既练习了自己的听力，又找到了自己写作中存在的问题。在写作课堂上，无论是写前的准备，还是写后的编辑和校读都离不开听、说、读，可以说听、说、读不仅是写作教学的跳板，还贯穿了整个写作活动的始终。把听、说、读写紧密结合，不仅可以对学生进行多元化的能力训练，还能使学生的各项能力互相影响、互相渗透、互相促进。

（七）多样原则

多样原则是指坚持训练形式的多样化。一般在写作教学中应让学生进行缩写、仿写、扩写、改写、情景作文等练习，让学生逐步掌握写作的技巧。对于缩写，可以按照关键词——思考——讨论——复述——动笔这样的思路进行，将课文中的关键词串起来，然后写出本课的主题或中心思想。关于仿写，可以让学生先观察再临摹，然后自主写作，进而到熟练。而扩写有助于培养学生的想象力，但要求学生想象合理，做到符合原意，符合实际的要求。教材中的很多对话都可以成为改写的素材，这不仅有助于学生研读原文，更有助于学生把握文章的中心思想。而情景作文能培养学生的综合能力，它要求学生把平时所学的知识点滴积累，提炼并转化为带有感情色彩的优美的文字语言。每种练习形式各有优点，只有多做这方面的练习，学生的写作水平才能真正地提高。

二、写作教学的策略

要提高学生的写作能力，教师既要引导学生对词汇、语法等语言知识的积累，打好基础，还要增强学生的写作策略意识。英语写作教学应以培养学生的英语写作能力为本，将教学重点置于英语写作能力提高的动态过程之中，而写作教学的成功与否很大程度上取决于写作的策略。本节主要从开篇、段落展开、段落过渡以及结尾等四个部分探讨具体的写作策略。

（一）开篇策略

一篇文章有开头、中间和结尾部分，但开头要引人入胜。在英语考试中，一篇英语写作的开头写得很出彩，往往容易得高分，因为阅卷老师的批改时间短，一段好的开头，得高分的几率就要大得多。下面介绍几种常用的开头方法：

（1）开门见山

这种方法是开篇即推出文章主题句，提出看法，明确陈述见解，这种方法也叫事实陈述法或现象陈述法。

（2）描写导入

描写导入是通过描写背景，导入正文。

（3）以故事引入

用故事作为开头，可以引起读者的兴趣。

（4）下定义

以下定义的方法开头是为了给出必要的解释说明，以帮助读者理解。

（5）数据法

数据法是在开头段引用权威性的统计数字，使作者的观点具有较强的权威性和说服力。一般说来，数据法分为两种：一种是先主题后数据，另一种是先数据后主题。

（6）提问式

这种方法通过提问的方式统领全篇，吸引读者的注意力。

（二）展开策略

段落展开的方式很多，比如按过程展开、按空间展开、按时间展开、按定义展开等等，写作时可以根据主题选择使用其中一种或综合使用几种方法。下面将把段落展开的策略一一阐述：

（1）按过程展开

按过程展开，就是文章按照事情发展的经过、顺序进行逐项说明。这种展开方法常用于记叙文，叙述如何做一件事情。

（2）按空间展开

这种方法常用于描述一个地方或景物。文章是根据一定的空间方位顺序来写的，如从上到下、从左到右、从里到外等等。

（3）按时间展开

这种方法常用于记叙文，通常是记叙一件事情，按照事件发生的时间顺序来写。

（4）按定义展开

这种方法常用于说明文，即对某一个含义复杂、意思抽象的词语或概念阐明其定义。在下定义的同时，还可能运用举例子、打比方的方法，让读者对其定义有一个明确完整的了解。

（5）按分类展开

按分类展开的段落方法常用于说明文，一般是把要说明的事物按其特点分别归类，一一说明。

（6）按实例细节展开

这种展开方法常用于说明文，将主题句的抽象意思具体化，给读者一个清晰、有趣、深刻和信服的印象。通常是在文章开头提出论点，随后举出实例加以说明，例子可以举一个，也可以举几个。但是，所举的例子要具体、典型、有趣，并且与题目密切相关。例子在排列时要注意逻辑顺序，并把相关的例子放在一起，逐步推向高潮。

（7）按类比或对比展开

类比是比较同一范畴的事物之间或几个人之间的相似之处，对比是比较其不同之处。类比和对比常常同时使用，展开论述，以指出二者的相同之处和不同之处。

（8）按原因、结果展开

这种方法包含三种方法：按原因展开，即文章先描写某一结果，然后再详细分析其原因；按结果展开，即文章先叙述原因，再详细描写其结果；按原因和结果展开，即文章分析原因又分析结果。这种展开法常用于说明文。

（三）衔接策略

一篇文章，不仅要在内容上具有完整性，还要在结构上具有连贯性，因为结构的紧凑连贯是决定文章好坏的一个重要因素。结构上的紧凑连贯要求文章的各个部分应该围绕主题句有机地结合起来，段落结构应该条理清晰，层次分明，衔接自然。只有结构连贯，读者才能跟上文章的思路，了解文章的大意。要使文章连贯，我们可以采用一些衔接手段：a.使用平行结构。使用平行结构的句子可以使段落大意得到充分的发挥。b.保持名词和代词的人称和数量一致；动词时态一致。保持名词、代词及时态等一致可以让文章清晰流畅。c.使用过渡词语。使用过渡词语能很好地承上启下，把句子有机地连接起来，使文章段落内部环环相扣，从而推动段落中心意思顺利地向前发展。d.使用代词。使用代词来代替上文提到过的人或事，从而使句子互相照应，互相衔接。e.重复关键词语。重复关键词语可以使句子之间紧密衔接，从而使段落一浪高一浪地向前发展。

（四）结尾策略

（1）重复式

重复式是通过重复引言部分提出的观点，以达到深化主题，强调中心思想的效果。

（2）总结式

这种方法在结尾处对全文的内容进行概括和总结，以揭示主题。

（3）引语式

引语式是通过引用格言谚语，总结全文。需要注意的是，所引用的名言一定要与前面的观点相符合。

（4）建议式

这种类型的结尾针对文中讨论的现象或问题，提出建议或解决的方法。

（5）展望式

这种方法主要表达了对将来的展望和期待，给人以鼓舞，有助于增加文章的感染力。

（6）警示式

依据文中的论点，指出问题的严重性，启发思考，引起读者的重视。

（五）修改策略

写完初稿，要从头到尾仔细阅读修改，把重复、多余、与主题无关的部分删去，把表达不完整、不清晰的地方改正过来，纠正语法、拼写、标点符号等错误。

修改文章主要从以下几个方面着手：

（1）主题方面

在主题方面，最重要的是看表现的主题是否完整统一，然后检查文章是否符合题目要求，文章是否合乎逻辑，主题句是否清楚，有无与主题无关应删除的内容，语气是否一致，时态是否恰当等等，从这些方面审视作文，发现问题应及时修改。

（2）段落方面

对于段落方面，主要检查段落材料是否充分，段落组织是否合理，段落之间是否连贯，过渡词是否运用得恰当等等。我们在检查作文段落方面的问题时，主要从以上几个方面着手。

（3）语法方面

学生比较容易出现语法错误，因而在这一方面尤其要注重。通读全篇之后，检查句意表达是否清楚，是否合乎语法，有无病句，标点符号是否运用正确，有无拼写错误等等。

第七章　多元文化视域下大学英语教学与交际能力的培养

第一节　大学英语教学与多元文化理念的融合渗透

一、多元文化理念在英语教学中的启示

中国是一个多民族统一的社会主义国家，实现各民族的平等团结和繁荣发展是社会主义生产力的根本目的，也是改革开放的根本宗旨。各民族经济与国家经济相辅相成，科学发展是经济发展的基础，经济发展是科学发展的延续，而科学技术要得到发展，所依托的必然是国家教育。我国英语教学是现代课程中不可缺少的一部分，也是教育不可或缺的学科。各民族地区的大学是民族的希望，主要职责是为各民族培养战略性、全方面发展的人才。

中华人民共和国成立以来，英语教育一直是我国学校教育中的主要内容之一。特别是改革开放多年以来，随着全球化经济的发展，国际间各个领域、各个层次的友好往来和相互交流日益频繁，英语作为国际通用语言，在其中发挥着桥梁纽带的作用。所以，要从各方面提高大学生的英语素质，培养出更加优秀的英语人才。

当代世界大学生面临的五大挑战：一是世界变得越来越"小"，必须加强沟通意识；二是知识更加应用化，应该坚持广泛学习；三是应更加关注人文科学，关注人的本质；四是知识快速发展和更新，学科划分越来越细，应对知识慎重选择；五是在不断变化的大环境中，应该具有主动意识，把学到的知识释放出来。

（一）多元文化立足英语基础教育

传统的英语教学模式，即语音、词汇、课文理解、练习，过于强调教师在课

堂教学中的"主导"或中心地位，在教学形式上过于"对立"，教师讲，学生听，人为地丧失或放弃了学生练习或实践语言工具的"机会"，容易形成学生依赖教师的"指挥棒"，出现被动学习的局面，产生死板的学习方法，与现代英语教学方法提倡的能动机制和创造动机相背离。特别是传统的"填鸭式"和"满堂灌"教学方式，更易助长学生的依赖思想，不利于培养学生的自学能力和调动学生的学习积极性、主动性。

从教学层面来讲，教师在整个教学环节中认真负责，严格把关，但效果不佳，教学质量和学习效果有待提高。在这种情形下，真正落实英语教学大纲的目标要求，提高英语教学质量的任务十分艰巨。

针对这种现状，大学英语教学在方法上要细化和量化国家教学大纲的目标，有机地把量化要求与学生的实际语言能力和文化背景结合起来，在教学过程中紧扣文化多样性因素与教学环节，找准"切入点"，不断探索学生学习英语的特点与规律，进一步增强英语教学的针对性意识，确保教学质量的稳步提高。认识和了解学生学习英语的习惯和特点，有针对性开展英语语言教学实验，及时对实验结果进行分析和总结，确定英语教学的重点和关键环节，在此基础上不断改进教学的方式方法。

（二）深化英语课程建设

重点课程建设是加强学科建设的重要内容，也是当前大学深化教学改革提高教学质量的主要途径之一。通过一门或多门重点课程的建设，可以进一步摸索和改进教学原则和教学方法，总结教学经验和教学规律，规范教学环节，开展相关性学术研究，充实和完善数学质量目标量化体系，进一步调动教师的积极性，发挥教师和学生的主观能动性。

目前英语课程突出强调英语学习者的语言应用能力培养，尤其在听、读、写方面。具体反映这一基本的教学指导原则是在语言应用能力和测试水平上缩小客观判断比例，增大主观运用的比重。对于语言学习者而言，在处理语言客观判断中或许会有一定程度的"估计"或"猜测"，始终会有一定的正确性概率，只能将其看作是语言能力上的机械运用。然而，主观应用要求语言学习者能够灵活运用所习得的理论知识，在实际语言交际环境中，正确处理各种复杂的语言问题。

目前英语教学的重点和目标要求，正是英语教学中存在的问题和薄弱环节。因此，应该把英语听力、英语阅读、英语口语和英语写作四门专业主干课程作为重点课程加强建设。重点课程的建设有助于提高师资队伍的业务素质，完善教学环节和教学过程，促进科研，突出教学质量中心，建立一整套科学合理的教学质量评估体系。

具体而言，在英语听力课程建设中，突出生动形象的语境塑造，图文并茂的教学方法以及激发学习者的激情和兴趣这一根本目的。以英语精读课的建设贯穿综合语言应用能力，充分发挥精读课教学中在词汇学习、语义辨析，基础语法实践等方面无可替代的强化基础作用。英语阅读课程是一门综合性应用型课程，其特点是突出阅读数量上的"多"，内容上的"广"，速度上的"快"和理解判断上的"准"，以达到扩大学习者的知识面，熟悉了解西方民族语言文化背景，加深对英语语言的表达习惯和思维方式的认识。

英语写作课程能够使学习者学会运用正确的词汇选择，进一步熟悉和应用规范的写作文体格式，清楚表达作者的真实意图。重点课程建设是一项长期的重要教学过程和教学环节，要建出成效。在重点课程建设过程中，一方面要组织教学实验，包括对学习者的实际语言能力、文化背景、学习习惯、学习心理、学习兴趣、知识结构等方面的调查研究等；另一方面要加强信息资料的分析研究，从理论和方法上开展相关性的科学研究，交流教学实践经验，在实际教学各个阶段的目标要求上取得共识，不断创造条件，加强师资队伍的业务素质，培养师生的创新意识，注重重点课程建设的学术性、实用性和推广性。通过重点课程建设促进学科建设，使学习者感受到教学方法的创新，知识结构的变化，对新知识产生兴趣，增强学习者的学习信心，为全面提高教学质量，突出教学特色奠定坚实基础，为大学英语教学的发展打造一个良好的发展平台。

（三）英语教师的作用与素质

多元文化教育从另一个角度来说，其实是教育变革活动。在我国多民族体系中，需要让各少数民族在文化教育、意识体现、自我认知等方面更加健全，满足其需求，其根本宗旨是让不同的文化以及民俗可以在经济快速发展以及文化逐渐多元的情况下得以更好发展，保证各民族、各群体或个体之间的均衡发展，同时需要清楚各民族存在相对差异性，需要相互理解，相互推崇。在中国，多元文化教育还有其他称呼，比如多民族文化教育或者少数民族教育。多元并不是说多，多元文化更注重尊重文化，使各民族文化平等，需要有规划地制定措施或者方法，促进各民族及各群体之间相互尊重与宽容，特别是"异文化间的教育"。

（1）多元文化教育背景下英语教师的主导作用

在教育教学过程中，英语教师是不可或缺的，是多元文化课堂的主导，是课程的构造者和领航人。一直以来，我国教育课堂相对来说比较单一，主要以讲授为主，随着多元文化发展，英语教师对教育教学的影响逐渐增大。

英语教师不仅要会教授英语，还需要具备各方面素质，比如具备更加开拓的思维，更加优异的语言素质，更加切合学生发展的教育方式，等等。当然，他们还需要根据我国文化以及社会经济等方面，全方位考虑，懂得我国教育体制以及文化等，才能培养学生的自主能力。

教学上，英语教师要不断学习，从多方面提升自己的教学水平；在教育教学过程中，要明确教学方向与教学目的，根据课程规划开展教学；在英语实践过程中，英语教师所扮演的角色不再是教师，而是朋友，只有这样，才可以让学生在组织语言的过程中更加放松，表达出更好的效果。

（2）多元文化教育背景下合格英语教师的素质要求

1.专业文化知识素质。要成为一名合格的英语教师，需要具备多方面的教育教学素质。首先，需要接受系统的教育教学知识，懂得教学过程的规划设计以及语言运用方式，不论是何种语言，都需要有良好的语言表达能力；其次，需要与国际接轨。英语是国际通用语言，相应的，教师的英语文化底蕴也必须具备。因为语言涉及各种语法词汇等微观事物，以及人文研究等宏观事物，教师需要具备相关方面的知识体系以及相应的准确性，才能提高教师自身以及学生的语言系统及潜能。

总之，英语教师的知识和能力可总结为"What""How"和"Why"。"What"指英语教师应具备的英语知识和能力；"How"指英语教师必备的教学方法和教学技巧；"Why"指英语教师应具备的理论知识。只有具备广泛而综合知识的英语教师，才能取得教学成功。当然，除了上述所说的素质与知识体系外，英语教师还需要其他方面的特性，比如性格与才情以及语言组织能力、概括总结能力等，这些综合起来才能成为一名优秀的英语教师。

2.教育理论与教学科研能力。要成为一名合格的英语教师，需要将教育教学理论知识与教学规划以及科研探索能力相结合。在教育教学过程中运用教育学原理结合心理学等知识，让学生喜欢英语，更有利于提高学生的组织能力以及观察能力。在整个教学过程中，不断探索与总结是每一个合格英语教师必须具备的能力。教学离不开科研，好的教育必须有科研作为基础，英语教师需要在科研方面不断发展，改革原有英语教学方式，拥有一套独特的教学方式，不断适应当今的社会经济与文化发展，不断提高自己。教育教学要更好地发展，学术研究是必不可少的活动。

3.道德情操与教书育人。教师作为教育行业从业者，在教育教学的过程中必须具备道德情操与基本素质，在如今经济发展与文化全球化，学生需要培养自主意识与热爱生活、热爱祖国的积极型人才。作为多民族的中国，各民族学生需要共同发展，不能因为民族性质而出现偏差性教育。教师也不能因为学生性格或者好坏而差别教学，只有这样做，才可以让学生更喜欢学习，从而建立积极活跃的教学氛围。

（3）多元文化教育背景下英语教师自身素质发展的对策

1.教师在教育教学过程中离不开自身素质的培养与提高。英语教师在英语学习以及教学传授等方面需要不断增加自身的知识储备，还需要根据各民族学生性质以及当地的文化差异实施教学，所以民族文化以及民族教育理念也需要不断学习与了解。英语教学还存在很大缺陷，对于如今我国大学教育，各教育工作者普遍偏重于课堂教授课程，缺乏一定的实践活动，教师也缺少相应的文化理论，导致教学过程不能与当代文化以及社会科学等相结合。英语是一门世界性语言，也是我国各民族、各大学必须存在的课程，教师需要有更加开阔的眼界与认知，了解多元文化背景下的语言系统，不断提高自身素质与知识构架。

2.大学英语教师的培训。我国英语教学与国外教学还存在一定差别。我国英语教学除了业务基础教学外，还结合了相应的社会政治教学。政治思想不同于业务基础教学上的英语读写听说等课程教授，而是更加侧重于我国政治体系，比如热爱祖国，对祖国、对社会具有责任感等方面。

任何语言方面的教育教学都离不开本国或者本地文化，文化影响语言的组织与语法等。对于英语来说，每个词汇的意思均有其出处，不同国家与不同民族的文化背景影响着词汇的发展。相对于我国的汉语语法，英语的语法规定等要求相对较多，之所以不同或者说语言推敲方式有差，均是因为文化背景以及文化底蕴等不同。如我国各民族语言系统的不同，对于英语来说也存在民族或者地域的不同，各地域因其文化特色或者风土人情等不同，直接影响语言整体结构与说话思维。英语整体相对简单，文章侧重于直接叙述；汉语更多的是意会方面，需要读者了解作者的思想，从而剖析其含义，前后衔接表述其思想。上述内容说明，各国语言均离不开各个国家以及各地区的民俗文化，单纯地谈教学、背单词等并不能学好一门语言。

如今，英语教育越来越注重英语教师的文化素质，为此英语教师应在学习教学规划、教育知识时与相关民俗文化及国家文化等相结合，让政治文化以及社会经济贯穿于语言。

3.大学英语师资的整合。我国英语在教育教学过程中有着非常重要的地位，随着全球化的发展，英语原有的讲授体系已经不能满足如今的教学，英语教师需要与时俱进，增强自身各项能力与素质，同时增加自己的知识面。

4.经济发展、社会发展直接影响文化的变化。多元文化下的教学模式要真正做到变革与创新，需要教师思维的更新。只有教师各项思维能力以及各维度认知不断更新，教学过程与规划才能做到推陈出新，从而提升教学水平。所以，教育教学过程中首先要改变的是思维教学，摆脱固有模式，让学生真正融入教学课堂，从而增强学生的实践应用能力。

5.英语教学从字面的意思来看是讲授英语。德育是随着社会经济发展以及各民族文化融合发展而来，德育不仅可以让学生生成正确的价值观，同时英语教学的德育更是开拓学生思维，向世界观方向发展，因为英语教学离不开科学的世界观。教学属于教育，英语教学同样是学校教育的科目之一，基于其性质，英语教学对于学生具有极大的教育意义。

每个国家都有其文化背景，语言在文化背景基础上逐渐演化，虽然学生学习英语，但是也要坚定自己的文化素养，批判地接受英语观点，这就需要德育的加入，结合我国国情与英语教学，开展教育教学。当然，德育并不是简单地空谈道理，更重要的是让英语教学与社会文化规律相结合，在不断整合的过程中，让学生切身体会英语文化，而教师在德育教育过程中起着主导与表率作用。

6.加强多元文化教育背景下英语师资队伍的建设。

首先，随着多元文化发展，英语教学占据更加重要的地位，要拥有越来越好的师资力量，第一步是培养人才，并不是会说英语就可以成为英语教师，而是需要采取特定公正的方式，通过各种途径选拔教师，建设强大的师资队伍。

其次，优秀的教师团队也需要不断更新，需要根据实际情况不断规划教育教学，从而建设高素质的师资团队。当学校出现师资力量短缺时，要根据自身需求培养或者从其他学校聘请高素质教师，但并不是说数量多就是好的团队，更重要的是需要教师通过后期不断学习，了解社会发展以及经济需求等，结合社会整体发展，从而调整教学；还可以为英语教师提供出国留学深造的机会，或者引进外来教师，加大师资团队力量，我国在这方面也有相关的优惠支持政策，从而促使教学教师在自身专业以及整体教育教学观念上得以不断提高。

最后，教学教师在教学以及知识能力学习过程中应该具备一定的主动性。根据学校以及社会中的活动或者奖励措施等，促进教师教学和学习的积极性。一个有规划且能力强的教师，在教学过程中起到的作用是双倍，甚至是多倍的。因此，大学可以通过奖励机制或者外在福利措施等，加大教师主动性，比如教学环境的更换、教学设备更新以及免费培训等。

7.除了大学自身采取的措施以外，社会相关部门也可以采取一定措施，而组织培训是一个很好的方法。通过一系列教育教学培训，可以快速直接地提高教师教学素质。

8.中国是多民族国家，英语教学不是一个民族的事情，而是需要各民族齐头并进，少数民族的英语教学也是教育的关键，也需要在相应的教师培训方面，甚至是教材更新、课程规划、语言实践方面不断推陈出新。

二、多元文化英语课程的目标

第一，为学生创建学习异质文化的平台。学校教育应该为学生系统学习某一异质文化（包括语言）搭建平台，教授理解该异质文化所必需的基本技能，使学生能够尊重及深刻理解该异质文化。语言作为交流工具，承载着特定的文化，所以教育应该重视任意形态的语言课程文化。

第二，尊重接纳世界的多元文化。积极了解多种文化，发现多种文化蕴含的共同性，找到多种文化对美好生活的追求，扩充对人类的认识，理解社会平等正义的法则。取长补短能够促使个人文化进步，能够真正了解"自己的文化"，能够通过一定方法和技能，研究其他异质文化的形成与本质，两者相互对比，取长补短。维护文化平等，需要改变心态，用更开放的眼光看待世界，看待自我；也要改变思维方式，从多角度考虑问题、概念，从而认识文化不同维度的价值。

第三，对比反思对本国文化的审视。异质文化学习扩展了学生的视角，能够有机会从另一个角度审视本国文化，通过开展多元文化教育，学生学习异质文化，对比本国文化加以思考反省，打破曾经对一些现象认为"天经地义"的固有观点，对隐藏在文化现象之下的预定性假设，有新角度的思考。

帮助学生在多元文化社会里构建个人的文化观，包括对自己的文化形成的反思、价值观、信仰、行为方式等。文化繁荣昌盛的基础是对个体的独特性进行充分尊重，使个体独特性能够得到自由发展。不可否认理解自己与理解他人是相互影响，相互促进的过程，在多元文化教育过程中，通过对异质文化的理解，也更加加深自己的文化理解与发展。所以，多元文化教育要求更加加强对本国文化课程的重视。

三、多元文化中英语教师的角色变化

（一）教师与学生主客体关系问题的不同角度

（1）"教师主体，学生客体"说的观点认为，在教学过程中，教师是主体，学生是客体。教师是教学过程的执行者，是教授、影响活动的发起者，而学生是教学过程的对象，是教授、影响活动的接受者。

（2）"学生主体"说的观点认为，在教学过程中，学生是教学的主体，把教学过程定义为学生认识教材、获得发展的过程，学生是承担者，理应是主体地位，而教材是这一过程的客体。

（3）"学生双重地位"说的观点认为，在教学过程中，学生是主体也是客体，具有双重身份属性。一方面，学生是学习活动的执行者，从这个角度讲，学生是主体。另一方面，学生又是教师教授、影响的客体。

（4）"教师和学生都是主体"说的观点认为，教师和学生都是教学过程的主体，因为他们都是人，都有目的性、能动性，是各项活动的从事者，都占有主体地位；作为物体的教材是教学过程的客体。

在英语教学过程中，主要从以下三点认清和理解教师与学生之间的主客体关系：

首先，教师要发挥主体性，承担教的责任。客体的特点和变化规律是主体活动的前提和依据，主体性的发挥通过客体起作用。在教学活动中，学生是具有主观能动性的人，教师的主体性要得到有效、恰当发挥，应该充分了解学生的特点和学习规律，并且要遵循利用这一点做好教学工作。

其次，学生要发挥主体性，做好自我调控。在学习过程中，学生应该积极确定学习目标，制订学习计划，主动进行学习，并在学习过程中自我调控。对此，教师要利用学生的主体性，起到引导作用。

最后，理解教师和学生的主客体关系仅仅是认识论中的两个概念，仅表示认识活动的执行者和认识活动的承受者两端关系，而不承担任何道德或法律责任。教师和学生存在主客体地位上的差异，不能理解为在法律和道德上，教师和学生不平等；也不能因为追求法律和道德层面上师生平等，而忽略他们在认识论中存在主客体的差异。

（二）教师助力学生理解英语

"教师使学生懂英语"仍然是一个使能过程，不同于掌握技能和学习本领的使能过程，这一过程是促进学生通过动脑筋，学习语言知识的使能过程。这一过程不是学生的行为过程，而是学生的心理过程。学生不是在这一过程中学会做事，而是在这一过程中扩展自己的思维活动，学习新的知识。在学习过程中，教师只是学习的使能者和帮助者，而学生才是学习的关键参与者，是教学的中心。

（三）教师助力学生学会英语

"教师使学生学英语"，在学习英语过程中，学生是教学过程的行为者，是教学的中心，教师是学习的使能者，通过各种手段帮助学生达到目的。如教师在帮助学生学习的过程中，可以使用各种现代化技巧和设备。

现代教师对教学的认识，首先应考虑学生，把学生作为教学主体，而教师只是扮演指导和帮助学生的角色，帮助学生达到学习目的，此种认识、方法、程序更符合"教学模式"。

（四）发展学生语言的意义潜势

"教师使学生成为讲英语的人"，该观点认为，教学过程是关系过程。教学是使能活动，但是使能的目的是学生成为能讲目标语的人，不只是使学生做某件事。

教学目的是让学生掌握目标语，并用目标语表达实际意义。其包括三层含义，一是学生掌握有关语言的知识；二是学生掌握语言表达的能力；三是学生学会用所学的语言说话。

教学过程是一种活动，被看作一个过程，学生和教师都是主要参与者，即使是心理过程，教师也不是"感受者"或者"现象"，而是控制者，是让学生做事情的人。但在这一过程中，教师具有不同的作用。一种情况是，教师作为控制者、行为者，学生作为目标，学生是被动的，只能接受教师所传授的知识，教师传授的都是其认为重要的内容；另一种情况是，教师越来越淡化自己的作用，而突出学生的主角和中心地位。比如教师让学生指定动作和活动，教师只做教练一样的训练者；学生是活动的进行者、行为者，教师只是指挥者；教师让学生从事一系列学习活动，自己只作为组织者。从中体现现代语言教学理论和方法的发展趋势。最后一种综合模式要求教师根据具体需要和不同阶段，选择不同的方法。

英语知识的学习只是辅助的，有利于促进英语学习，但不能代替英语技能的训练。英语教学的较高目标模式应该是综合性的以发展学生的意义潜势为主的目标模式，但最高目标应该是培养学生的跨文化交流能力。

第二节　大学英语教学改革与多元文化理念发展

一、多元文化理念下大学英语教学理念的改革

伴随时代的变迁以及教育的不断深化改革，大学英语培养要求及目标要求越来越严格，对于英语教学的开展而言，可谓是巨大的考验。英语教学的改革可以说是大势所趋，只有不断完善英语教育教学体系，才能够让英语教学逐步趋向专业化、现代化、多元化。

（一）从分离趋向融合

从整体上，可以将英语教学分为公共英语以及专业英语两大类，前者是由各大学校的英语部直接管辖，后者则是由英语系管理，两者之间并没有紧密联系，并且所负责的工作也存在一定差异，主要体现在公共英语教师只负责有关公共英语的教学，具体来说，主要负责英语四六级以及重点培养学生的五大英语基本技能。

专业英语与公共英语之间还存在彼此分离的状态，此种现象在各大学校普遍存在，对正处于英语教育起步阶段的学校而言是容许的，并且可以有针对性地实

施教学方案。因为传统教学大多数都存在此种分离现象，培养出一批又一批卓越的大学生，而且这些大学生在社会发展过程中起主导作用。随着改革开放的不断深入，我国的英语教学水平获得显著提升，尤其是经济发展较快以及大学较为集中的地区。由于英语教师的专业化水平、教学素养不断提升，教学方式必然会发生一系列变化。

值得一提的是，上述提到的分离现象也有一定好转并且逐步趋于融合，最终目标则是让公共英语完全实现专业化。此种转变必然会伴随众多问题的发生，不排除存在多方排斥的可能性。这一现代化教学模式的众多方面与传统英语教学都存在很大差异性，使得一部分适应传统教学的人难以接受。

（二）对语言本体的重新认识

语言作为人们社交的基础，也被人们认为是最为重要的交际工具，随着人们对于语言研究的不断深入，国内外各界人士纷纷表示，语言不仅用于交际，更重要的作用是承载历史文化以及文明成果。

英语教学工作的顺利开展离不开语言工具论，工具论是教学的主导思想。一门语言的学习，实际上是能力的逐步养成，首先从听、说、读、写、译五方面能力加以培养。英语教学最终都是为了培养学生能够独立开展交际，交际能力不仅是学生表达的体现，也是学生综合能力的体现。

之所以将语言视为交际工具，主要有以下两个原因：

其一，英语作为国际通用语言，若与他人沟通无障碍，必须熟练掌握英语，无不体现语言工具论的思想。单纯学习英语知识是远远不够的，还需要正确使用并合理运用英语。随着教学的深入、理解能力的提升，对于英语学习的要求也在逐步提升，从中小学阶段的学习基础知识转变为大学阶段熟练掌握并运用英语。

其二，语言是思维的重要体现。人类在开展各类活动时离不开语言，人的思维一直依赖于语言，可见语言与思维密切相关、相互影响。英语专业一直作为语言学的重要分支，对于语言思维的研究是大学生的首要任务。当深入地了解语言思维后，才能够更好地理解与感悟这门语言，进而不断完善自我。

英语逐渐与经济全球化联系在一起，是因为英语本身是用于交际的工具。两者可谓相互渗透、相互影响，英语的发展促进经济全球化的发展，经济全球化又反过来影响英语的传播。但这种理解不够深刻，真正与语言密切相关的还是思维，多元文化视域下大学英语教学与设计研究。

最初，人们只探索人与人之间的关系而忽略语言与思维之间的内在联系。大多数对于真理的理解还停滞在初级阶段，认为真理就是固定的概念或客观实施，其实不然。真理实质上是动态的过程，语言恰好在实现这一动态过程占据主导地位，因此语言说出的不仅是当时，也是过去。

二、多元文化理念下大学英语教学目标的改革

在大学英语教学过程中，主要目的是引导学生对于语言的背景文化有较为深刻的理解，着重培养学生跨文化以及跨地域交际能力，而不是单纯地将其视为一门语言进行教学。在人文教育中，语言学习扮演着十分重要的角色，在一定程度上起决定性作用。随着经济全球化进程的加快，英语学习显得格外重要，至于学习的优势与作用，下面将会展开具体阐述。

学习英语可以锻炼人们的交际能力、理解能力以及写作能力，掌握好英语以及数学分析是迈向新时代的基础，而大学则是掌握这些技能的最好时期，如果在大学时代没有掌握好或长时间不使用这些技能，学生的学习与生活必然会受到影响。

在经济全球化中，英语作为扩张文化的手段，如果能够具备出色的沟通交流能力、深入了解国外文化、风土人情，无疑在与外国人的交流中取得一定突破，对于宣扬本国文化也有一定的推进作用。因此，设计大学英语课程时应当充分考虑对学生的文化素质培养和国际文化知识的传授。

（一）母语文化与目的语文化的定位

学习任何一门语言时都离不开母语，母语是学习英语的基础，只有掌握好母语文化，才能够在与他人交流中站稳脚，而母语教学并不属于英语教学范畴，并且母语文化教学也不是英语教学所能完全承担的。大学英语涉及的内容十分广泛，并逐步趋于多元化。英语作为国际通用语言，除了母语是英语的国家，众多地区也开始将英语作为官方语言，对于大学生而言，学习英语势在必行。

众多大学生也开始重视英语的学习，并且将其视为国际交流语言，主要用于与使用英语国家的人进行沟通交流，也可以与其他逐渐普及英语的国家的人士进行交流。英语教学的内容也在逐步扩大，但由于大学英语所划分的课时十分有限，只能将这些额外内容以选修课、语言实践课的形式展开，是为了更好适应社会发展并紧跟时代步伐。

目的语文化在大学英语教学中占据主导地位，可以说是英语教学中最为重要的内容，也是学习语言的精华所在。之所以重视目的语文化教学，是为了让学生能够建立文化身份并对其产生深刻理解，只有学好目的语文化，才能够更进一步了解母语文化。

值得一提的是，学习目的语文化也是为了开阔学生眼界，从而建立起中国文化与世界文化的联系，清楚认识到中华文化是世界文化的重要组成文化。

（二）学生具备的程度与能力

下面就学生需要具备的三个层次能力：

其一，学生在母语表达方面需要流畅自如，是对学生最基本的要求。如果从西方人的角度出发，中华文化属于他国文化范畴，只有中国人将本国文化流畅自如地表达出来，才能够将其带入西方文化，不至于被西方文化所淹没。

其二，学生需要深入了解并探索本国文化内涵，具备一定理解能力。如果从学生的角度出发，目的语文化也是"文化上的他者"，只有深入了解本国文化，才能够更好地接受他国文化，打破文化障碍束缚。

其三，最深层次的能力，也是学生学习他国文化的最终目标，使学生逐步成为跨文化人，只有进行角色互换，才能够让学生更好地融入目的语文化，并且能够站在第三方的角度剖析目的语文化，进而全面认识自我。

三、多元文化理念下大学英语教材的改革

（一）通识教育视角下的大学英语教材

大学的教学目标不仅是教导学生学习传统的书本知识，还要注重培养学生的综合能力与心理素质。学生在大学期间的学习经历，需要系统地掌握知识，对所学知识体系能够有完整的认知和架构。只有对知识体系有完整的认识，才能够将相应的知识很好地运用在其他学科的学习过程中。

英语教学作为传统的语言教学科目，在大学生的人文教育和心理培养过程中扮演着不可或缺的重要角色。除此之外，英语的教学过程中不可避免地要涉及对西方文化的了解和学习，在学习过程中正确地将西方文化与传统中华文化相结合，是英语教育的核心任务。

通识教育作为实践性较强的人文传统，通识教育与博雅教育两者相互影响、相互促进，但一些方面还存在一定差异。通识教育中，最重要的是外国语言及文化。如果以美国大学为例，通识教育始终在美国大学课程中占据主导地位，对于通识教育而言，英语教育也扮演着重要角色。下面以哈佛大学以及耶鲁大学展开具体论述。

对于哈佛大学而言，其最为核心与重要的课程涉及十多个方面，位于首位的是外国文化；对于耶鲁大学而言，则只从三个方面展开教学，即社会科学、科学、艺术。针对人文艺术的课程，耶鲁大学十分重视学生英语语言以及文化的培养，不断吸收并借鉴他国优秀传统文化，其将人文学科渗透进英语学习中。学习语言的最终目的绝不是只为了交际，更多的是不断进行思考与分析，深入了解语言背后的文化底蕴，凭借人文主义思想，让外国语言以及文化慢慢走进通识教育，进

而成为其中一分子。

（二）大学英语教材中母语文化的体现

作为语言教学，学习过程中应当最大限度地遵循中国传统文化，保证文化平等，交流无碍。同时，在传统英语教学过程中，要制订详细的教学计划和教学大纲，注重中华民族传统文化的培养，努力做到文化互通，地位相同。不同的教材中涵盖不同的中国传统文化，因此在教材选择上，一定要仔细斟酌，保证在不干扰正常英语学习的情况下，培养学生的中国传统文化意识，让学生热爱学习，热爱传统。在学习过程中，领略中华民族传统文化韵味和魅力，培养学生的文化平等意识，保证学生在日后的交流和学习中能够正确传输中华传统文化。

在语言教学中，教材的重要性不言而喻，不同的教材涵盖不同的传统西方文化，对于学生文化观念的形成和教育目标的培养有着重要影响。如今的英语教材，大多数介绍西方文化，对于中华民族传统文化只字不提。对此，学生在学习过程中易受到西方文化影响，对于传统文化的运用和理解越来越少。为此，在英语教学教材中加入中华民族传统文化势在必行，新型英语教材的编纂者应当对中华民族传统文化取其精华，去其糟粕，将传统文化中的经典著作融入英语教材中；加强学生对于中华民族传统文化的理解和认知，增加学生学习中华民族传统文化的使用途径和方式，让传统英语教材不仅能够提高学生的英语学习水平，还能够保证学生学习到传统文化知识，提高学生的人文素养和英语运用能力。

除英语教材，在教学过程中，英语教师应当具备一定的中华民族传统文化素养，并将之融入相应的教学课程中，使学生具备听、说、读、写等英语专业能力外，还应具备相应的中华民族传统文化素养，具有一定的跨文化交际能力。对此，要求英语教师具备较强的专业能力和刻苦认真的教学态度，根据学生的具体学习情况，在不同的学习阶段制订不同的教学计划和教学任务，最大程度上保证学生的学习积极性和传统文化的理解运用能力。

如今的英语教学环境和大学英语教师在教学过程中的各个方面都有长足的进步空间，相关部门和机构应当加强英语教师的教学要求，培养英语教师的教学能力，改变传统的教学策略。

除了教学能力和教学策略外，大学英语教师还需对西方文化和传统中华文化有一定的认知和了解，能够对比两种文化的优劣，并通过授课的方式将其传授给学生。由于中西方传统文化的巨大差异性，部分英语教师还不能够将中华传统文化熟练地用英语翻译和表达。对此，应加强对相关英语教师的培养和考核，保证每位英语教师都能够熟练地在教学过程中逐步渗透中华民族传统文化。要改革和转变今后大学英语培养目标，除了相关的硬件设施外，还需要严格要求英语教师的各项能力，保证在教学过程中让学生了解到传统文化，从而实现相应的跨文化交流。

四、多元文化理念下大学英语教学方法的改革

（一）新兴的语言方式——自主学习

自主学习逐渐成为新型的学习模式，在如今经济文化发展的社会，单纯地依靠教师被动教学，学生简单学习，已经不能满足现在对于语言的需求。语言不仅是表达，更是各方面融通的技巧，要真正运用语言，必须有自我意识地学习，在更多实践过程中提升自己。

经济发展的趋势必然是信息化，如今我国信息化教学已经逐渐走入课堂，将直接摆脱原有黑板写字的弊端。随着经济社会全球化发展，新的信息教学也需要日益革新，在信息教学基础上不断拓展学生的认知与自主意识，也是信息化教学革新的重要方面。

（1）自主学习能力的认知

自主学习能力包含多方面因素，比如自主学习意识与学习智力因素，或者学习方法的选择以及学习中遇到困难的抉择，甚至是对于所学知识整体的运用与拓展等，如何获得个人所需资源同时运用所学解决困难，等等。自主学习能力是懂得知识以及学习后的拓展，是自主学习与自律运用的双重认知，只有将两种认知相切合，才能真正发挥自主学习的导向作用。

首先，自主学习是通过各项过程与知识的运用，是对自己所学真正做到主导，是投入与参与的过程。在学习过程中，学生要有对所学事物积极探索的精神与意识，任何事物只有在不断探索、实践中，才能真正领会其思想，只有真正理解，才能洞察其中的规律。因此，学习主体需要在学习过程中建立主体意识，通过自身探索了解事物，洞察其意，通过这种途径，才能真正做到自主学习。

其次，在自主学习过程中会遇到多方面的干扰，需要在干扰不断变化时调整学习方式与学习态度。整个学习过程在与环境的相互依存和相互影响过程中不断地变化和调整。

综上所述，个体的整体学习规划，在充分体现自身自主能力的同时，还要与周围整体环境相结合，内外兼修，才能充分发挥自主学习的能动作用。

（2）自主学习的影响因素

1.观念和心理因素。身为教师，主体作用是在教学过程中将知识传授给学生，同时解答学生疑惑，这种教学方式从古一直延续至今，虽有其好处，但是随着经济发展，其弊端也逐渐显现。多元化的时代不仅需要学生了解知识，更重要的是

运用知识，因此要培养学生的自主学习能力，从不断积累的知识体系中摆脱固有的学习模式，增强自主学习观念与心理。

2.环境与支持因素。随着经济化快速发展，信息化教学逐渐走入课堂，信息化时代对于学生来说也存在更多诱惑，在各种信息配件基础上，让学生获得更多知识，开拓思维的同时，学会管理自己。因此，教师在课堂上有两项引导作用：第一，教学支持。提供教学辅导、答疑、作业布置与批阅、组织小组讨论，学习方法指导等；第二，服务支持。提供实验实习、自学、小组活动所需的场所，必要的多媒体设施，丰富的材料等。

（3）自主学习的培养

1.为学生创造轻松、愉快的学习氛围，充分调动学生的学习积极性。信息化时代，多媒体教学可以让学生了解更加生动形象的教学资料以及知识，同时兼具趣味性，集中学生注意力。

教育教学趋向于平等教学。调动学生学习情感。平等、民主、轻松和谐的教学气氛，可使学生无拘无束、敢说敢做、学习热情高涨，感知、记忆、思维、想象等认知活动更为活跃；而那些过分严肃、呆板、紧张恐惧的教学气氛，就容易使学生出现厌倦、懒惰、注意力不集中等现象，他们上课只是应付教师，被动地学习，学习效率低，严重阻碍了自主学习能力的形成和发展。课堂上的教学气氛，学生的态度情感对教学效果有着很大的影响。

学习不仅在于课堂，学生学会规划学习也是必要的内容。学生拥有自己的规划，任何学习都能充分调动积极性。

2.媒体的合理使用不仅可以拓展学生的自主意识与发展潜能，对于知识的发展与创新也十分重要。在教育教学过程中，学生的发散思想以及创造性思维必不可少。创造性思维与创造力是发散思维的发展，通过各方面的联想以及想象，可以很好地将个人所知道的资料以及学到的知识联系起来，从而形成对自己更加有力的知识体系；将所学与整体环境相结合，增强个人创造力。因此，社会经济与科学要发展，离不开创造力；创造力的发展离不开思维的发散与联想。

（二）提问——活跃课堂气氛

英语属于语言的一种，对于语言来说，最重要的是实践与沟通，尤其是对于英语来说，并不是学生的母语，所以更需要通过不断学习与实践，增强语言运用能力。对于教师来说，英语教学更是重中之重，英语课堂需要更多的教学规划，从教学课堂开始就以提高语言能力为目标；在教学课堂中结合整体环境进行课堂提问。提问过程中还要需注意：

（1）思维的发展不是凭空而来，需要不断地启发。教学过程中需要充分发挥学生思维能力，让学生学会自主考虑与思索。以教学为引导，启发为过程，通过课堂规划设计，切合学生学习环境，针对课堂与学习中各种问题与知识体系开展启发式教学，可以把握教学过程中每一个点，最大限度地发挥学生的自主意识，探索精神。

（2）语言并不是教给学生语法，因为每一个学生对于语言的了解有所差异。教师在提问时要根据学生认知体系进行提问，需要教师充分了解每一个学生对于知识的学习进度和语言沟通能力，只有这样，教师在提问的过程中才能针对问题选择学生，针对学生知识体系，增加学生学习认知与实践沟通能力，活跃课堂气氛，增加学生主观能动性。

（3）提问过程中可能会遇到各式各样的问题，针对这些问题，教师需要采取不同的方式处理。语言本身是一种十分复杂的学习过程，各种人文环境等均会对语言有所影响，在学生出现错误时，教师应给予矫正。对于此种情况，专家们的观点存在一定差异。其中主要分为行为主义心理以及功能派心理。两种心理均认为语言学习过程中犯错属于正常现象，但是行为主义更强调错误以后立即改正，而功能派则强调语言的交流，错误是不可避免的，但是可以完善语言行为。

（三）英语竞赛的教学方式

心理学家的观点是学习在很大程度上需要依靠兴趣推动，其动力可以让学生不畏艰难、勇于探索。因此，教师应时刻在教学中关注兴趣这一问题。要提高学生的学习兴趣，既可以使用多种教学方法，也可以利用直观的教具；可以通过组织英语竞赛、游戏实现。学生参与活动可以增加英语学习的积极性，增强他们的自信心，让学生勇于开口说。英语游戏又可以让紧张的课堂气氛变得轻松和谐，让学生不再疲劳，从而打起精神好好学习。

因此，教师在正常的教学过程中，应随时发现课文中有助于组织英语竞赛、游戏的材料。如在讲构词法时，教师可以先列举几个词，然后进行词汇竞赛。如在讲到"micro"这一前缀时，可以告诉学生micro意为tiny（微小的），然后由学生抢答由micro做前缀的其他词，如microcomputer（微型计算机）、microworld（微观世界）、microphone（麦克风）等。在课前、课间休息或临下课几分钟时，可为学生播放一些优美的英语歌曲，并把留有空格的歌词印发给学生。学生对"Do.Re-Mi""Jingle Bells"等歌曲十分感兴趣，则会跟着录音反复学唱，希望把所缺的歌词听出来。对于这些游戏，学生会认为具有吸引力，不仅能消除疲劳，活跃气氛，而且可以帮助他们训练听力和语音，还有助于记忆单词。

在英语教学中，使用竞赛和游戏的方式会让学生感到更加轻松，从而使学生产生浓厚的学习兴趣。学生在课堂中为赢取游戏的胜利可以积极发散自己的思维，从而让课堂气氛更加活跃。但这些方式只是教学的一种手段，最主要的还是让学生融入课堂，在有限的教学时间里实现更好的教学效果。

总而言之，学生在教师的引导下通过语言产生的交际行为就是英语的教学过程。教师在进行课堂教学时，不仅要充满热情，还要做好课前的准备工作，让学生沉浸在课堂的教学氛围中，让每一位学生都能在教师的教学中获得相应的收获。

第三节 基于跨文化交际能力培养的大学英语教学创新发展

在跨文化交际中所用到的能力就是跨文化交际能力，指在语境中使用的交际行为既要合适，也要有效。文化背景存在差异的人们所进行的交际就是跨文化交际，因此，交际中最不能缺少的是"合适性"和"有效性"。

在跨文化交际过程中，交际主体的行为要符合当前语境，而且要用与对方相同的思维来进行思考，并作出与之相符的反应。如果交际者要在跨文化交际中实现交际的有效性，具有良好的跨文化意识必不可少。

跨文化交际是不同文化背景的人在同一个交际场合里展开口语交际活动时，所使用的语言为同一种（目的语或母语皆可）。与跨文化交际常见的概念相比，这种描述更加鲜明，是为了满足对外汉语专业的需求而存在。

第一，交际者不同的文化背景。文化圈不同，文化背景就不同，但此概念包含很多范围，如文化圈相同，但内部亚文化不同，也在此范围之内。站在对外汉语专业的角度，中国和西方的文化圈体现得尤为突出，也特指两个文化圈的不同之处。基于跨文化交际本质，很多交际中的误会都是由于不同的文化背景所造成，严重时甚至会产生冲突，这种情况在中西方的交往中比较常见。同样，中国与日本、东南亚等亚洲国家的交际中也会存在不同的文化差异，但这种差异产生的影响较小，是因为同属东方文化圈，在文化背景上存在很多一致的地方。

第二，交际的参与者所使用的语言是一致的。对于交际参与者，使用相同的语言是交际的前提。如果交际参与者所用语言不同，便无法产生交际。在交际中，一方的母语会成为另一方的"目的语"，这便是双方的交际语言。例如，汉语和英语都可以成为中美双方人际交流的语言，双方使用相同的语言便不需要翻译。

第三，交际双方使用语言进行直接交际。英语教学界已经成为中国研究跨文化交际的主战场。跨文化交际是英语教学的关键组成，其中笔译和口译是研究的重点。因为当英语专业的学生毕业时所选择的工作基本以对外交流为主，而熟悉两种语言，可以为跨语言交际提供翻译，则是这项工作的主要内容。可以说，处在不同文化背景下的双方需要"翻译"才能进行沟通。但从对外汉语专业的角度来说，教授外国人学习中文和将中国文化向外传播是此专业的重点，而双方的直接交际则是关键，交际任务不能只依靠"翻译"进行。因此，语用规范比翻译更为重要。

第四，交际形式为实时口语交际。从形式上看，跨文化交际种类丰富，如单项交际和双向交际，前者通过媒介，后者则在现场；通过商品、演出或画报等物化形式的符号，或者通过语言文字完成交际；交际也可以采用如信件等书面形式，口头交际也可以。这里所说的是双方在交际过程中使用的口语。除此之外，跨文化交际也包含书面语，也就是双方在口语交际中产生的文字交际。

一、跨文化交际的作用

（一）减少交际摩擦，消除不同国家间的交际障碍

如果不解决交际障碍并任由其发展，会使其变为交际摩擦。轻度的交际障碍会让双方对彼此的信息不够理解，而严重的交际障碍则会发生误会或是冲突。可以发现，造成经济损失是跨文化交际摩擦带来的后果。要让具有不同文化背景的人在跨文化交际中减少交际摩擦，使沟通更为顺畅，需要开展跨文化交际研究。

不同的民族之所以会有不同的文化，是因为自然和社会环境不同，历史不同，所以造就不同的文化，也必然会产生不同的民风民俗和行为规范。在跨文化交际过程中，如果不够了解对方的文化，会对对方要传达的意思产生理解上的偏差，从而导致交际障碍的出现。因此，只有在跨文化交际研究过程中对民族文化之间存在的差异有足够了解，才能避免交际障碍的出现。

（二）顺应全球化的发展趋势

生产力的提高昭示着全球经济一体化的迅猛发展。经济是发展的命脉，任何一个国家和民族都离不开经济，而不同国家之间的文化、贸易、科技等，也随着经济的快速发展而有了更多交往，这些交往可以是合作、援助或谈判，也有可能是冲突或战争，不仅促进世界的多元化发展，也让当前的局面异彩纷呈。这些交往都要依靠人与人之间的沟通才能实现，而外交是跨文化交际中最具代表性的舞台，其最大的看点是人与人之间的沟通和交往。

现代技术进步打破了人们在时空上的交往限制，却没有拉近人们在心理上的距离。民族和国家不同，文化就会存在差异，必然会产生不同的民风民俗和历史，价值观和思维模式也会存在差异，而这些差异都是导致跨文化交际产生障碍的原因，人与人之间的交际会因为这些障碍而发生冲突。在种种原因之下，跨文化交际这一学科诞生。跨文化交际活动的增加极大方便了学科的研究。

跨文化交际研究不同群体在价值观念和思维模式上存在的差异，不仅要研究风俗习惯差异带来的代码系统和文化符号的不同，还要研究在不同的交际情境中

怎样选择合适的语用规则和交际方式、角色和行为规范会受到社会结构的哪些影响等。研究要注重理论与实践相结合，才能使跨文化交际学科得到完善。

二、跨文化交际的分类

跨文化交际是指所有的在不同文化结构体系下生存的人们之间的交流。跨文化交际的分类也随着不同的要求和标准有所变化。

（一）根据交际范畴的不同可以将跨文化交际分为两类

宏观和微观跨文化交际。宏观跨文化交际是国际性的交际，这种交际会跨越民族与种族，在不同的习俗与观念中产生，例如美国人与中国人产生的交际。而跨文化交际的微观方面是国家相同而文化圈不同的人们之间的交际，比如地域、种族或民族之间的交际。国内不同民族之间的交际就是微观文化交际。

（二）根据交际群体的不同可以将跨文化交际分为文化圈内交际和文化圈外交际

从属于同一主流文化但个体之间具有差异的交际是文化圈内的交际。例如，阿拉伯圈内不同国家之间的交际；中国南北方地区之内的交际。从属于不同主流文化之间的交际属于文化圈外的交际，两个个体来自不同的主流文化圈，其会由于文化圈的不同而在交流时产生具有差别的表达方式与含义。

（三）依据交际群体的差异可以将跨文化交际分为跨种族交际和跨民族交际

若个体来自不同种族，二者之间的交际就是跨种族交际，若二者具有民族上的差异，那么双方的交际就是跨民族交际。

三、大学英语跨文化交际教学的目标

（一）加强学生的跨文化意识

西方学者汉维是第一个提出"跨文化意识"理论的人。该理论具体指在交际时对文化差异有足够的理解能力，承认文化差异，同时让沟通交流更加有效，让文化障碍尽量避免。跨文化意识要求人们理解自己和他人都是"文化人"的概念，在对待不同国家之间出现的文化差异有足够的理解和包容，能够主动探究，并且在实际交流中可以使用跨文化理论。人们"接受"和"承认"的文化差异并不被跨文化意识所看重，其重点在于人的认知方面。只有对文化差异具有足够的认识，同时给予足够理解并接受这种差异，才能让跨文化交际有更高的效率，让人们在跨文化交流中更加顺利和有效。

跨文化意识是人们在跨文化交际中理解和处理不同文化的方式。但有一件事是人们不得不接受的：构成世界文化的种类很多，都有各自的特色，而且这些文化是人类共同的宝贵财富。文化的地位是相同的，即使有不同的内容，但存在即合理。因此，在跨文化交际中，必须正确对待和理解文化之间的差异，而跨文化交际意识正是实现这一能力的途径。

对跨文化意识更加具体的解释是：在跨文化交际时，能够认识和理解存在的文化差异，并且做到具体问题具体分析；能够及时发现存在的问题并解决；不要让母语文化影响跨文化交际，应妥善解决出现的问题。

（1）跨文化意识中的障碍

有两个方面对跨文化意识产生阻碍：客观因素是不能够充分且深入地认知文化；主观因素是母语方面的干扰。

1.对于文化认知不充分造成的困难。如果将文化比作冰山，人们看到的只是语言表达、交流方式和生活等表象文化，而隐藏在水下的思维模式、价值观念等文化却很少被人们认识和理解，但深层次文化却决定表面文化。正是由于人们对深层次的文化缺乏足够的理解和认识，才会在跨文化交际过程中出现重重阻碍。要克服阻碍，必须深入理解文化。

2.来自母语文化对于跨文化意识的干扰。人们看待异国文化的态度，取决于跨文化交际行为。人们如何对待异国文化，则取决于本国文化。在跨文化交际过程中，人们将自己本国的文化放在第一位，很容易忽视其他文化，而且常会将母语文化和异国文化放在同一个标准之上，这一标准也常常是自己的母语文化。其中最突出的干扰因素是"文化中心论"，或称"文化优越感（ethnocentrism）""文化模式化（stereotypes）""文化偏见（prejudice）"，这是跨文化意识的"三大障碍"。人们并不是故意犯这三种错误，很多时候这些错误都是下意识发生的。阻碍跨文化意识的主要敌人是这"三大错误"，很多心思不纯的人会利用这些错误使社会发生冲突，影响社会秩序。

第一，在文化交流的"三大障碍"中，最大的阻碍是文化中心论，也被称为文化优越感。其实，文化中心论也可以造成其他两种障碍。当人们的内心被文化优越感牢牢占据时，会在评价和衡量其他文化时一律依照自己的母语文化标准，认为只要与本民族文化具有相同的价值观念和思维模式就是优秀的文化，但凡与母语文化不同，就不是优秀的文化。可见，文化优越感多来自母语文化。

第二，文化模式。人们诞生于不同的国家和民族，会有不同的文化模式，因此在对待同一事物时会有不同的看法，而且这些看法并不会轻易地发生改变。人们会用固有的模式划分其他民族文化，而且划分方式非常简单，人们也会将这些固有的模式直接套在其他文化上，从不考虑是否合适。不同文化内部的所有成员都具备统一形象，没有任何差别，也是文化模式带给人们的影响。

第三，文化偏见。文化偏见会让人们在对待其他文化时产生歧视，或是不能公平地对待两种文化，人们常会为支持自己的看法而想方设法地搜集资料进行论证，却从不考虑其中存在的问题。

（2）跨文化意识培养的过程

如果要提高文化意识，除了要克服困难，还要意识到跨文化意识的取得，既是一个充满困难的过程，又是一个时间漫长的过程。在这个过程中要脚踏实地，一步一步地前进，才能让文化适应水平和跨文化交际能力达到自己的满意程度。获得跨文化意识的层次，可以从以下四个方面出发：

第一，保持旅游者的心态。这一层次主要特点是从本国文化的视角观察其他文化，往往看到附于表面的且孤立的现象，而且会在一定程度上模式化这些现象，将个例的存在作为普遍现象，将表面现象作为文化本质，并带有非常浓烈的文化偏见色彩。

第二，产生文化休克现象。新文化对于新来者常常会出现不适应的现象，经常性地引发文化冲突和误解事件，这种环境会对新来者产生较大的负面影响，让新来者在思考上不够理智，冲动且易感情用事，从而逃避和抵触新环境和新文化。文化休克的心理有三个表现特征，即忐忑不安、抵触心理严重和无所适从。

第三，在态度上要做到相适应并具备一定理性分析。随着新来者对跨文化知识的学习，会逐渐熟悉新环境，也会和属于新文化的人交流沟通。其表现出的特点是：在面对文化冲突和文化差异时，新来者不再失去理智，而是可以理性、冷静地思考和处理，进而产生想主动适应和了解的心态。

第四，在态度上既要自觉适应，也要主动了解。"文化冰山"在新来者适应和认识跨文化交际和新环境的过程中被逐渐看透，孤立的文化和只重视文化表面，逐渐被认识新文化特征、深层次了解和观察文化所代替。

人们新的交际方式、生活习惯、价值取向和思维模式以及新的社会状况和民族特色都属于新文化特征范围，新来者要努力提高这些文化认识，必须了解这些文化特征，才能对文化差异有足够认识，最终接受和承认。因此，让文化意识更上一层楼是跨文化交际者必须要做的，如果有人对新的文化现象表示理解，愿意为适应新文化环境和交际对象做出相应改变，则意味着该人对文化水平有了初步的适应能力。

（二）培养大学生跨文化交际能力

大学生拥有的交际能力可以在跨文化环境中自如地运用就是跨文化交际能力。在交际过程中，可以对跨文化交际有足够意识，认知两国文化的差异性，并且在交流过程中减小差异，让交流变得更加简单，避免在跨文化交际中产生误会和冲突。

文化交际能力并不同于跨文化交际，跨文化交际能力主要指即使语言文化背景各不相同，但依然能够进行顺利地交流，并且突破在交流中产生的阻碍，让交流更加有效。母语和目的语国家之间存在的差异以及所有不同于母语文化背景的国家都可以归类为不同的文化背景。

跨文化交际能力的培养，要求大学生在意识方面不断提高自身的跨文化交际，对跨文化交际的语言和技巧进行不断学习，熟悉其特点，了解其要求，对英语国家的社会习惯、风俗文化和风土人情有足够认识。

交际能力和在语法中转换的语言能力同时拥有，才能被称为是跨文化交际能力。跨文化交际能力不只有一个方面，而是包括肢体语言这种非语言交际能力、理解异国文化能力、转换语言和交际规则能力以及交际时使用语言能力等方面。

在实际文化交际中，英语学生常常会有这样的感觉，语言能力不足带来的无法顺利沟通，只是跨文化交际中所遇困难的一部分，还有价值观和思维模式等方面会成为跨文化交际的阻碍。不同的价值观念也会在交际中引发各种误会和冲突，因此，跨文化交际并不是只具备语言表达能力即可，要保证跨文化交际的顺利进行，必须具备良好的跨文化交际能力，才是其核心。对此，需要不断培养和提高跨文化交际能力。

在跨文化交际教学中需要处理好以下三种关系：

（1）课堂教学与课外交际之间的关系，包括课本语言教学与课外应用指导之间的关系。

（2）英语教学与第二文化教学之间的关系。英语教师不仅要教授语言，还应有针对性地介绍所学语言国家的文化，更要注意文化对语言的影响和文化在语言中的体现。

（3）正确处理学生的语言交际能力和学生跨文化交际能力之间的关系。

与处在不同文化背景下的人交际就是跨文化交际能力。这里，交际的人不仅包括所学英语国家的人，还包括与各种母语文化的人进行交际，并且能够适应多种文化，这是"基本功"，并不是指用具体的技巧解决具体文化中遇到的情况和问题。通常情况下，跨文化交际能力诞生于强烈的跨文化意识中。

四、英语跨文化交际英语教学创新的实施阶段

从认知图式上看，母语文化基本是自然形成的，无须特殊对待，而目的语文化是在特定条件下形成的，要充满意识。因此，在教学过程中，教师应发散思维，设计别出心裁的教学活动，提高学生的积极性，让学生进一步了解英语。

（一）准备阶段

首先，教师要对学生的知识水平有一定的了解；其次，教师通过词汇联想、问答、图片展示、问卷和教师讲解等形式，让学生了解接下来要学习的内容。

（二）讲解阶段

教师针对所学内容的特点采取不同的方法，使学生学习效率最大化。

第一，翻译法。有一个问题普遍存在于英语学生中：学生在进行翻译练习的过程中，并没有生词出现在目的语中，但英语和汉语有不同的句型结构、语法和词汇，这时翻译的语句与目的语习惯相悖。所以，翻译典型句子不仅会促进翻译水平的进步，还会让学生的文化意识更上一层楼。

第二，互动法。教师在提高英语学生水平，扩大英语教学效果时，可以采用互动交流的方式，让学生展开联想，发现中西方文化差异中存在的不同语言和词汇。

第三，对比法。涉及语言交际方面的内容，如汉语里"像老黄牛一样勤恳""力大如牛"，在英语里要说"work as a horse""as strong as a horse"。中国人用牛耕地劳作，而英国人却是用马耕作。同样，汉语有"害群之马"的俗语，英语则翻译为"black sheep"。

（三）习得阶段

跨文化差异最终的目的是让学生充分了解文化差异性，使交际更加顺利。学习这些文化差异可以通过课内和课外的活动实现。例如，在教学时，英语教师可以结合国外原版教材，提高材料的真实性；在教学中使用各种不同的现代化教学手段；大学聘请外教教师；举行角色扮演活动；鼓励学生多与外籍人士沟通，实现跨文化交际；将优秀的外国文学和期刊推荐给学生，也可以让学生观看充满外国风情的影视作品；积极开展课外活动，如文化讲座、知识问答大赛等，充分调动学生学习的兴趣，让学生不自觉地学习不同的文化，潜移默化地影响学生。

五、英语跨文化教学应遵循的原则

在教学中，教师起到了主要执行者的作用。不过跨文化英语教学过程中，教师的地位产生了变化，学生成为学习主体，使得英语教学产生了新的特征，主要体现在以下四个方面：

（一）教师的地位转换

在教学过程中，学习者的主体地位是不容动摇的，围绕学习者这个主体编写教材、开展教学并设计教学方法。跨文化英语教学充分体现了学习者的主体地位，对学习者理解和认识本族文化和母语文化给予了极大的重视，在主题教学设计和教学活动开展中将学习者对目的语文化和其他文化的态度、个人综合素质条件以及人生态度等因素都进行了考虑。教师的主要任务就是在学生的自主学习上进行正确的引导和指正，教师只需要进行知识传授和规则讲解，将重心放在引导学生自主学习。

教师的地位转换对跨文化英语教学来说意义重大，因为当今社会是一个信息化的社会，知识更新换代快，学习者只有具备了自主学习的能力和意识，才能在庞大的信息中获取到对自己有用的信息并加以利用，从而养成独立学习的习惯和能力。再者，随着跨文化英语教学目标和内容的不断扩展和深化，要在有限的学习时间内完成这些任务，就需要充分调动起学习者的自主性，让其获得快速掌握知识的技能和方法，才能在教学时间不变的情况下完成更多的教学任务和教学目标。这也是整体教学体系要融合课后英语和文化学习的一个重要原因。这一原则也将在之后的原则中有所体现。

（二）语言教学与文化教学有机结合

在跨文化教学中，语言和文化互为目的，互为手段。随着跨文化交际活动的迅速发展，英语逐步成为国际通用的语言之一，全球经济一体化也促进了英语的发展，只有掌握这一全球通用的语言工具，才能顺利进行跨文化交际。英语语言学习在一定程度上也是一种文化学习，因此可以说学习英语语言是达成文化学习的一种手段，英语学习是为了达到跨文化交际和文化学习的目的。反之，英语语言学习可以在文化学习中获取到丰富的生活素材和资源，在英语教材和课堂学习中都引入了很多的文化资源，增强了英语学习的趣味性和实用性，有利于提升学习者的英语交际能力。综合言之，跨文化英语教学包括两个部分，一个是语言教学，另一个是文化教学，这两者的关系是相互促进，相互影响的，这两者构成跨文化英语教学的整体。

因此，将语言教学和文化教学进行有机结合才是进行科学合理的教学设计和课堂教学的关键所在。当然这种高度结合不能只在教学中的某一环节予以体现，而是要贯穿整个教学过程。尽管学习者不同认知水平和学习需要的影响会产生不同的语言和文化需求，但是只要把握好跨文化英语教学就是语言教学和文化教学的综合体这一重要原则，那么就一定可以将两者进行高度融合。

（三）从实用主题过渡到间接、抽象的意识形态领域

不同年龄层次的学习者在认知水平、情感发展和经历、经验上都有很大的差别，这些差别必然导致教学内容和教学方法的不同。一般情况下，对于年龄较小的学习者来说，与他们的生活和学习息息相关的、具有可比性的、具体的、直观

的教学材料较为合适。随着学习者认知水平的发展，心理承受能力的增强和人生体验的增加，语言和文化教学内容的深度和广度逐渐扩大到一些间接的、复杂的、需要进行抽象思维的意识形态领域。就文化教学而言，这种相关性和适合性的原则更至关重要。

提升跨文化交际能力是一个长期的、循序渐进的过程，其建立在学习者具备一定的母语和本族文化基础上，这样才能促进学习者在跨文化学习过程中不断地进行自我反省、自我批评、自我完善，所以在设计教学内容和教学方法时一定要考虑尽可能地接近学习者的经历和认知，促进学习者进行自我和他人的对比学习，提高跨文化交际能力。

（四）平衡教学内容和教学过程的挑战性

教学活动主要包括两个方面，一是教学内容，二是教学过程。在教学内容和教学过程的设计过程中，一定要根据学习者的实际情况出发，为学习者提供的挑战也好，支持也罢，都一定要适度，这样才能取得最好的教学效果。若是教学内容难度较大，复杂程度较高，则应该设计难度较低的教学活动；若是内容过于简单，难度系数较小，则可以安排具有一定挑战性的教学活动。如此才能确保教学效果的提升。如果面对难度较大的教学内容时还选择具有很大挑战性的教学活动，则会导致学习者产生恐惧和畏缩心理，影响其学习积极性。而如果针对比较简单的教学内容选用毫无挑战性的教学活动，会抑制学习者的潜力发挥，导致其缺乏学习兴趣。

跨文化教育的关键问题就是要用辩证的眼光来看待教学内容和教学过程的关系，当然跨文化英语教学也是如此。

六、大学英语跨文化教学的方法

（一）文化教学的常用方法

通过跨文化培训，专家经过大量实践和总结得出的文化教学方法很好地融合了文化学、教育学、心理学和社会学等领域的知识和理论。目前，最常用的教学方法包括以下三类：

（1）文化讲座

文化讲座是文化教学中经常采用的教学方法。学习者首先要对有关的文化知识进行了解和认知，才能进行跨文化交际能力的培养。而文化讲座可以让学习者了解不同文化的内容、范畴、本质特征和功能、习俗规范以及价值观念等，学习者还可以通过同一系列的文化知识讲座来对不同文化形成比较系统的认知。不过，文化讲座的特征在于将经验间接地传递给学习者，且讲座过程大都比较枯燥乏味，无法有效调动学习者的兴趣和热情，因此生动有趣、简明扼要也是好的讲座必须具备的优点。

（2）关键事件

将在跨文化交际中实际发生的比较典型的案例作为文化教学的素材也是经常采用的一种教学方法，它可以让学习者非常直观的了解不同文化之间的差异。具体是先列举一个跨文化交际中的案例，并对误解产生原因给出四个解释选项，让学习者自主理解后进行选择。一般来说，这些案例具有真实性和实用性，可以极大地激发学习者的兴趣和热情，再者案例的启发性和代表性都比较突出，能够促进学习者进行认真思考，有利于其跨文化敏感度的提升。

（3）模拟游戏

模拟游戏可以给学习者切身的体会，有利于学习者视野的扩展和能力的提高，将一些平常学习者接触不到的情境以游戏的方式呈现给学习者，让其获得亲身的感受和体验，这也是培养学习者跨文化交际能力非常有利的方法。

综上所述，教学方法都是为了提高学习者的跨文化交际能力，不过却可以将之运用于英语教学中，使其成为跨文化英语教学的手段。

（二）文化教学与语言教学的有机结合

以上各种教学方法都是针对文化教学的，不过也可以在英语教学改革中加以利用，使其发展成为文化教学和语言教学相结合的教学方法。

（1）通过对文学作品的分析进行教学

语言教学经常采用文学作品分析的方法，这也是中国很多大学普遍采用的一种语言教学方法。文学作品中的文化内容是非常丰富和具有深意的，文学作品很好地结合了文化内容和语言形式，因此，可以将其发展成为跨文化教育的一种重要方式。在教学过程中，并非特意将文化内容避开不谈，不过是教师对其重视程度不够，教师通常将文化内容的讲解作为语言教学的一个辅助手段。若是想要促进跨文化教育的效率，就应该改革目前的教育现状，将文化内容上升到和语言教学同等重要的地位，这样才能有效提高跨文化教育的效果。

（2）词汇教学和文化教学的有机结合

任何一种语言的文化信息都蕴含在大量的词汇中，词汇包括的文化意义也仅仅限制于词典中的解释。例如早饭这个词，汉语、英语和法语的表达和发音都各有不同，其文化内涵侧重也有所不同。而且说话者的价值观念也会体现在语言词汇中。所以，在进行词汇教学时，需要将其深含的文化特征和内涵进行挖掘和分析，不能仅仅停留在词汇知识的传授上，特别是要结合实际语境来理解和认知词汇。

　　而从现在的英语教学实际情况来看，并没有充分挖掘词汇教学中的文化教学潜力，教师传授的词汇解释大都限制于词典解释，并没有将其蕴含的文化意义传递给学生。学生在进行词汇学习时往往比较被动，也没有对其蕴含的文化意义进行深入挖掘的热情和积极性，通常在实际交流中不能对其进行灵活运用。教师在进行词汇教学过程时不能仅仅将词义和文化内涵进行笼统的讲解，更要结合真实的文化语境，让学生可以产生切身的体会和感受，从而提高学生灵活运用的能力。比如在进行人物形容词的讲解时，不但可以将词义传授给学生，还应该结合本土文化中的真实事件和历史人物来综合讲解词汇，并让学生进行人物形容。如此才能让学生不但可以掌握词汇含义，还能了解更多有关的文化知识和历史故事。将词汇教学结合文化教学的方法既在很大程度上丰富了词汇学习的趣味性，又更好地将文化教学结合到日常教学体系中。

　　（3）听说教学和文化教学的有机结合

　　过阅读理解可以帮助学生掌握更多的文化知识，并为其带来切身的体会，有利于提高其灵活运用等能力。内容是阅读材料的重要因素，对其进行合理的选择也是非常有必要的，需要采用以下原则予以选择，一是提供的阅读材料或者素材具有真实性和代表性，可以从不同侧面来体现文化的内涵。二是语言教学和文化教学在跨文化英语教学中有着同等重要的作用，因此教材编写就要给予两种教学同等的重视程度，要让文化内容具备一定的系统性，这样才能提高学生的文化知识水平，有利于其跨文化交际能力的培养。目前的英语听说材料在真实性上已经基本符合要求，在文化教学上的价值也有所体现，但其没有经过系统化的选择和组织，所选材料的系统性差强人意，这在很大程度上制约了文化教学功能的发挥。

　　尽可能地发挥多媒体教学手段的作用和价值，也是促进跨文化英语听说教学的重要手段，它不但能够调动学生语言学习的积极性，还可以提高学生跨文化交际能力。多媒体技术的不断发展不但为英语教学创造了新的方法和手段，实现了跨文化交际情景的真实模拟，带给学生更加直观的感受；还能多方位的调动学生的感觉器官，满足学生的情感需求和行为需求，为跨文化交际能力的培养提供了便利条件。

　　（4）阅读教学和文化教学的有机结合

　　在文化教学中，阅读教学的作用是非常关键的，通过阅读材料的选择，很好地将语言教学和文化教学结合起来。但是现在一个实际问题是教师并没有很好地利用阅读材料来促进文化教学，加上受传统教学观念的影响，在阅读教学中不自主的将语言教学放在了首位，将学生对语音、词汇、语法、句型和翻译等有关的语言学习内容的掌握作为主要的教学目标，而全篇材料中所包含的文化信息却往往被忽视，就算对文化内容进行了一定的讲解，也只是为了辅助学生进行语言学习，并没有立足于文化理解的基础之上。因此，现在国内很多大学开展的英语阅读教学还是将目标放在了语言教学上，对文化教学的关注非常有限，也没有从本质上对文化教学的意义进行认可。

需要从教学目标与教学内容上进行有效的改革，才能真正地让阅读教学成为促进文化教学的重要方法，在阅读时还需要将文化教学放在与语言教学同等重要的地位，针对有关的文化知识进行系统的讲解。比如在进行一篇美国饮食文化的材料阅读前，就必须先对有关的饮食文化进行了解，也就是阅读的热身训练，之后在阅读材料时，还可以要求学生对饮食文化的异同进行对比和分析，阅读材料后，还需要学生能够正确的回答有关的饮食问题。在讨论过程中或者文化教学之后，再进行语言知识点的讲解。

当然，以上种种教学方式只是语言教学和文化教学进行结合的教学方法中的一小部分，跨文化英语教学思想和观念的不断完善和变化，也会开发出更多有效且适用的教学方法。不过在教学方法的研发中一定要遵守一个原则，那就是要改变学生和教师的观念和想法，这样才能将文化教学和语言教学相提并论，两者共同促进，共同发展。同时教师还应该意识到，不但要将学生的英语交际能力培养作为自己的教学目标，还要注意学生人文素质的整体提升，使其具备多维度的思维模式，为学生跨文化交际能力的提升打下基础。如此才能在英语教学活动中始终贯彻和执行跨文化英语教学思想，有利于培养学生的跨文化交际能力。

第八章　多元文化视域下大学英语生态教学模式研究

第一节　生态化英语教学模式的内涵

一、生态化英语教学模式

豪根在一次报告中谈到"任何语言与他所处环境的相互关系"时，将这种关系比作特定动植物与其生存环境之间的生态关系；至此以后，语言生态学的隐喻用法就被广泛使用；生态语言教学观更是西方学者近几年将生态学理念加入了维果茨基的社会文化理论和巴赫金的对话理论及参与理论元素才逐渐形成的。作为系统性、整体性、协调性和动态性融为一体的语言教学与研究模式，生态语言教学论多视角考查了语言学习中学生、教师、语言以及语言学习环境的相互作用及对语言习得的影响；因此创造性地运用突现理论对语言及生成进行了整体的认识，借由符担性把语言学习者与学习环境的关系统整起来，并把语言学习过程阐释成多维时空尺度的流变性，从而更全面、生态地对语言教学与研究进行了诠释，也将更加科学地指导外语教学与研究。这样的英语教学生态模式就包含了教学研究生态化模式的教学的过程观、教学的差异观、教学的互动观、教学情景的重要性以及教学内容的完整、和谐，教学双方的民主平等等思想。

二、生态化英语教学模式的特征

在传统思维方式下，英语教学研究走向几个极端：要么从人一主体的角度出发，偏向极端的主观性，过度强调人的自主性、自觉性和能动性；要么从语言一客体的角度出发，囿于纯粹的客观性，消极看待人的他主性和受动性；要么从环境一外在的因素出发，侧重外因的决定性，无视语言的生成性和学习者的流变性。

在批判继承传统教学理论发展而来的社会文化理论的基础上逐渐形成的生态语言教学模式多视角考查语言学习中学生、语言以及语言学习环境的相互作用及对语言习得的影响；且创造性地引进突现理论对语言及生成观进行了全新的诠释，借由符担性将语言学习者与学习环境观统整起来，并把语言学习过程观理解为多维时空尺度的流变性，从而对语言教学与研究进行了全方位、生态地阐释。因此该模式在布局上全面、整体地考虑了语言教学的语言、学生、教师和环境的各个因素及其相互关系，基于我国语言教学的具体国情，辩证地考辩了我国语言教学及其语言教学政策的关系，具有包容百家，着眼学生自身发展的特点。

（一）整体相关性与动态平衡性的统一

美国学者多伊尔和庞德认为，"学习发生的每一个背景中都包含了一位学习者，一位教师，一个背景和学习的信息……因此，学习发生在一个生态系统之中"由此，把英语教学看作一个复杂的社会现象，他需要对语言、语言学习者、语言学习者与学习环境的关系以及教师的教学及评价都做一个全面、通盘的考量。在凡李尔和克拉姆对语言教学生态理解的基础上，改变国内外语教学研究者或关注语言自身、或强调语言学习机制、或重视语言环境的片面之见，把语言理解为突现生成的语言生成观，将语言学习过程阐释为多维时空流变性的语言学习观，把语言学习者与学习环境的关系诠释为符担性来对语言教学进行重新建构与诠释，最后以价值多元性来对教师语言教学及评价予以阐释，以此来整体、全面、生态地理解语言教学与研究。

英语教学生态模式不是一成不变的固有模式，而是与时俱进的动态发展的语言教学模式。生态英语教学模式的动态性首先表现在学生语言学习的时空流变性：在生态英语教学模式下，学生语言学习在时空上具有显著的流变性，如现时外语学习模式必定为先前母语学习模式的复制和改造，同时之前学习这些语言所形成思维和经验必将构建自身学习图式影响往后语言学习的经验和思维；依此类推，将来心智结构投射能力必将由现有经验和能力决定。因此语言学习分维模式是前有各种规模水平的现象和事件的复制与投射。

（二）多元共存性与和谐共生性的统一

英语教学是植根于中国社会文化语言生态环境下，母语为汉语的英语学习者在以英语语言知识为载体，以英语教师为引导，在理解和接受英语语言异域文化的基础上，构建英语语言概念体系，培养英语为母语使用者语言与思维"天人合一"的思维方式，促进学习者主体全面发展的动态、统一、和谐、平衡与循环的互动交往活动。英语教学定义的前提条件就明确了本研究是植根于"中国社会文化语言生态环境下"，因此，本模式建构的第二个特点就是国情意识的凸显。本研究充分尊重历史文化传统的同时，兼顾语言生态的固有本真，希望在中华文化的语言环境下构建学习异域文化的语言载体的理想模式。英语教学的终极目标是：培养学生听说读写的语言技能，提高学生英语语言综合运用能力，拓展学生跨文化交际意识，提升学生多元文化思维水平。英语教学生态模式就必须具有多元共存的心怀，让多元文化在英语教学模式中和谐共生。因而，多元共存性与和谐共生性就成为该教学模式不可忽视的特征之一。

（三）开放性与交互性的辩证统一

英语教学生态模式涵盖了教师、学生、教学环境及语言等多个因素，而这四个生态要素的辩证关系式推进整个模式顺利运行的必要基础。首先教师和学生的辩证关系可以被理解为师生互动语言交往过程，教师的教为学生的学提供方向指导，同时教师在教的过程中心促进了自身的专业发展。相反，学生的学是教师教的延伸，学生在学的过程中体现了教师价值的体现。语言是师生维系的中介，师生教学交往活动的媒介就是语言，而促进学生语言发展又是师生教学活动的终极目标。教学环境则是师生语言学习交往互动活动得以顺利进行的物理、心理以及时空场域，良好的教学环境促进语言教学交互活动的顺利开展。

（四）差异性与标准性的包容统一

生态化英语语言教学模式是在吸收前有教学模式优势的基础上发展起来，具有一定的包容性，兼顾了教师中心和学生中心的同时，也考虑了语言本身的特征；在考虑中国语言文化环境的基础上，也充分照顾了英语语言文化的自身特点。特别是在具体语言教学方式和教学内容上，生态化语言教学模式提倡教学方式的多样化；语言教学内容的变化性，以及教学理念的时代性。因此，英语教学生态模式是一种折中式的语言教学模式，具有较强的差异性和标准性的包容统一能力。

第二节　生态化英语教学模式的应用流程

一、确定教学目标

新一轮基础教育改革认为基础教育阶段英语教学的目的是激发和培养学生的学习兴趣，帮助学生树立自信心，养成良好的学习习惯，发展自主学习的能力，形成有效的学习策略；使学生掌握一定的语言基本知识和基本技能，建立初步的语感，获得初步运用英语的能力，为真实交际打下坚实的基础；开发智力，培养观察、记忆、思维、想象和创造能力；了解文化差异，培养爱国主义精神。增强世界意识；使学生初步形成健全的人格，为学生可持续发展打下良好的基础。因此，英语教学生态模式首先就是要建基于语言教学目标，而本研究认为生态化英语教学目标可以从语言知识目标的选定、学生发展目标的确定来明确。

（一）语言知识目标的选定

从英语教学标准对英语语言教学目标的界定可以看出，"使学生掌握一定的语言基本知识和基本技能"始终是英语能力培养的基础，因此英语知识目标的选定当然成为英语教学生态模式操作的第一步。语言知识发展是英语语言教学的核心组成部分，新一轮基础教育课程改革英语语言领域的总目标涉及的语言能力主要包括倾听、理解、表达三个方面。在内容上主要包括交往情境下和文学背景下的语言。它改变了以往语言教育教学中只注重借助于文学作品的学习方式和内容，充分体现了"语言是在交往和运用中发展起来的"这种新的理念和价值观。英语语言知识目标的选定应该从语言知识和文化知识两个方面入手。

语言知识英语是一种语言，任何语言都具有三种特性：符号性、稳定性和共有性。所谓"符号性"指语言是一个符号系统，是由语音、词汇、语义和语法等子系统构成。不同的语言体系通常采用不同的符号体系。语言总体是不断发展的，但也是一个相对稳定的系统。语言的"共有性"主要指语言是一个民族的共有物，语言的发音或符号与其意义之间的连接是人为的，是约定俗成的，具有任意性。

在英语语言知识目标的选定时，首先要求学生学习和掌握英语中那些约定俗成的、稳定的符号运作体系，如语音规则、拼写规则、语法规则、语义规则、语用规则等基础语言知识，为英语语言实际运用能力的提升打下坚实的基础。基础教育阶段学生应该学习和掌握的英语语言基础知识包括语音、词汇、语法、功能和话题等五方面的内容。知识是语言能力的有机组成部分，是发展语言技能的重要基础。生态化语言教学知识目标的确定首先应该围绕和参照国家英语教学标准的二级、五级和八级语言知识的分级目标，然后根据学生实际情况进行合理选择与定位。

在英语语言教学中，文化主要有两个方面的问题。一是指具体的、个别的文化知识和文化现象进行理解，了解其背景、渊源、宗教等。二是把其看成一种客观存在，文化并无优劣之分。文化是指所学语言国家的风土人情、历史地理、生活传统、文学艺术、价值观念等。在教学中，根据学生的年龄特点和认知能力，教师要逐步扩展文化知识的内容和范围。在初级阶段，学生主要是粗略地了解英语国家文化及中外文化的异同，在讲解英语国家文化知识时，老师可以把学生身边的日常联系起来，以激发学生学习英语的兴趣。在高级阶段，适当扩大学生接触异国文化的范围，可以培养学生中外文化异同的敏感性和鉴别能力，提高学生跨文化交际能力和多元文化意识。语言与文化有密切的联系，语言有丰富的文化内涵，语言是文化的重要载体。英语教学应处理好语言与文化的关系，努力使学生在学习英语的过程中了解外国文化，特别是英语国家文化；在了解外国文化的过程中不断拓展文化视野，加深对本民族文化的理解，发展跨文化交际的意识和能力。因此，英语教学生态模式中文化知识的选择就应该遵循循序渐进地选择能增进学生文化意识的相关教学内容，培养学生的跨文化意识。

（二）学生发展目标的确定

语言既是人们思维的工具，又是人们交流的手段。语言的社会性和生成性最终将语言的符号系统与其他符号系统区别开来。语言的社会性要求每一社会成员必须把语言当作一个任意的习惯性的符号系统来学习语言的任意性，并用它和使用同一语言的社会其他成员进行交际；语言的生成性指个体运用有限的语言规则能产生出无限多的句子，包括他从来没有听到过的新句子（语言的递归性）。语言的生成性从某种程度上预示了语言学习的生成过程即为学生发展的过程，不仅仅是生理意义的语言机制发展，更深层次也指人的思维方式的发展。至于语言的社会性更深层地体现了个体人向社会人发展的必然使命。因此英语教学生态模式的第二个目标即为学生发展目标的确定。学生发展目标本体意义层面的主要指学生在语言学习过程中，不断发展和完善自身的语言智能，第二层面的发展可以理解为学生以语言为载体的文化发展，最后才落脚到学生语言发展的过程中世界观和人生观等全面发展。

（1）学生语言智能发展

新一轮基础教育改革颁布的国家《英语教学标准》的目标是以培养学生的综合语言运用能力为主的"多维目标"。所谓"多维目标"主要由五个部分组成，即语言知识、文化意识、语言技能、情感态度、学习策略等。《英语教学标准》指出语言知识和语技能是语综合运用的基础和提；情感态度是影响和制约学生学习，促进语言发展的重要因素；学习策略保证语言有效学习、自主发展学习能力的先决条件；文化意识则是语言得体运用的根本保障。无论是情感态度还是文化意识，其主要还是服务于语言能力发展这个目标，即促进学生语言智能发展。

英语语言教学不仅仅是让学生了解英语语言、知道英语语法、掌握英语文化，更重要的是促进学生语言能力发展，即促进学生语言智能的发展。语言智能、数理——逻辑智能是加德纳提出的多元智力理论相对重要的智能，其中语言智能是最重要的一种智能。语言智能主要指对词义和词序的敏感性。简单地说，就是一个具有很高的语言智能的人能用语言精确地表达自己的意思，与人交流非常清楚有力。一个具有很高的语言智能的人阅读和书写都很好，（通常）具有很大的词汇量，能将单词的运用作为一种有效的手段。一个具有很高的语言智能的人具有很强的说服别人的能力（这就是为什么领导者通常都是演说家或作家）。对一个具有很高的语言智能的人来说，单词并不仅仅可以表达意思，还可以进行绘画。诗人都具有很强的语言智能，他们牢牢地抓住语言，使之能表达错综复杂的情感。显然，小说家和记者具有很强的语言智能，那些从事广告公司的文案、市场创意和电台节目主持的人员也具有很强的语言智能。政治家凭借他们说什么或怎么说来影响公众、发展自己的追随者，他们当然具有很强的语言智能。

人类天生具有语言智能。在我们大脑的一个特定区域，通常被称为布罗卡区，负责产生合乎语法的句子。这个区域受到损伤的人，能够理解单词和句子，但他们几乎不能将单词组合成聚。语言智能的组成元素包括阅读、书写、创作、演讲、听力和对其他语言的熟悉程度。几乎在每一个领域或专业中，都离不开语言智能的技巧。一个人如果具有发达的语言智能，那么他对于语言的学习、掌握和应用就很容易成为他的优势区域。一个具有很高的语言智能的人能用语言精确地表达自己的意思，与人交流非常清楚有力；一个具有很高的语言智能的人阅读和书写都很好，通常掌握很大的词汇量，能将单词的运用作为一种有效的手段；一个具有很高的语言智能的人具有很强的说服别人的能力。对一个具有很高的语言智能的人来说，但此不仅仅可以表达意思，还可以进行绘画。诗人都具有很强的语言智能，他们牢牢地抓住语言，是只能表达错综复杂的情感。语言翻译家具有一种不同的语言智能。对他们而言，语言不仅是工具，是桥梁，而且本身就是一种方式和手段。

人的语言智能包括三个方面：对语言的表达能力、对语言的拟想能力和对语言的理解能力。这三个方面能力的提高主要是通过书写，口语和阅读来提高的。只要我们以科学的方式来培养，让一个孩子充分发挥他在语言智能上的潜力，也许，我们的孩子之中会涌现更多的演说家、律师、政治家或者作家。因此，英语教学生态模式的目标就是促进语言智能的发展。

（2）学生文化观发展

随着英语语言教学发展，英语教学生态模式认为英语教学不应局限于新课程标准所提出的"多维目标"，而应该进一步将英语语言教学推进到"多元目标"，即英语教育不仅应设定语言学习的目标，还应设定其他独立的目标，如"社会文化目标""思维认知目标"等。这些目标单独成为一个体系，同等重要，并且这些目标不是处于附属、边缘的地带。每一项目标都应有实质性的标准，而不只是围绕语言运用目标、为语言运用目标服务的辅助性目标。相比之下，"多元目标"可以更加清晰地界定英语教育功能，能够更加有效地落实我国基础教育阶段提倡的素质教育整体目标，符合当前国情。

英语教学生态模式下"多元目标"理念的实践关键在于五个"重构"，即重构目标观、重构情感态度观、重构交流观、重构文化观、重构知识观。其中，在重构目标观方面，教师应更加注重语言教学作为教育活动对提高学生自身素质起到的巨大作用，如帮助学生学会学习、学会生活、学会与人交往，逐渐具备创造性、评判性思维等。在重构情感态度观方面，应设立"社会文化目标"，在英语教学中添加人际关系、思维方法、生活模式、文化传统、生活态度、评判性思维以及社会、政治、经济和时事问题等内容。在重构交流观方面，教师应帮助学生意识到，交流不应仅限于与英语为本族语的人交流，而是与各国英语使用者交流。一方面，在交流的过程中，学生要学会如何表达自己、表达自己的文化属性和本地文化。另一方面，学生要学会理解不同文化，尊重不同文化思维方式。

在重构文化观方面，不应把英语国家的流行文化作为文化教学的主要内容，要选择国际上反映社会进步文化的内容，同时要使学生能够用英语表达中国文化，帮助学生树立"文化内容不仅有英语国家文化，也应包括世界其他文化"的观念。在重构知识观方面，应按照学生年龄段特点以及思维与知识结构特点系统设计认知和社会文化知识目标，这就要求课程设计者、教材编者必须超越语言的范畴，全面考虑学生对各学科知识接受与吸收。

二、选择教学内容

任何教学模式都离不开教学内容，没有教学内容的教学只是空洞的教学口号，因此英语教学生态模式第二步就是如何选择教学内容。本研究认为教学内容是学与教相互作用过程中有意传递的主要信息，一般包括课程标准、教材和课程等等。新一轮基础教育改革过程中，我国学者基于生成性教学思维理念，人们对于教学内容有了新的认识。"教学内容，系指教学过程中同师生发生交互作用、服务于教学目的达成的动态生成的素材及信息。"长期以来，很多教师习惯性的将教材和教学内容等同起来，认为课程标准要求什么教师就教什么，这种认识是片面的。教材仅仅是形成教学内容的一个"载体"，作为发挥实际作用的教学内容，其特性不同于教材内容。教材的具体内容由事实、概念、原理及它们的内在联系构成。

事实。教材中的事实，就是历史上或社会上发的事件过程或者是试验中进行的过程和结果。描述学科和解释性学科都含有大量的事实资料，如历史、地理情况，动物的分布于解剖等事实资料，抽象和概括性的学科，数学、物理、化学课同样有事实的依据材料。教材中的事实都是已知的发生过或发现了的事物，不是程造和想象的事实。

概念。它是反映客观事物本质的思维形式，是对教材中大量事实资料的理性加工，是具有抽象性质的理性认识形式。

原理。这些都是已经被验证了的、公认的、不需要加以论证的命题，是教材科学性的重要性标志。

内在联系。主要是指教材中事实、概念、原理之间的内在关系。教学内容包括了师生对课程内容、教材内容与教学实际的综合加工。师生一方面合理地利用教材教学,对教材内容进行选择、取舍、加工;另一方面,师生可以科学地加工教材,合理地组织教学过程。它不仅包括教材内容,还包括了引导作用、动机作用、方法论指示、价值判断、规范概念等,包括师生在教学过程中的实际活动的全部。因此,教材内容只不过是教学内容的重要成分。英语教学生态模式视野下的教学内容选择通常包括本体意义的语言知识的选定、主体意义的文化意识灌输以及生成意义的全人发展内容的转向。

(一)语言知识的确定

英语教学生态模式下英语教学内容中语言知识的选定主要应该参照相应的挑选标准。

(1)整体性与关联性

英语语言作为英美文化和信息的载体,其涉及的内容包括自然科学、社会科学乃至人文地理等众多问题,因此英语教学从某种意义上将是一门跨学科的综合性学科,因此教学内容应将各学科知识有机的整合起来,既要选择自然科学的科学素材,又要包括人文社会科学的百科知识。英语对我国学生而言是一门外语,外语学习和母语学习,外语学习是在理解和接受英语语言异域文化的基础上,构建英语语言概念体系,培养英语为母语使用者语言与思维"天人合一"的思维方式,促进学习者主体全面发展的动态、统一、和谐、平衡与循环的互动交往活动。因此,英语语言知识选择就应该遵循自身的客观规律,教材的编写和教学内容的选择应以中国国情为基础,吸收国内外先进的教学理念,结合我国学生学习外语的心理特征和认知规律,确定不同的教学内容和教学要求。

英语语言各要素之间的相互关联和相互作用的。英语的语言结构在某种程度上可以表达某些功能,英语的某些功能却只能有相应的结构体现出来。例如:语音知识的学习可以提升学生听说能力,文化知识的学习可以提升学生的语言表达能力,交际策略的学习却可以提升语言表达的流畅性和流利性。长期以来,我国英语教学关注一方而忽视另一方,所以导致学生语言运用能力的某种缺陷。比如,我国英语教学长期关注学生的语法知识和读写能力的培养,而忽视了听说技能的培训。

(2)基础性与交际性

英语语言知识浩如烟海,任何人花一辈子的精力也无法穷其语言知识的全部,因此语言知识的选择首要的标准应该是选择基础性的英语语言知识,应选择那些能培养学生英语运用能力所必备的基础知识和技能，以便学生在学习基础之后根据自身职业和生活需要进行提升性的学习。然而，英语作为人们交际工具，内容选择时除了兼具基础性以外，还要结合学生学习、生活实际。因为语言并非基本词汇、语法堆积而成的，而是在一定情景或语境下使用的活的语言，其基本的、首要的功能是交流的工具。因此英语语言知识选择时应充分考虑语言的交际性，以便学生在"学中用，用中学"。

英语语言是作为人类开展社会政治、文化、教育乃至经济活动的交际工具，是人类社会文化传递的载体和传播媒介。因此，英语教学内容不仅为学生提供语言知识和语言机能提供必要的蓝本，更应该体现综合理念，将语言知识、语言机能、语言学习情感态度、语言学习策略乃至跨文化交际能力融为一体，培养学生可持续发展能力的培养和创新能力的开发。

（3）时代性和规范性

英语语言知识囊括了浩瀚的人类文化知识，因此任何课程都不可能穷其所有，正如联合国教科文组织在《学会生存》中指出的一样，"教育在历史上第一次为一个尚未存在的社会培养新人，"因此，英语教学就应该精心挑选对于后代或者未来社会具有生存意义的教学内容。语言不是一成不变，而是生成发展的，社会的变化会促使语言随之发生变化，语言的变化与社会的变迁密切相关。当然，英语的演变有其自身变化的原因，另外，英语的变化也是社会变化在语言上的映射。

鉴于此，英语教学内容的选择应当反映时下语言的最新变化，精选规范的语言表达，选择符合时代语言规范的蓝本。

（4）趣味性与思想性

语言学习本身是一门枯燥的活动，特别是我国英语语言学习生态环境相对较欠缺的情况下，精选学生感兴趣的语言知识就显得尤为重要。如果选择学生感兴趣的课程内容，学生在英语学习的时能体验到自己生活的乐趣，这样就有利于提高学生的英语学习积极性，避免课程内容的枯燥乏味导致学生的厌学情绪。除了语言教学内容选择的趣味性，在英语教学中进行思想教育也尤显重要。作为社会文化的载体，语言必然反映人类社会生活，也是社会文化意识形态的重要组成部分。因此，教材应寓思想教育于语言教学中，使学生在学习英语语言知识的同时，还能领会英美国家的风土人情、文化习俗，但同时要保持爱国主义和社会道德行为规范的熏陶。"英语"在某种程度上，也必将打上西方意识形态的烙印了；英语语言不仅仅是国际合作与交流中"中性"的有效交流工具。因此，英语语言课程内容选择过程中，既要通过中外历史、社会、文化、习俗的讲解，使学生通过英语教学能够开阔视野，丰富生活经历，形成跨文化意识，增强爱国主义精神，发展创新能力，形成良好的品格和正确的人生观与价值观。

（二）文化知识的挑选

英语作为一门外语课程，其最大的功效是促进人的跨文化理解和交际。在英美文化知识的挑选过程中，应该把握主要的一条线索："本土文化与西方文化的和合"。我国英语教学的最初设置英语教学目标是为国家政治、经济服务，由此，我国英语教学设国家取向的社会本位工具性取向较为严重。随着国家对外开放的力度的加大，英语教学的价值取向转向了工具性与人文性的和合取向。

《义务教育英语教学标准》最大的亮点和突破点是把义务教育阶段英语教学的性质明确界定为"工具性和人文性双重性质"。随着我国加入WTO，以及全球"地球村"的日渐成型，我国英语教学中文化知识的选取越来越注重本土文化与西方文化的和谐与共赢了。英语学习一方面应该加强东西方文化的相互了解与理解，更应该通过语言学习促进世界的和谐、健康、可持续发展。

英语学习一方面是学习西方社会文化，了解西方文化习俗，促进国人对西方文化与价值观的理解。另一方面，英语学习还要立足把英语作为媒介向西方介绍中国优秀的传统文化，以便西方人能理解中国文化和价值观。长期以来，我国的各级各类英语教材"用英语谈中国及其文化"的语言文化知识相当缺乏，以致学生在和外国人交流时无法有效地传递中国文化，造成英语表达中国文化的"空缺"。

很多中国学习者成了外国通，而对自己文化一问三不知，因此出现了很多让人啼笑皆非的笑话。因此，在英语文化知识的选取使，除了精选西方文化知识外，适当选取我国优秀文化也非常重要。这样就能培养学生对自己母语及其文化的理解与热爱，能推广和发展自己的民族文化，让外语教学真正成为沟通跨文化交际的桥梁：既能引介外国文化，又能推广本国先进的优秀文化。

因此，英语教学生态模式下的语言文化知识内容的选取应该正确处理外国文化与本土文化的和合问题。在学习西方文化的过程中，适当增加中国社会文化知识的篇幅，阐述中国文化传统及先进理念，也让西方了解中国。在外语较集中真正实现文化的输入与输出的融合这样一个外语课程的终极目标或价值理想。这就要求我们英语文化知识相关内容选取时平衡与兼顾本土文化与外国文化知识，实现本土文化与外国文化的和合发展，培养精通外国文化，热爱本土文化的学贯中西的接班人。

（三）促进主体性发展的教学内容

教育是连通昨天、今天和明天承前启后的桥梁，即教育是用昨天的知识在今天的教室培养明天的人的交往活动。同时，教育也是一个孩提逐渐成长为成人奠基工程，因此，我们可以认为教育是促进人和社会主体性发展为的活动。由此，英语教学生态模式就要提倡选择能促进人主体性发展的教学内容。本研究认为促进主体性发展的教学内容应该遵循以下原则：

（1）基础性

英语教学内容浩如烟海，但哪些内容应该作为促进学生主体发展的教学内容呢？最重要的还是基础性的英语知识。所谓基础性，就是具有最强的稳定性，即该类知识具有较强的内核，尽管语言会随着社会的变化而改变，但英语的内核将始终不变，这些知识就应该作为基础性的内容加以学习。其次，就是具有最长的持久性，这类知识就是具有强有力的后劲。任何语言都会随着社会的产生而生成一些语言，但这些时代的产物很快就会被淘汰。生态化语言教学模式下基础性的教学内容就应该选取经有时间洗礼的英语知识作为教学内容。第三，基础性的内容还应该是最具活的迁移性英语知识。总之，基础性的英语知识就应该具有最强的适应性。

（2）积极性

语言是文化的载体，因此，语言在一定程度上一定会印上意识形态的烙印。作为传播先进文化的英语教学，我们在选择教学内容时就应该选取符合我国社会文化意识形态的具有积极意义的语言。在国外语言教学语料中，相当部分的所谓"经典"内容在一定程度上蕴含了欧美文化价值观、体现了西方利己主义社会价值观，甚至隐含了一些低级趣味的生活观。因此，我们在选择促进学生全面发展的教学内容时，一定要保持高度的警惕性，取其精华，去其糟粕，选取符合我国社会价值主流，能激发学生积极向上生活的教学内容。通过英语教学，使学生更好地了解西方社会本质、人的利己主义价值观等基本观点，及其对发展自我、实现人生价值的起着一定的启示作用。通过英语语言学习，学生能正确处理好利己与利他、个人与集体的关系，在劳动奉献中实现全面而自由的发展，创造更大的人生价值。中国语境下英语教学的基本服务对象是中国主流文化的建设者和接班人，因此，具有积极意义的教学内容的根本立足点就是我国社会文化价值观。

（3）前瞻性

促进学生主体性全面发展的教学内容其根本的特点就是具有的前瞻性。有人说"教育学就是未来学"，这不仅是教育者的现代语言，也是教育家的现代思想。社会进步已经使我们看到，教育将在历史上第一次为一个尚未存在的社会培养新人，教师正是这一任务的承担者，而教学内容是否具有前瞻性在一定程度上就决定了教育能否为未来培养优秀的人才。可以说，今天的教育事业发展的状况和水平决定着明天这个国家和民族的面貌。所以，作为现代教师必须要有超前的意识，要站在时代发展的前列；现在教学内容就应该选取具有前瞻性的、能引导学生发展的语言知识。在英语教学生态模式下的英语知识选取过程中要及时了解国内外语言学、二语习得发展的趋势，学习国内外新的先进的语言教学理论与思想，不断的更新语言习得思想，把思想从课本、课堂和学校的围墙的束缚下解放出来；要具有创造意识，注重培养学生的发现意识和批判精神；要有市场意识，必须使自己的工作适应大市场对人才的需求；同时，还要有民主和科学的意识，培养学生的自助精神与自制能力。只有这样，教育才能高瞻远瞩，才能走在时代的前列，带领青少年奔向新世纪。

语言教学促进人的全面发展是指人的各方面发展条件在相互促进中实现和谐的整体的发展，是指克服了发展的片面性，全面而健康的发展；个人的能力和潜能，按照个人的意愿得到自由而充分的发挥和发展。英语教学生态模式的教学就理所当然的把学生个体性全面发展作为其根本目标，因此在教学内容的选定时，就应该充分考虑其基础性、积极性和前瞻性。

三、选用教学方法

英语教学生态模式在教学方法的选用上体现了灵活性与切实性相结合的特点。英语教学生态模式反对教学方法的单一性和绝对性，只要能促进学生语言知识、文化知识和人的全面发展的教学法均可以引入到英语教学生态模式之中来。具体而言，本文认为就语言知识的授受而言，传统的语法翻译法或者演示法可以让学生在相对短的时间内充分掌握其知识要点，因此较为有效；而为了进一步灌输英语国家文化知识，沉浸法具有一定的优势；在人的思维发展乃至促进人的全面发展方面，英语教学生态模式提倡选用任务型教学法、生态语言教学法等相关教学法。

（一）语言知识教授

一直以来，中国、日本等亚洲国家对外语课堂中非常盛行的语法翻译法；语法翻译法受到了严厉的批判，并认为传统的语言教学忽视学生的语言交际能力。传统语言教学首先是根据语言学知识将语言分解，然后逐一呈现给语言学习者。朗格和罗宾逊把这样的教学称为关注"语言形式"的教学，这种教学往往割裂了语言形式与意义的联系。因此语法翻译法在内的课堂教授法一度成为英语课堂教学的公敌。普遍认为课堂讲授法主要是以教师为中心，单向传递信息和观点，但是该教学方法是迄今为止传递信息最有效的方法之一，且非常适合我国英语大班教学的实际情况，本研究认为，语法翻译法在内的课堂教授法在传授语言知识方面具有相当的优越性，值得提倡。

在英语课堂教学中常见的讲授法通常包括正式讲授、互动讲授和示范讲授，他们共同最大的特点就是集中在一定时间内进行语言知识的单向传输，教师具有相对重要信息传递中心的地位，其区别主要在于学生互动参与的程度。

（1）正式讲授

正式讲授就是我国英语教学中普遍存在的一种教学法，英语教师应根据学生注意力持续的时间长短有针对性的调整正式讲授的时间。一般而言，中学生的注意力所能保持的时间为一分钟，之后学生的注意力就会有所分散；而年纪较小的学生注意力持续时间更短，因此通常而言，英语教学生态模式提倡中小学英语教师的正式讲授应少于分钟，课堂中应该留足充裕的时间给学生消化、吸收教师讲授的语言知识内容。

（2）互动式讲授

随着国内外英语教学对课堂讲授法的批判，国内外语课堂中越来越多的教师选用互动式讲授法。因为中小学生注意力持续时间不长，因此教师在课堂讲授中尽量通过提问，鼓励学生对所呈现的教学内容进行质疑等方式鼓励学生积极参与课堂教学活动。尽管部分老师习惯于在语言知识全部讲授完以后才开始提问，但多数教师都会鼓励学生在讲授过程中提出问题。

（3）示模式讲授

随着"学生为中心"的教学理念深入教师头脑，越来越多的英语教师习惯于示模式讲授法，一般情况而言，示模式讲授法教师示范的时间不超过分钟，但是教师要集中在者短短的时间内尽量为学生提供更多的语言知识及其相关语言信息。示范为教师向学生展示程序和实例，提供了学生从中学习的机会。示模式讲授已经彻底摆脱了课堂讲授法以教师为中心的偏见，学生已经成为主导自己学生的主体。

（4）课堂讲授法的阶段划分

尽管讲授法的几种形式在呈现的组成部分有所不同，但总体而言，讲授法始终没有摆脱在教学过程中提出：呈现一练习一运用的教学模式（称教学模式）。在教学模式中，教师首先呈现语言项目然后操练，最后让学生用所学的语言进行运用。与模式对应，课堂讲授法大致可以划分为导入、陈述和小结三个阶段。

以语法翻译法为代表的课堂讲授法是与较高程度的教育相联系的教学方法。该教学方法在传递语言知识的教学中具有一定的优势，特别是教师素质相对较低的情况，课堂教学法能达到相对较好的教学效果。在我国西部地区师资水平低，教学班级规模相对较大的英语课堂上，该教学法值得提倡。但是在实施课堂教授法时，教师应该尽可能的开发教学材料蕴涵的趣味性，以激发学生的学习动机，促进学生在短时间内吸收和消化教师传递的语言知识。

（二）文化知识熏陶

"现在很多英语专业毕业生，连最基本的英文经典名著《双城记》《简爱》《傲慢与偏见》等都没读过，专业素养堪忧，"上海外国语大学英语学院博士生导师何兆熊教授在上海外文学会和上海外语教育出版社主办的首届华东地区英语专业教学研讨会上评论道，并呼吁英语专业发展必须回归"本色"，再次强调英语教学不能忽视文化熏陶。语言是文化的载体，语言也是文化的主要表现形式。不同的民族因为不同的风土人情、风俗习惯、历史和文化，其文化也千差万别；而各民族的文化和社会风俗又都在该民族的语言中表现出来。语言离不开文化，文化依靠语言，英语教学是语言教学，当然离不开文化熏陶。从某种意义上讲，文化不是教师或者教材教会的，而是学生在相应的文化环境中熏陶出来的，即文而化之。因此，文化知识熏陶最好的教学方法就是沉浸法，即积极营造英语语言文化的课堂内外的文化氛围，让学生沉浸在英语语言文化中，从而达到文而化之的效果。

英语教学的文化熏陶首先可以通过营造一个近似于英美文化传播的课堂教学氛围。由于中国传统课堂文化中教师权力为"永恒的昨日"的权威为标志的传统权力，即通过对源头渺不可及的古人的承认和人们的习于遵从，而被神圣化了的习俗的权力。昔日的家长制和世袭君主所实行的就是这种"传统的"支配权力。梅兹认为部分教师承袭了传统师道尊严的家长作风，他们要求学生服从他仅仅是因为他的"教师"身份。因此，我国英语教育也主张学生对教师的绝对服从，在课堂上表现为教师主导的知识灌输教学处于相对学生被动接受的地位。然而，西方国家的课堂教学中历来主张教师的教学权力，即教师通过其闻道在先，学业专攻的人格魅力以及教师幽默的风格、渊博的知识以及博大的胸怀对学生感染而成的，不依附任何规章制度，也不受制于教师的强权压制。因此，在西方的课堂中，学生个体相对独立，教师和学生的地位处于平等地位。为了真正在在英语课堂上营建适合西方文化学习氛围，如我们的英语课堂也应该尽量营造一种学生与老师独立和平等的教学氛围，这样就可以在一定程度上可西方文化传播提供一定的前提条件。也只有在这种宽松的语言教学氛围中，每个学生才不会害怕出错，因而敢于积极尝试，大胆地说英语。

另外，在平等的课堂文化中，学生才有可能积极参与课堂上的角色表演。教师的主要教学任务就在于创设情景，为学生轻松愉快的英语语言学习营建理想的学习环境。在相对轻松愉悦的语言环境中，学生就可以充分利用动作、体态、表情、语言，并借助户外丰富的语言情景，在情景化的教学文化氛围中轻松、自如的操练自己的英语，同时还可以更好地感知英语学习和英语文化学习的积极情感，从而激发英语学习的兴趣和动机。

其次，通过西方课堂文化的角色表演和交流等教学形式促进学生理解英美文化知识。美国课堂文化重视学生语言学习的角色扮演，我国英语语言教学也可以通过引进欧美语言教学形式促进教学效果。在课堂教学中，如果教学内容为欧美英语文化、生活习俗或者风土人情，教师可以根据教学内容顺势组织课堂活动，把课堂创设为这些特定社会文化氛围，让学生在相关语言文化或者社会生活背景下进行"角色扮演活动"。如在圣诞节期间，给学生派定角色，进行模仿角色表演，让学生在角色扮演中学习语言文化的同时，也激发了学生英语语言学习的热情。另外，教师应当充分挖掘教材资源，进一步充实课堂教学内容的文化知识。对我国大多是英语学习者而言，课堂是他们了解和获取英美文化知识的主要渠道，课堂也是他们体验英美文化圈人民生活习惯的理想场所。因此，教师在课堂中可以为学生提供尽可能多的有关英语国家的文化知识和信息，营建贴近英美文化生活的学习氛围。我国现在的英语教材在编写的过程中都很注重选择和渗透一些语言文化知识，也在一定程度上提高了学生的文化意识；其内容设置很大部分是结合西方人的生活习惯或日常生活展开各种交际会话。但是教材上提供的信息毕竟有限，因此教师要充分利用教材的同时，适当增加英语国家文化的相关，向学生传播更多文化知识，可以满足学生渴望了解西方社会、文化的强烈愿望，从而激发学生英语学习的兴趣。例如，学生在课外可以通过网络、出国旅游等各种渠道收集一些有关英语国家文化方面的资料，包括画报、杂志、图片等，通过这些资料的收集和分享，学生就能更好地了解和对比西方不同的风俗习惯、建筑风格、政治文化、审美标准和风土人情等；教师也可以组织学生观看反应欧美国家文化的电影和电视，在训练学生听说能力时，引导学生注意观察影片中英语国家人们的语言表情、吃穿住行、节日庆祝、交友娱乐等社会文化，然后提出一些问题让学生回答和交流。除此之外，学校还可以利用课间休闲时间开设调频广播英语节目，播放反应英美国家风土人情等文化为主体英语录音材料，把学校这个小生态环境营造为英语学习气氛，让英语学习融会在学生日常生活、学习、娱乐和休息等各种场合中，营建一个类似与母语国家语言环境的学习场所，使学生在校内随时都有机会与英语打交道，潜移默化的接受英语文化的熏陶。

（三）学生的思维发展训练

诱导启发：在语言教学中，教师的诱导启发至关重要。我国古代教育名著《学记》就提出过启发教学的主张："故君子之教喻也；道而弗牵，强而弗役，开而弗达。"德国教育家第斯多惠也指出："好的教师是教学生去发现真理。"因此，诱导启发教学的主张是很早以前的教学方法了。当然，在现代英语语言教学中，启发的方式可以是多种多样的，但是教师应该根据英语教学目的、教材内容以及本班的学生实际水平和兴趣出发，进行设疑问难。恩格斯指出人类思维着精神开出了地球上最美丽的花朵。而思维且用于始源于问题，问题可以推动人们积极地进行思考。学起于思，思源于疑。

在英语教学中，我们常会发现越是年级低得学生，发言的积极性越高。到了高中阶段，特别是大学以后，课堂上再也找不到举手争相回答问题的学生了，即使回答教师的提问，声音也是越压越低。怎样才能改变这样的课堂教学呢？生态化语言教学模式就要求教师在启发诱导时必须考虑学生变化的个体心理生态环境需求，研究并掌握不同年龄层次学生的心理环境特征，设计难易适度并能激发学生兴趣和思考的问题。英语生态化模式认为诱导启发的主要方法有：

第一，直观显示，激发求知欲望

基础教育阶段的英语教学以形象具体为主，教学活动和学生们的日常生活或者生活经验密切相关，直观教学最适合该阶段学生的心理发育情况。直观教学就是在课堂教学中，老师充分利用一些基本的模型、教具，如图片、实物、简笔画等，教师也可以借助手势语言、姿态语言、语言动作或面部表情来辅助教学。直观教学具有生动、形象等特点，可以为英语教学提供贴近教学内容的逼真的教学情景和真实的交际场合，有助于把课堂生态小环境营造为适合英语交际情境和气氛。学生的语言学习不再借助翻译就能够理解所学内容，从而促进学生直接用英语思维，增加课堂英语使用的机会和频率。利用直观教学，教学方法及方式也是多样化的，可以使学生的听觉、视觉、触觉等所有感觉都参与到课堂教学活动中来，符合该阶段学习者的心理学发展规律，容易激发和保持学生的学习兴趣。英语教师的教学任务就是最大限度地调动每一个学生的学习积极性，充分调动每一个学生参与到课堂教学活动中来。

第二，联系生活，有感而发

《义务教育英语教学标准》根据学生的学习特点，明确指出："我国英语学习在语境相对受限的学习环境下要在做中学，在学中用"，引导学生在学习贴近日常生活中的英语，教学内容和方式尽量注重联系生活实际，在英语语言学习中唤起学生以往生活的回忆，激发学生尝试运用已有经验让课堂真正成为生活化的课堂。那么怎样充分利用生活资源来组织我们的英语课堂教学呢？

第三，提供思考角度，诱发探索欲望

苏霍姆林斯基曾说："兴趣并不在于认识一眼就能看到的东西，而在于认识深藏的奥秘。"随着年龄的增长、知识的积累和抽象逻辑思维的发展，学生能够理解客观事物之间的复杂关系，他们不满足于简单问题，但由于独立性还不够成熟，因此思考优势也有出现偏差，这样就容易造成高年级学生简单问题不屑回答，复杂问题不能回答。因此，英语教学生态化模式就要求提出的问题的深度和广度，以及提供思考的角度和方向。

第四，多角度、多层次设疑，深化思维广度

进入大学以后，设置疑问依然有必要，到了大学阶段，学生的行个已趋于成熟稳定，学生的成人感比较强，课外阅读也相对拓宽，开始关注人生、事业和社会问题，也希望参与评论或者发表自己独到的见解，甚至希望一鸣惊人。大学英语教学课堂可能不够活跃，但似乎人人都蕴藏着一种力量，智慧的火花随时会因一点导火线而并发出来。因此，教师要创造条件让学生多层次、多角度地进行思维，从而培养学生思维广度和深度。我在给大学三年级学生教授《阅读》课程中《警察与赞美诗》一文时，就提出几个问题："文中写了那几件事？苏比六次惹是生非，都没有达到入狱目的，这样安排情节，是否合理？这几件事是如何排列的？故事情节的安排与社会现实的反差？"这样就可以引导学生在英语学习中正确的看待社会问题，培养正确的世界观和人生观，同时提升学生思维水平；从而达到语言学习的过程和学生发展为社会人过程的天人合一。

四、设计教学评价

《基础教育课程改革纲要》中明确提出："改变课程评价过分强调甄别与选拔功能，发挥评价促进学生发展、教师提高和改进教学实践的功能。"因此，生态化英语教学评价也是强调建立促进学生主体性全面发展的评价体系。生态化英语教学评价不仅要关注学生的英语语言知识、文化的学业成绩，发现和发展学生多方面的潜能也不容忽视。生态化英语教学评价提出了解学生语言学习和个性发展中的需要，评估学生在多元文化社会中认识自我，考察学生跨文化交际中的能力。生态化英语教学评价希望发挥评价的教育功能，促进学生在原有的水平上有所提升。

生态化英语教学评价还不仅仅是关注学生，评价的另一个功能是促进教师的专业发展，英语教学生态模式中，教师本身和学生一样都是英语教学生态的有机构成之一，因此评价依然要着眼于教师的专业发展。通过学生英语语言知识文化的评价，强调教师对自己的教学行为的分析和反思，教师应该通过教学评价结果获取了解学生学习成就信息，从而根据学生的学业评价改进自身的教学水平，改进教学方法，真正实现教学相长，实现教师的专业发展。

长期以来，我国英语教学评价把教学结果与预定的教学目标进行对照，教学评价是根据预定的教学目标对教学结构进行客观描述的过程，教学评价的关键是清晰的，可操作性的评估行为。因此，我国以前英语教学评价问题主要反映了评价目标过度强调学科知识体系，忽视人文，考试和测验却成为评价的主打曲；虽然大家都意识到评价不等于考试和测验。

英语教学生态模式下的教学评价强调英语教学评价本质上应该是一种"协商"

而形成的"心理构建",评价应坚持"价值多元性",反对传统的"管理主义倾向";即评价的重点不再是简单的重笔头、重结果,评价的内涵也不仅仅等于考试或测验,评价需要充分肯定学生作为参与者和合作者在评价过程中的主体地位。生态化英语教学评价必须克服以往强调评价即测量、评价即目标达成检测、或者评价即过程表征等评价观的片面性缺点,将评价者、评价内容、评价目的以及评价结果给予了综合考虑。生态语言教学评价观的评价者除了传统意义上的教师、教育行政部门,还涉及学生、家长等方方面面的人士;评价即为他们以"协商"的方式形成的共同的心理建构。评价内容则既包括纸笔测试、人机测验在内的书面测评内容,也包括学生课堂学习情况记录信息、课后学业探索研究旨趣以及学生语言学习成长经历的多维信息融合。评价目的和评价结果可以从教师、学生及教育行政部门三个视角加以审视:从教师的角度,我们可以将评价目的定位为教师语言教学设计和教学实施的参照系;从学生方面看,我们认为生态语言教学评价结果看作是为学生学习提供有意义的信息反馈,让学生了解自己的学习进程和"多元智力发展"的偏向,从而激发学生学习动机和热情;然而对于教育行政部门,教学评价的目的即为合理分析评价结果以期跟踪当代学生智力发展现状,宏观调整本国、本地区语言教育教学政策、法规。生态语言教学评价观的评价包括测量、反馈、干预、教学行为的调整以及学习过程的记录,因此生态语言教学评价并非一次性完成,而是一个评价反馈再评价非完结性的动态过程。总之,生态语言教学评价观始于"协商"构建、基于多维信息融合、指向学生语言及身心发展的价值多元性的非完结性动态过程。生态化英语教学评价的实质在于促使人类活动日趋完善,是人类行为自觉性与反思性的体现,是师生共同进步的推动器。

生态化英语教学评价体现了以学生文化的教育评价理念,其根本的目的是促进学生的长远发展;从评价形式上看,生态英语教学评价需要平衡和整合形成性评价和终结性评价,把学生的学习结果和学习过程作为促进学生主体发展的助力器。评价形式可以是学习档案记录,也可以是学习活动表演,仍然可以通过诊断性测试或者水平考试。但是不管何种形式的评价,生态化英语教学评价的落脚点是教师和学生的发展,而不是选拔和甄别英语学习优异生。就生态化英语教学评价过程而言,也完全跳出了教师"一言堂",而是教学评价共同体的平等"协商"。

第三节　生态化英语教学模式的支持系统

一、以教师为教授活动主体

教师是教学实践的教授主体,是教学的实施者,教学活动的设计者、领导者和组织者。教师也是教学活动的原动力。作为认识活动的教学，教师把认识主体学生和认识对象（教学内容）联系起来，起着桥梁和中介作用。在教学中，教师要善于引导学生在生态化语言学习环境下选用适合自身的学习方式探索新知识，解决新问题，使生态化语言学习走向深入，收到实效。学生是教学活动的主体，教师教学的重点应是引导学生学会学习，引导的内容不仅包括学习方法和思维转向，同时也包括价值取向和人生观的形成；引导主要表现为对学生语言学习的启迪和激励。对学生的自主学习，教师应做如下引导：引导学生自主提出问题和解决问题；引导学生自主选择学习方式；引导学生自主选择学习目标；引导学生自主进行过程调控。总之，在英语教学生态模式中，作为有机组成部分之一的教师具有相当重要的作用，要实现生态化英语语言教学模式的转向，教师应该对自身语言知识文化观、教学角色意识和教学方式进行根本性的转变，以适应生态化英语语言教学的需要。

（一）教师语言知识文化观的提升

语言知识文化观是语言学和语言哲学的一个命题，语言知识文化观对形成正确的外语教学观有相当重要的作用，而语言观尤为重要，因此语言知识文化观通常被理解为语言观。语言观主要指人们对语言本质的根本看法，即回答"语言是什么"这一语言最基本的问题。通常而言，教师的语言观对英语教学主要有三个方面的影响。第一，语言观对教师外语课堂教学过程及组织具有较大的影响。其影响主要包括教学过程涉及的诸多问题，如教学大纲的设计、学生的学习反馈、课堂教学的组织等方面。当然，语言学知识不一定会被所有老师直接运用到英语教学中，或者老师掌握了一定的语言学知识就能为我们解决语言教学中遇到的所有问题。因为，有效的解决语言教学的办法往往会来自于相互联系但又不同的参照构架之间的交互作用。表面看，教育学、心理学、语言学、英语教学等学科与课堂教学中遇到的具体问题的解决似乎没有必然的联系，甚至表面上还相互矛盾；事实上，这些学科成果是教师教学任务完成的基本前提。这些成果包括：英语学习和第二语言学习之间的异同；语法特征习得的顺序即所谓自然顺序假设；态度、动机等心理因素与第二语言能力水平之间的关系；英语学习是否有语言习得关键期以及关键期对二语习得到底有多大的作用；"学习"和"习得"之间是否存在本质区别的问题；规则变异性这对容忍语法错误有重要意义等等。教师只有把这些语言学、教育学知识渗透在自己的外语教学当中，才可能促进教学收到良好的效果。第二，教学的语言观也会影响教师对教学内容的选择。英语语言知识的范围相当广泛，教师的语言观就会影响语言知识的选取；例如，如果教师认为语言学习是社会行为，他就会从学生的实用性出发选择学生在社会交往中所需要知道的材料，选择学生社会行为所需要掌握的全部常用语言表达。

古往今来，语言学家从不同视角对语言进行了不同的描述和阐释，其中比较有影响的包括工具论、文化论、符号论以及社会论气所谓工具论就是把语言作为人们交流情感、表达思想、讨论工作以及商议政事的交流手段，是人类社会交往的必要手段和人类生存与发展的必要工具。文化论则认为，文化是人类社会赖以生存和发展的基础，任何人都是在一定的文化氛围中成长和活动的，语言是构成社会文化大系统的主要因素之一。文化环境作为一种社会存在是一个巨大社会文化效应场，特别是其中的文化传统有着强大的辐射力和"遗传力"，它常常表现为一种内控的历史惯性运动，作用和影响着社会生活的各个方面，造成各种程度不同的社会效应。符号论主要是世纪初期以来语言学的主流派系，认为语言是一个符号系统，作为符号系统的语言有其自身的结构和规律，人类语言也是用以记录人类语言行为活动的符号。社会语言学家认为语言是一种社会现象，语言是人类社会行为的结果，因此语言是人类赖以生存和发展的必要手段。

针对四种不同语言观，曾涌现过不同的语言教学争论，工具论者认为语言教学应该注重学生语言学习时的灵活运用，学生应该在交流中进行学习，其中有影响的教学方法包括交际教学法和任务型教学法。文化论者则强调语言教学重在文化传承，应在文化教学中学习语言，在语言学习中贯穿文化主线，中国古代语言教学就比较注重语言教学中的文化传承，其代表性的流派当属苏联心理学家提出的社会文化理论。符号论主要是西方现代语言学家强调语言是系统符号，因此语言教学就是教学生使用语言符号进行有效交流，因此重视词汇的教学。社会论者主要强调语言教学的社会性，因此认为语言教学应该贴近社会现实，学习语言就是学习社会文化与社会礼仪、规则，语言教学重在把学生培养为一个社会的人。

语言是一个多主体的、复杂的、动态的、适应的系统突现出的特征的总和，语言学习是特征突现的过程。语言这个复杂系统在有交流愿望的人与被人讨论的世界的互动中生态的构成，并且他是一个在不同层次、不同集合和不同时间范畴不断适应的复杂系统。具体的语言如何突现呢？迈克温尼认为"关于语言突现尚无完整的描述，但突现论已对很多语言现象进行了描述。"人类的发音过程主要包括舌头、喉头等发音器官的协同运动，成人有关发音对儿童的发音具有很大的影响，因此，音系结构就是对声道的生理制约而突现的。波拉特和克罗借助连通论的网络结构进行的实验表明很多儿童早期的发音特点都是从这些网络加工材料的过程中突现而来的。史密斯的研究证实了儿童学习新词是"在一般的学习过程中使用特殊的学习机制"进行的。她之后进行了一系列的相关实验，其研究结果表明，在语言学习的初期，儿童对遇到新词时，他们仅仅是通过瞎猜来理解新词的词义；只有具备一定的词汇知识以后，儿童才能有倾向性词义猜测；当儿童这种猜词能力突现时，儿童使用语言框架猜测新词的词性的能力才可能得以突现。

（二）教师的教学角色意识的转变

随着英语教学改革的不断深入，教学对教师的要求也越来越严格，因此广大教师在教师专业发展方面面临着前所未有的机遇，同时也面临着新的挑战。英语教师是我国英语教学改革是否能够成功的关键。教学目标、教学方法、教学模式、教学手段及教学内容的改革对广大英语教师提出来新的要求，广大英语教师必须更新教育理念，从传统教师知识传道者的角色中走出来，转向更加多姿多彩的教学角色中：与此同时，还要进一步丰富自身的英语语言专业知识，更多的了解教育教学规律，能娴熟地使用多媒体和网络等现代教育技术手段来提高自己的教学水平，从而更好地开展英语教学工作，尽快适应新的教学模式。在新的形势下，教师要从传统教学方法中知识的传播者、灌输者转变为学生自主学习的引导者、促进者和帮助者。教师应必须进一步确立终生教育的学习观念和强化"学生角色"意识。

在传统教学中，教师主要扮演了组织者、教导者、控制者等权威角色；随着交际教学法和任务型教学法在我国外语课堂中的盛行，在现代外语教学中，教师的传统中"传道、授业、解惑"的作用逐渐淡却了，传统意义上的"知识传播者"已经不是教师的主要应该扮演的角色了，教师成了学生学习的促进者。交际性教学活动以学生为中心；但教师依然扮演着不可替代的作用，教师在心理上和知识上都需要帮助和支持学生；观察和分析学生的课堂学习活动，发现学生学习中不足并加以弥补等。为了适应交际教学法教师的角色，教师应该提升自己分析能力和观察能力的能力，加强课堂教学的组织能力和对教学内容的临时整合能力的训练，这种组织能力在我国大班教学情况下显得尤为重要。哈默把外语教师的角色定位为：提示者、控制者、参与者、资源、组织者和评估者。然而，英语教学生态模式下，教师的角色由单一的教师角色转变为集多重角色于一身的教学领导者、学业辅导员和学习陪伴者，具体而言教师从教学的协助、示范、供给、开发、规划和评估等角色中发挥着不同的作用。

（1）课堂教学的规划者

如果希望呈现一堂好的英语课，教师课堂教学规划是必不可少的，教师需要在课前规划好课堂的导入、课堂的教授、教学的组织、课后的总结等教学各个环节；特别是课堂导入的规划尤为重要。比如一位语文教师在一堂讲授"谦虚"的课文时，课堂导入就给学生讲两个故事：一位导演在接受媒体采访时，记者问这位导演他对自己哪部影片最满意，导演回答说："如果把我的片子打碎成不同的片段，每一个片段都将焕发智慧的光芒。"球王贝利在获得"世界足球先生"接受记者采访时，记者问球王对自己哪一个进球最满意时，球王却回答说"下一个"。

老师就问同学，球王贝利和导演哪一个谦虚……通过这样的导入规划一下子就把学生引入了教学情景中。另外，在课堂教学活动中，教师也是教学活动的策划者和实施者。教师应该对课堂教学内容了然于胸，对于教学重点和难点也了如指掌，根据教学内容及本班学生实际情况精心设计各种教学活动。课堂教学活动的成败在一定程度上取决于教师对课堂教学活动的策划。

（2）课堂教学的开发者

新一轮基础教育改革明确提出重建一种新的基础教育课程管理框架，即建构包涵国家、地方和学习三级课程管理模式。这就要求教师根据上级教育行政部门有关基础教育课程的相关规定，结合本校、本班学生的实际情况，为实现学校的培养目标而进行课程设计、实施和评价的组织活动，即校本课程开发者。另外，教师除了开发校本课程以外，教师还应该一改以前崇拜教材、迷信教材的传统观念，对教材进行二次加工处理，开发性的结合本班学生实际运用教材，因此教师又是教材的开发者。

（3）教学活动的供给者

教师在课堂教学活动中扮演着活动的信息供给者和信息反馈者双重角色。首先，课堂教学活动由教师策划、组织，为了学生能明白课堂教学活动的规则，教学必须给学生提供必要的信息，以便学生根据课堂教学活动的要求开展小组活动和讨论；在学生参与课堂教学活动时，教师应该给予学生及时反馈，以引导学生朝向教师预设的教学目标前进，因此教师又是教学活动信息反馈的供给者。

（4）教学过程中的示范者

教师作为教学示范者主要包括课堂教学示范和人格魅力示范。教师课堂教学示范相当于拜恩在教学过程中提教学模式中的呈现阶段；拜恩首先要求教师呈现或描述语法结构或语言知识点，然后组织学生进行练习，使学生通过模仿练习、掌握了新句型和正确发音的基础上，再要求学生自己运用上下文关联的语言情景来学习巩固新学的语言知识。人格魅力示范主要是教师在教学中不仅要以自身学业在先的强权身份给学生传授知识，教师更应该有一种不同寻常的"超凡魅力"的感染力感染学生形成一种积极的世界观，它来自极端的个人献身精神，个人对救赎、对英雄业绩的信念，或其他一些个人领袖的素质。这种"超凡魅力型"的课堂教学示范力，由教师的人格魅力在学生中自主激发的，不依附于任何规章制度，也不受制于教师的强权压制。这种权力更多的是教师幽默的风格、渊博的知识以及博大的胸怀对学生感染而成。教师这种人格示范将对学生一生产生深远的影响。

（5）教学发展的协助者

教师作为教学中的协助者主要表现在两个方面：导师指导和教学辅助。导师指导主要指教师在教学中指导学生学会学习，学会自主学习，学会与同学合作共同学习；另外，教师除了指导学生的知识掌握方面的学习，更应该指导学生在学习文化知识的基础上形成一种正确的人生价值观和世界观。教师的教学辅导主要指教师以辅导员的身份对学生的学习进行课内外针对性的辅导，如教师有针对性地给成绩优异生提高性学习辅导，针对成绩落后，教师可以适当给予课外辅导或兴趣引导，以促进学生个体性发展。

（6）教师是评估者

教师在教育测试过程中是课堂教学活动的评价者和学生学业成绩的评估者，即教师是评估者。受东方文化传统的影响，我国教学理论无论从教学目的、教学内容，还是教学评价上看，都表现出明显的功利性倾向。我国的教学目的都是与考试联系起来的，考试考什么，教师就教什么，学生就学什么。学生学习的最终目的与求功名、追求高学历和高的社会地位联系起来，而教学促进个体的发展几乎被忽视了。教学内容上也是以考试为导向，国家规定了统一的教学科目，教师则完全以此为标准，按照考试的要求来进行教学，以使学生获得高分数，提高升学率。教学评价形成了以考试为主要方式的终结性评价，"一考定终生"，分数的高低决定学生能否入大学以及入何种层次的大学，考试成为学生改变人生、追求高的社会地位的最有效途径。作为评估者，教师应该改变应试教育功利主义的教育价值观，构建符合素质教育要求的课程体系，建立理性的英语教学评价体系。

特别是要引入过程性评价，对学生参加的活动进行积极的评价；另外学生学业成绩的评价也应该避免以分评人，推禅传统的评价目标过度强调学科知识体系，忽视人文性，以测试为评价的唯一形式，注重对单纯的语言知识结构考察，重结果，重成绩，重甄别与淘汰。英语教学生态模式要求教师作为评估者，采用测试性与非测试性评价、形成性评价和终结性评价相结合评估方式，把评估结果作为激励学生学习和促进学生能力发展的手段。

（三）教师语言教学方式的丰富

课堂讲授法是教师通过向学生解释概念、描绘情况、叙述事实、论证原理和阐明规律的教学方法。长期以来，课堂讲授法一直以教师为中心，以单向的传授知识信息和观点为主要教学目的。课堂讲授法的具体方式有四种：讲读、讲述、讲解、讲演。其中讲述侧重于生动形象地描绘某些概念、现象和事物，讲演是教师就教材中的专题进行有理有据首尾连贯的论说从而从情绪上达到感染学生的效果，中间不插入或很少插入其他活动。课堂讲授法具有以下的优点：基本目标非常明确—传递知识信息，教学材料相对权威和全面，短时间内可以教给学生大量的内容，学生任务很简单一记忆教授的知识。因此，课堂讲授法可以使学生的思想得到组织化和结构化，从而有助于学生通过课堂教学的讲授迅速学会相关知识。讲授法经常可以分为导入——学习的准备阶段，讲述和小结——复习所学内容三个阶段。导入阶段主要是呈现或者告诉学生本堂课所要学习的内容及内容的重要性。小结阶段主要是整合学习的知识和经验，并向下一堂课或活动的过渡。

尽管课堂讲授法在大中小学课堂非常盛行，但是并非所有的老师都能有效地使用之。成功的讲授法的关键是有效地运用交流技巧，另外一个相关因素是教师的人格魅力和语言特色。一个语言教师如果希望运用讲授法成功地组织一堂优秀的课，他必须具有鼓动性，并能以组织化、令人信服的方式进行教学。要有效的进行讲授，老师必须慎重的选择一些能够有效地抓住学生的兴趣和注意力，激发学生思维活动的技巧。特别需要配合一些鼓动性行为和技巧：身体姿势、非言语行为、音调变化、课堂教学节奏和教学变式。一个优秀的讲授型教师必须以一种组织化的方式呈现教材，便于学生理解教学内容。

讲授法往往容易形成教师满堂灌，教师绝对主导课堂，学生处于成为被动学习的知识接受器。学生的学习积极性不容易调动，长时间的讲授教学容易形成学生对教师的依赖性，而不能培养自主学习习惯和自我学习能力。由此看出，讲授法的明显优点：整个教学过程是由教师控制，教师可以娴熟地实施自己的教学内容，游刃有余地实现自己的教学目的。讲授法的局限是教师学生的注意和兴趣不容易被唤起，学生的思维和想象不能启发，因此讲授法声名狼藉，且已经成为教师忌用但又废而不止的注入式教学法。另外，讲授法也不能满足不同学业水平的学生。因此，英语教学生态模式就要求教师综合运用多种教学方法。

二、以学生为学习活动主体

（一）学习者的时空流变性的双重性

时空流变性建基于时空的三维性，通常而言我们不难理解空间的三个维度，即长、宽、高；其实时间也有三个维度，即是"现在""过去"和"未来"。空间三维度是大家都非常了解和熟悉的，然而时间三维理解还没有引起我们足够的重视，因为我们常常以自然时间遮蔽了人文时间和心理时间的光芒。其实，从人文角度和心理视角都能观察和体验到"现在""过去"和"未来"，也能确认"时间"这个概念三者之间的区别与联系。人文社会科学不但涉足"过去"和"现在"，而且还论及"未来"；比如说，历史学、人类学、社会学等学科都对历史、文化、社会的未来有所预期或进行预测，新兴学科"未来学"更是以预测时间坐标的"未来"为己任。就心理时间而言，"现在"经常与当下、目前、此时、此刻的观察感知活动和生成的映象等相联系；"过去"往往同回忆、回想、回顾、怀念；或缅怀之类的心理状态或心理活动的意向性对象有关联；"未来"则和预测、期待、期望、企盼、展望、憧憬，甚至预知、先知等心理活动的意向性对象息息相关。

生态模式下的语言学习实质就是学习者时空流变在大脑中的映射。首先，生态语言教学观从时空观视角认为语言学习在时间上具有显著的流变性，如现时外语学习模式必定为先前母语学习模式的复制和改造，同时之前学习这些语言所形成思维和经验必将构建自身学习图式影响往后语言学习的经验和思维；依此类推，将来心智结构投射能力必将由现有经验和能力决定。因此语言学习分维模式是前有各种规模水平的现象和事件的复制与投射。正如美国历史学家贝克尔在其《什么是历史事实?》中所述"现在是全部过去的产物过去亦像一块银幕，我们在他上面投下了未来的幻想"另外语言学习在空间上亦表现了其流变性。因此，生态语言教学理论便结合语言自身的多维时空流变性提出语言学习不仅是学生成长的社会文化环境流变的结果，更是学生成长经历及其母语学习经验的再现和改造过程；即语言习得是学习者语言学习时间和空间多维立体流变的结果。

（二）学习者语言学习历程的影响力

从我国外国语语言学领域知名专家姚小平的外语学习历程中我们就能感知学习者语言学习历程对外语学习的影响力了。姚小平是北京外国语大学外国语言研究所研究员，博士生导师，曾担任外国语刊物《外语教学与研究》双月刊主编，同时担任《当代语言学》《语言研究》《语言科学》《外语学刊》杂志编委，精通英语、法语、西班牙语、俄语、日语、德语、古希腊语和拉丁语。如果按学习的年头来计，他最早开始学、并且学的时间最长的是英语；况且，因为身在外语学院，一般说来要有一个固定语种的"籍贯"，这样他就被归到英语专业一边，多年来一直是英语专业的研究生导师。可是，他所译的西学著作，包括商务印书馆出的两本和湖南教育出版社的一本，是从德文直接翻译过来的，有相当的难度，所以学界不少人就以为他出身于德语专业；而如果回到研究生时代，他的第一外语的确就是德语。但在这之前，在大学里，他却是在俄语系，拿的是俄罗斯语言文学专业的毕业证书和学士学位气通过几种语言的学习，他更加深刻的感悟了世界语言学习的共同性，从而透过语言看到的世界也更加丰富多姿，也进一步促进了其语言学的高效性与乐趣性，因而成为了语言学界的大家。

正因为此，我国新一轮基础教育改革《英语教学》要求从年级起开设英语教学，倡导任务型的教学模式，让学生在教师的指导下，通过感知、体验、实践、参与和合作等方式，实现任务的目标，感受成功。在学习过程中进行情感和策略调整，以形成积极的学习态度，促进语言实际运用能力的提高。建立能激励学生学习兴趣和自主学习能力发展的评价体系。该评价体系由形成性评价和终结性评价构成。在英语教学过程中应以形成性评价为主，注重培养和激发学生学习的积极性和自信心。终结性评价应着重检测学生综合语言技能和语言应用能力。评价要有利于促进学生综合语言运用能力和健康人格的发展；促进教师不断提高教育教学水平促进英语教学的不断发展与完善。英语教学要力求合理利用和积极开发课程资源，给学生提供贴近学生实际、贴近生活、贴近时代的内容健康和丰富的课程资源；要积极利用音像、电视、书刊杂志、网络信息等丰富的教学资源，拓展学习和运用英语的渠道；积极鼓励和支持学生主动参与课程资源的开发和利用。

三、以语言为教学资源

（一）英语语言与汉语语言的对比

（1）汉语重心多在后面，英语重心一般在前面

在表达逻辑思维时，汉语表达是由假设到推论、由原因到结果、由事实到结论，即重心多在句子的后面，英语则习惯把判断或结论等摆在前面，事实或描写等作为后面的说明，即重心在前。这就造成了汉语学生在听力练习时，总是抓不住重心，以汉语习惯慢慢进入状态，等句子最后的关键部分，而此时英语表达的重点已经过去了。

（2）汉语习惯于补充说明，英语倾向于使用省略表达

因其文化的差异，英语为母语的说话者习惯于使用省略；并且英语省略的类型也相当的繁多，除了大家常见的名词的省略和动词的省略以外，还有情景省略、句法省略……在并列结构中，英语表达习惯于省略前面已经出现过的或者人家都明白所指物的词语。然而，汉语却习惯于在表达上重复英语省略了的词，并以补充说明的形式加以强调。英汉这点差异使得很多学生在做翻译时感觉特别难，因为汉语表达总是需要补充相应的成分。

（3）汉语更倾向于使用短句，英语多数人习惯于使用长句

汉语语言博大精深，汉语文字延伸力和穿透力特别强，语义往往都可以通过字词句直接表达，说话者的不同的意蕴也可以轻松地通过不同的短句表达出来，因此，王力说："就句子的结构而论，西洋语言是法治的，中国语言是人治的。"英语许多层意思都是放在一个长句中表达。中国人在阅读英文原版文献最大的困难也是难以读懂英语的长句，因为中国习惯以短小精干的语句表达各种意思，而英国人则通过句法结构把所有的意思糅杂在一个长句中，这就需要我们对句子进行语法分析。正是这个原因，中国各类考试的英译汉试题中都要求把英语长而复杂的句子翻译成中文。

（4）汉语重语义，英语重结构

汉语表达喜欢用简单的叙述，句子之间的关系完全可以通过句子的语义自然表现出来，而英语的表达完全依赖于句子的结构。汉语表达重在意义的陈述，至于句子结构无关紧要；而英语表达完全依赖于语法结构，如果语法结构有问题，意义就无从表达。因此，很多外国人在学习汉语时总是觉得认识了很多汉字，也可以组合很多的句子，但是总是感觉自己的汉语没有长进，也没有办法理解中国人的语言，有时甚至感觉汉语语言有些杂乱无章。

（5）汉语一般都使用主动句，英语更多的使用被动表达

汉语里虽然有"被"动句，也常常用"由"之类的词来表示动作是被动的，但汉语被动句远没有英语的被动语态那么常见，英语在很多情况下都会使用被动语态，特别是科技英语表达，被动语态尤为常见。汉语中的被动句使用往往蕴涵了些许的贬义。

（6）汉语使用分句频率较高，英语则常用从句

汉语喜欢用短句，汉语表达结构也相对松散，汉语松散的表达却能将意义严谨的表达出来；英语常常使用很长的修饰语使句子让人给人感觉非常难理解，同时英语还会用各种从句使句子变得复杂，而英语的从句引导词把主句或其他从句连接起来，使整个句子表面上看来错综复杂，但却可以通过语法分析来整体地理解句子。因此，传统英语教学习惯于让学生分析语法成分，然后通过语法来理解和翻译课文。正是基于此，本研究认为英语教学进行必要的语法学习，在我国是比较切合实际的，应为汉语语言和英语语言毕竟在这方面有较大的差异。

（二）中华文化视野下的异域语言文化教学观

文化有广义和狭义之分，戚雨村在《语言文化对比》一文中，对广义和狭义文化做了精辟的概括。他说："广义的文化指人类社会实践过程中所创造的物质财富和精神财富的总和；狭义的文化指社会意识形态，以便与之相适应的制度和组织结构；有时也指教育、科学、文学和艺术等方面的精神财富，以便与政治、经济、军事等方面的知识和设施相区别。"文化与语言密不可分。语言是文化的一部分，文化是语言活动的大环境。文化反映在语言文字中，文化又存在与使用该语言文字民族的知识结构中。人们在交际时，语言中的文化因素与人们头脑中的文化意识相互作用，由此完成交流的任务。一旦改变或者失去了原有文化的环境，或者文化因素得以寄托的语言系统发生变化，这种联系就要中断，单靠语言本身的概念意义，交流的任务是难以完成的。语言同时是文化的载体，人类的各种文化只有通过语言才能传播、交流、发展和延续。学习一种语言就是了解一种文化，外语教学就是传播一种文化。由于我国传统文化与英美文化的冲突，因此我国英

语语言学习者在英语学习时，容易产生语言文化冲突，因此本研究认为我国英语语言教学就是在中华文化视野下进行的异域语言文化的学习。

（1）中国文化传统对教学理论的影响

中国文化传统作为长期积淀形成的文化特质，反映了中华民族独特的民族心理和民族性格，对古代社会乃至近现代社会具有深远的影响。教育教学活动是文化传播的重要渠道，而学校也是一个文化主体，因此学校教育的主要方式教学则必然会受到文化传统的影响。中国文化传统对教学理论的影响也是十分明显的。尽管我国当代教学论的研究发生了一些思维、模式及理论上转换，但相当长一段时期内，我国教学论的发展受文化传统的影响较深，从以下的剖析中可略见一斑。

第一，教学价值取向：功利主义倾向

中国传统文化尚人伦、重道德，这是与封建君主官僚统治方式相适应的。统治阶级为了维护其政治地位和权力，在思想上控制民众，后又出现了科举制的人才选拔方式，借此来寻求统治阶级需要的人才。这种考试制度体例严谨、格式划一，一定程度上禁锢了人们的思想，使得读书人多是按照统治阶级的要求来学习、思考。"学而优则仕"成为教学的主要价值追求，学习目的多是为了通过科举考试，进一步为仕途的发展铺平道路，教学也严格按照科举取士的要求来进行，学习和教学与功名利禄紧密联系起来。这也影响了我国近现代的教学价值取向。在以"升学率"为衡量学校教学质量好坏的唯一标准下，教学带有极大的功利性倾向，学校工作完全以考试为中心，严格执行教学计划、教学大纲的要求。教学的目的就是为了使学生取得高分，提高升学率，完成学校的预期指标；学生学习的目的是为了通过考试进入高一级学校，为未来生活做准备，对知识本身的追求几乎不被提及。这使得教与学本身带有浓重的功利色彩，师生心怀各自的目的来共同应对考试这一关门，学生自身的和谐发展被忽视了。

第二，教学目的：满足社会对人才的需要

中国古代的教学以社会需要为本位，教学主要是培养统治阶级所需要的治国人才。在各种需具备的才能中，德占首位。儒家的创始人孔子有明确的教育目的，就是把"士"培养成有道德、有理想和治国才干的"君子"，可见，孔子要培养的人一要有较高的道德修养，二要有治国安民之术。即是说，人才要为国家服务，有治国之道，其中德是主要方面。荀子也提出，要施行礼义教育，使"圣人明知之，士君子安行之，官人以守之，百姓以成俗"（《礼记》），其礼义教育的目的最终还是要培养"积文学、正身行、能属礼义"的"贤能之士"，为实现其"礼治"服务。也就是说，教学的目的不是张扬个人固有的天性，而是使人接受并遵守外在的社会中存在的"礼"的约束并以此来改变人性，以确保统治阶级的长治久安。到了近现代，我国学校的教学目的也较多关注满足社会发展的人才需要，对教学促进个体全面、和谐发展的功能有所忽视。尽管我们的教育方针明确提出"要培养德、智、体等方面全面发展的社会主义事业的建设者和接班人",但由于受统一考试制度的影响,实际教学过程中仍然是以考试为指挥棒,以国家统一规定的教学科目、内容为基准,将学生培养成国家需要的人才模式,并输送到各个领域和岗位,这使得教学忽视了个人的因素,抹杀了个体作为独立实体的"自为"特征。

第三,教学内容:统一要求

近现代以来相当长一段时期内,我国各个地区不分地域、城乡之别执行统一的教学计划、教学大纲,并配以统一的教科书,这使得教学形成了"一纲一本"的局面,完全按照国家统一规定的大纲、教材进行,忽略了地区、学校的差异以及不同地区、学校学生的差异。学生只能是"非纲勿视、非纲勿听、非纲勿言、非纲勿动",只学规定的科目、教材,在教师全面控制下亦步亦趋地达到某种知识储备标准。这种过分强调一致性的教学实际上否认了学生个性、爱好的差别,把学生看成是可以加工、塑造成统一产品的"物件",在一定程度上具有不平等性。

四、以环境为教学场域

语言学习环境指的是本来客观存在的或者专门为语言学习者提供乃至创设的有利于语言学习者语言学习的教学场域。就语言学习而言,人刚出生就开始对其周围环境的语言进行模仿。语言学习环境对语言学起着不容忽视的重要作用,一个人的运用语言能力在一定程度上是语言学习环境内各种因素综合作用的结果。一个有利于语言学习的环境能够激发学习者的语言学习兴趣,为语言学习者提供原动力,从而促进语言学习者更加活跃的学习语言。反之,一个枯燥乏味的语言学习环境将阻碍语言学习者的语言学习,让她沉默,甚至不会说话,变成一个哑巴语言学习者。一个正常的孩童在一群狼的怀抱里成长,离开了人类语言的学习环境,结果只能发出狼的嚎叫。由此我们可以推理出语言学习环境对语言学习的重要性。因此我们可以说语言环境孕育了语言。

英语语言教学环境对语言学习的影响及制约早已为人所关注,但究竟教学环境如何界定和分类一直没有达成共识。理查德从政策和文化层面把英语语言教学环境分为教学过程、教学评估、教学大纲和语言政策克拉姆齐则从社会文化理论视角指出英语语言教学应以学生社会文化差异和学习者个体差异为核心,外语学习要以"跨文化交际"为最终目的。我国学者如曾葡初从宏观、中观和微观三个层面把英语语言教学环境分为外部环境和内部环境。内部环境指学生的认知心理作用于英语学习的诸多因素,而外部环境主要指影响和制约学生外语学习的一切外部因素。我们从语言学习的社会文化环境、学校语言生态环境和课堂语言生态环境三个层面来分析英语教学生态模式的环境实现条件。

（一）社会文化生态环境与语言教学

（1）语言与社会

语言是社会的内在属性，所以我们对社会文化生态环境能够影响语言能力并不感到大惊小怪。作为人类交际的语言是一种社会现象，它与社会有着十分密切的关系。语言与社会的密切关系主要体现在以下几个方面：

第一，语言是社会的产物

语言是随着社会的形成而出现的。人类自存在的第一天起，就必须与自然力进行斗争，以取得生活资料。在与自然力进行斗争的过程中，为了达到支配和改造自然界的目的，人们不得不联合起来，组成集体，以便共同行动和相互帮助。形成集体后就需要有一种媒介来传递和交换信息，以协调人们的共同活动。这样，作为交际工具的语言便出现了。换句话说，语言正是为了满足人类社会交际的需要而产生的。

第二，语言是社会约定俗成的

语言是由音、形、义组合而成的一种符号系统。符号系统内，音义的结合带有一定的任意性，即语言是由一个语言社团的人们约定俗成的。因此，形式和意义没有必然的联系，任何语言都只是使用该语言社团的约定俗成而言。

第三，语言随着社会的发展而变化

语言的变化与社会的发展有着密切的联系。社会结构的变化、社会制度的变革、社会生产和科学技术的发展，以及商业的扩大和教育的普及等等，都会促使语言产生一些相应的变化。语言的这种变化主要体现在语言的交际功能和语言的结构系统两个方面。在语言的交际功能方面的变化有诸如语言的方言分化和增多、语域的形成与扩大等；在语言的结构系统方面的变化则具体表现在旧的语言事实的消亡和新的语言事实的出现，以及部分语言事实的改变等。语言结构系统方面的变化在词汇方面体现得尤为明显。

长期以来，语言学重在研究语言本身，如语言的语音、语义、语言的结构、语言的历史、发展乃至演化等，即研究的对象是索绪尔提及的"语言"，而不是"言语"。在美国，无论是年代以前的结构主义语言学对"语言结构"的研究，还是年代以后的乔姆斯基对"语言能力"的研究，大致都撇开了语言的社会环境、社会制约。这种情况从年代初开始发生了一些变化，重心逐渐从结构转向功能，从孤立的语言形式转向在社会环境中使用的语言形式，从而导致了一门新兴的语言学边缘学科即"社会语言学"的出现。

（2）语言教学与社会文化生态环境

英语学习社会环境主要指学生所处的国际大环境、社区环境和家庭环境，也包括国家政治、经济、文化及教育政策等现实环境。社会环境对英语教学有着不可替代的导向作用。从某种程度而言，社会环境直接制约和影响英语教学的产生、发展及命运，例如文化大革命期间我国语言环境直接决定了英语这个学科在我国是一门受人轻视的学科，因而无人教授这门学科，也无人学习这门学科。当代社会，随着世界经济一体化和中国入世成功，商务、文化、旅游、科技等领域国际交往的日益增多，世界已经发展为一个名副其实的"地球村"，这就直接导致了对外语人才的大量需求。世界各国越来越多的有识之士已经认识到，外语不仅仅是学校里的一门学科，更是日后社会生活和个人发展的一种必需。这种共识推动了许多人学习外语的强大动机，推动了我国英语教学的发展。与此同时，我国教育行政部门也更重视外语教学。英语教材编写体制的改革，英语教学设备的更新，英语教学条件的不断改善，使学校环境不断得到改善，从而促进我国英语教学的发展。

（二）英语教学与课堂生态环境

我国英语教学，学校的课堂生态环境是学生接触和操练语言的主要场域。课堂小环境与英语教学具有最直接的联系，也直接决定学生英语学习的效果及最后培养的人才模式。就目前国内大多数学生而言，英语教学的整个过程基本上是在课堂这个小生态环境里完成的，因为，国内社区环境对我国英语教学的作用还没有产生大的作用。课堂生态环境的氛围如何将直接影响到我国英语教学的质量。

新一轮基础教育改革要求教师用任务型教学途径，尽量用英语组织课堂教学。但这并不是说初中英语教学必须是绝对排斥母语的纯外语教学。我国特殊语境下的外语课程中的学生往往多是操同一母语，因此在任务型语言课堂中，到底何时以及多大程度的允许学生使用母语依然教师是难以取舍的问题。任务型语言教学专家虽然不反对学生适当使用母语，但他们认为外语课堂中适当使用母语，有利于学生更好的理解任务，但是过多的使用母语却面临达不到任务设计提升外语交际能力的危险。

（三）我国英语教学语言生态环境的拓展

近年来，我国英语学习热情持续升温，五花八门的考试"应运而生，各种各样的"速成学习材料"铺天盖地。然而，很多英语学习者都沉浸在"备考"学习、乐此不疲的浸泡在"应试"动力下，源自内心的英语学习"热情被这漫天的考试折磨得消失殆尽，学习过程既被动又痛苦，学习的结果就是既费时又低效，引来了全国上下一篇责骂声"。据调查，国内相当一部分学生的大学一半以上的学习时间花在外语学习上，但依然培养了一大批"高分低能"、甚至"低分低能"英语学习者。

如果要摆脱目前我国英语教学"高投入、低产出"的境界，本研究认为出路之一应该是构建和谐的生态语言教学环境，即鼓励学习者在"自然与真实的"语言环境中，充分利用现代化外语学习资源和条件，提高语言运用能力，将语言与社会文化融为一体。语言学习离不开环境，语言环境的缺乏，严重影响语言输入量的摄取，并制约着英语学习活动和效果。

我国英语学习着可以通过阅读英语原版书刊、收看英语原版电视节目或影片、浏览网络以及尽量和外籍人士交流等多种方式营建英语学习环境，丰富我国学习者外语知识，提高外语学习者自主学习能力，弥补我国英语语言教学环境的缺陷。

第一，收看英文电视节目或原版影片

在全球化的今天，欧美电影风靡全球，因此学习者可以轻而易举的找到英文原声电影，学习者可以通过电影把自己带入一个"真实"的语境之中。语言是文化的载体，通过观看欧美英文原版电影，学习者不仅可以学习英语、练习听力，并且可以更好地了解语言中的文化现象以及语言与文化之间的依存关系。

第二，阅读英语原版书刊

通过大量阅读材料，可以为学习者提供生动有趣、丰富多彩的语言输入。阅读对学习者的提升不仅仅停留在提高语言水平的层面上并且可以拓展人的视野、丰富人文理念、满足智力追求。

第三，利用，畅游英语世界

我国语境下的英语学生应该充分利用计算机媒体交互环境和网络学习空间。网络改变了现代人的生活方式，足不出户便可环游世界。因此通过网络资源，英语学习者不仅可以搜索到英美国家政治、经济、文化、科技和体育等各方面的最新英语文字资料，还可以收听到优美动人的欧美流行乐曲，甚至聆听到世界首脑名人的英文演讲片段。强烈的图像、文字和音响效果，可以更好地激发英语学习者的求知欲望，使英语学习成为需要和乐趣。认为计算机媒体交互环境不仅可以为学生提供真实的语言交互空间，而且也便于教师收集学生通过计算机媒体交互环境中产出的语料。

随着我国加入以及我国教育国际化进程的加快，我国各级各类学校里外教的数量在不断增加，外国留学生的数量也与日俱增，即使在重庆的学校，相当一部分学生都有机会与外教接触。另外，我国很多城市都先后成立英语口语角和英语俱乐部；这样就可以拓展我国学生英语教学课后语言练习的语用环境。研究发现通过开设口语角，不仅可以给参与学生提供练习英语的机会，而且可以为学生提供自主学习的学习社区。

第九章　多元文化视域下大学英语教学与设计的多维发展

第一节　大学英语对分课堂教学设计与实现

一、对分课堂的英语教学生成性设计

(一) 对分课堂生成性教学设计理论

1. 人本主义

人本主义学习理论于 20 世纪五六十年代被以罗杰斯和马斯洛为代表学者提出，这一理论深刻批判了行为主义学习理论的不足和问题。人本主义学习理论的原则是全面培养，不仅关注学生的知识传授，更强调学生态度、价值和情感教育，从而促进学生实现自我价值。

人本主义学习理论包括三个主要思想：其一，该理论认为学生的认知行为和内心情感结合成一个具有协调性的活动过程被称为学习；其二，对于学生来说，学习一定会产生价值，是学生进行的有意义活动；其三，学生在学习中处于主导地位。这一理论充分尊重了学生的思想和精神，非常重视对学生的内在动机激发，并对学生的主体地位予以高度重视。

人本主义最核心的思想是需求理论，通过教师关注学生的自身需求而进行学习动机的激发，引导学生进行积极主动地学习，从而实现自我价值，也是需求理论对教学过程中产生的重要影响。

所以，人本主义理论对教学的影响作用主要表现为在该理论指导下，在教学设计时比较注重学生的学习需求，同时，对学生之间的差异也给予高度关注，所有的教学设计都是站在学生的角度出发。

2．哲学思维

现代哲学的核心思想是生成性思维，和本质主义思想认为事物是不会改变以及终极价值的看法不同。现代生成性哲学思想指出，任务事物都是变化的，发展的，随时发生改变的，不可能具备预想的本质。为此，在教学过程中引入生成性思维理论，主要表现在生成性思维理论指导下，教学不再具备永恒不变和事先预定的规律和本质，所有的规律和本质都是随着教学展开而生成，是随时产生变化的一个过程。

以生成性思维理论角度来看，教学设计也是生成性的，认为所有的教学都是在发展中形成，因此生成性教学设计需要根据教学过程的实际情况，予以调整和完善。

3．建构主义

在构建主义理论中，包括四个主要组成因素：一是情境；二是协作；三是会话；四是意义。构建主义学习理论指出，知识的获得是学生根据一定情境，参与和其他学生以及教师的协作和沟通，并从中主动获得知识，而非是被动灌输。学生习得的知识和技能主要受学生自身构建知识能力的影响，而非是教师传授多少知识。所以，只有重视学生的主体地位，并利用适当的教学情境，进行小组活动或者会话等，积极调动学生的学习热情和学习主动性，才能让学生获得更多有意义的知识构建，同时加强新知识和旧知识的融合和构建等学习过程，提高学习效率。

教师、学生和内容之间进行有效积极的互动，是分课堂生成性教学设计产生的重要动力。在生成性教学设计中引入构建主义的相关理论，有利于加强学生和学习环境之间的互动和交流，积极引导学生进行主动的新旧知识意义构建。

（二）对分课堂生成性教学设计

（1）教学环境设计

1.平台的选择。英语生成性教学设计要求在教学过程中不断对教学设计进行调整和完善，才能符合生成的本质需要。换句话说，在分课堂教学的整个过程中，只有生成性思维会对课堂教学设计形成较大影响，才能创设更加开放、更加有利于学生互动的学习环境，并产生大量生成性教学资源，不断加强对教学过程中产生新信息、新思路和新想法的利用，从而使教学设计获得更好的创意，得到最恰当的、最及时的调整和完善。但是，受现实情况制约，在课堂中，师生之间缺少互动，而且教师在有限的课时中并不能做到对学生进行全方位地了解和认识，对课堂教学过程中产生的新思路、新信息也无法及时捕捉。为了更好地加强教师在课堂中和学生的互动，以及帮助教师更好地了解学生的实际情况，可在比较符合教学发展要求的信息技术工具帮助和协助下，进行生成性学习环境的构建，为学生的构建性学习提供便利条件。

生成产生环境具有一定变化性和随机性特征，为了更好地引导学生进行生成性思维的发散和扩展，需要让学生在课堂中具备充分的机会和权利，让他们可以有条件和机会表达自己的想法和建议。

2.平台功能及生成服务。电脑端和手机端是教学工具的两个类型。电脑端是一种插件形式的PPT文件，手机端则对微信公众号进行关注既可使用。外语教学中，将各种现代化的信息技术进行结合和融入，制成PPT文件或者微信公众号内容，而教师起到连接智能终端和学生之间的作用，实现新型的课堂教学活动。丰富的教学资源有利于学生的个性化发展，让学生积极主动地思考，并且在看待问题时能够更加全面和系统化。

教师在进行教学预设时，可以充分利用丰富的学习资源，有效促进学生的学习动机，让学生可以在学习中获得成就感和收获感，让教师可以更加全面系统地了解学生的个体性差异，对学生的评价会更加客观、公正，加强师生之间的联系和互动，为学生创造有利环境。

（2）教学资源设计

教学过程中使用的各种素材和可利用条件都是学习资源。学习资源的设计，在设计分课堂的生成性教学中包含生成性和预设性两种学习资源。

1.预设性资源设计。生成性学习资源是建立在预设性学习资源基础上，其产生受到预设性学习资源的质量影响。若是经验不足的年轻教师，更要注重对教学时运用的教学资源的了解，将资源融入教学中。教师在课堂前准备的资源是预设性学习资源，包括话题讨论、作业与任务等。

一是设计多媒体资源。多元化的知识表征形式是对媒体资源进行制作的重要内容。知识表征形式需要根据不同的知识类型加以变化。课程使用的PPT课件是学习资源的载体，除此之外，图文网页、文档等也是补充性资源。

二是设计讨论话题和测试。传授知识是整个教学过程中的第一个步骤，教师可以利用课程中的测试和话题讨论，了解学生的学习情况，学生也可以从中得到认知冲突，更好地构建知识结构。

三是设计作业和任务。作业可以使学生在对分课堂的教学模式中将知识内化，还能够将学生的讨论与教师的讲授进行直接连接。学生在课堂中讨论的参与度和积极性，在一定程度上受到作业的影响。教师的任务是按照学生的层次给学生布置作业，作业任务应当结合学生的学习需求与生活情况而定，使学生的学习热情被激发出来。

2.生成性资源设计。生成性教学设计下的学习资源设计重视偶发性教学事件及其附加价值。学生在课堂结束后对课堂的整体印象是生成性学习资源的来源，教师可以利用这种资源进行学习。这种资源包括发散性资源、分享型资源等。生成行学习资源的生成是随机的，与动态教学共同存，并以预设性学习资源为基础。

一是开放性原则。生成发生需要开放，学生在民主开放的学习环境中能够更加畅所欲言，有利于生成性学习资源的生成。要构成民主开放的教学环境，教师需要开放的心态，对学习内容和目标设置也需要富有弹性，教师可以在课程中适当留白；若建立开放的心态，需要在课堂中为学生提供更多的自主性，不应以自我为中心，而是让学生自由地发表观点，对学生的意见充分采纳，进行课程的适当删减与调整，让学生能够更好地适应课堂和学习内容。生成性资源需要灵活的教学过程和课堂留白，从而促进教师与学生之间的合作。

二是互动性原则。教学是一种交往形式，与日常交往不同，还包括教师向学生传授知识的单向活动，教师与学生之间的互相讨论与合作分享等动态过程。课堂不是教师一个人的，而是师生共同拥有的，课堂中应当有教学的互动；师生与生生在课堂中应当进行充分交流，让学生充分参与课堂讨论，体会到信息技术的乐趣。

三是价值性原则。偶发性教学事件具有一定附加价值。生成性教学理念也是一种学习资源，应当给予重视，但教学的大方向不应当被改变。价值是生成性教学资源生成的前提，偶发性的教学事件是否具有学习资源价值的判断，需要依靠教师敏锐的辨别能力。在实际教学中，很难保证学生在实际教学中可以全身心地投入，并且关注知识的增长，学生在课堂中会制造与课堂无关的意外，这是难以避免的。所以，教师应当在生成性资源中有所取舍，正确地进行教学，营造良好的教学氛围。

二、对分课堂实践的反思和提升

（一）科学选择教材，形成框架式讲授模式

按照教材体系进行授课，并在授课时对体系进行一定补充完善。因为教材难免会有表述不到位的地方，需要教师进行资料查阅，并在课后给学生布置学习任务，在对教材的不断改进过程中创造最合适的教材。

对分课堂中，教师应当进行框架式讲授，学生可以在这种讲授方式下有足够的讨论时间；学生可以提出问题，供教师考查授课的重难点。教师可以找出每个章节的线索，提高教学效率，节省课堂时间；教师可以不局限于课堂的主用教材，利用其他参考书，重新组织自己使用的教材，对教材的知识结构进行不断充实。此外，思维导图可以很好地促进框架式讲解的应用。教师利用图表对授课内容进

行梳理，能够让学生的思路更加清晰，更好地吸收知识并对教材进行理解。思维导图也可以在实验心理学中进行应用。

（二）以问题为导向，提高课堂讨论效果

教师应当在每个学期的开始前充分准备自己要讲授的内容，熟悉教材，并安排适当的教学进度，将自己的教学目的重点和难点进行充分明确，在教学前应当计算每一部分的讲解和讨论时间。对于节假日和活动对课程的影响也要考虑到位。学生可以在教师准备充分的情况下，更加自如地融入课堂中，畅所欲言，从而提高自信。

教师在讨论时可以提出问题并对问题应当给予高度重视。这正是课程重难点的资源，教师应当以这些问题为导向讲解教材内容，让学生更好地理解和接受。通过这种方式，课堂时间也会被节省，从而提高效率。

分组讨论是对分课堂的提倡内容，一个小组3~4人，主要划分方法视班级大小而定。分组时要考虑男女生人数和学生学习情况。在这种课堂中，难度最大的部分是讨论。讨论考虑包括讨论的内容形式和细节等问题。不同的学生有不同的学习状况和学习状态，教师应当考虑讨论的各个细节，并且合理地设置讨论问题和形式，在讨论后作出有效的评价和回答。小组和个人都是讨论后考评的单位。同时，教师也要不断学习，结合理论与实践。

（三）正确认识对分课堂中师生角色

教师的基本能力是对分课堂实施的重大因素，包含教师的组织能力、应变能力和语言表达能力等，课堂对这些能力的需求较高，教师应当不断培养和锻炼自己的能力。教师的教学功底在对分课堂上能够更大地体现出来，因此需要教师增加组织管理能力和经验。教师需要对"对分课堂"中的学生知识功底和能力进行详细了解，了解学生对哪些课程已经熟悉，以及学生的学习基础、学习背景等。除此之外，教师应当了解学生学习之外的情况，因为教师的教学工作会受到学生年龄、层次和兴趣影响。教师应当合理地分配教授课程和其他课程之间的关系。因为一些学生只能大概记住自己学习过的基础课程，又由于课堂时间的限制，教师并不能带领学生复习知识，只能在课堂中融入一定知识。

学生批判思维能力的培养，也是对分课堂的目标之一；教师的科学态度以及方法是对分课堂的重要推动力，教师应当培养自我批判的接受能力，从而使学生养成良好的思维习惯。师生在课堂实践中互相影响，相互促进。教师在课堂中应当了解学生对教材的解读和学生提出的问题，并对此进行解答。学生的表达方式和对各种问题的思考也是教师应当学习的内容，教师可以根据这些内容进行教学改善。在这个过程中，师生能够互相促进成长。

（四）合理布置课后阅读和作业

在对分课堂教学模式中，作业非常重要，学生的学习结果需要根据专业指标进行评价。作业可以对讲授与讨论的核心环节进行连接，促进对分课堂的成功，这是实践初期重要的指标。教师应当充分考虑学生作业的形式内容、布置和收发。作业布置应当避免高难度和高强度，对分课堂的课后作业对时间的占用较多，作业任务过重。对此，教师应当根据学生能力对作业进行布置，在接收到合适作业的情况下，学生能够更好地完成学习内容，但学生作业完成的质量，根据个人有所差别。作业是促进学生课后学习的工具，让学生能够更深入地理解课堂学习内容，更好地融入课堂小组交流中。此外，教师不能布置过多的课外阅读材料，材料难度应当让学生容易接受，在阅读前为学生讲解材料的重点。

第二节　大学英语教学的创客理念创新研究

一、创客教育理念及其特点

（一）创客教育理念

从创客教育的宏观、中观和微观三个角度的定审视可以得出：创客教育是一种指导性教学理论。从终身学习层面来看，个体的终身发展会涉及创客教育，但是在不同时期的侧重点会有所不同：创客教育对创客素质和创客精神的培养是在基础教育阶段的关键内容；对学生创客知能的重点培养主要应该在高等教育阶段，这一阶段需要完成将创客精神和创客素质转化成创客实践能力的重要任务；注重创客实践能力的培养主要是在社会教育这一阶段。

创客教育在各个阶段的表现形式各有不同，从内涵上来说始终保持一惯性，也就是始终坚持教育理念为学习方式和科学技术的结合，都需要通过创造性得到发挥。

（1）基于创造的学习模式。创客教育主张学生在知识和技能的获取过程中采用自己动手创造的方式完成，一般将创客教育分为四个步骤：第一步是创意收集阶段；第二步是模型设计阶段；第三部是原型制作阶段；第四步是分享交流阶段，不论处于哪一个阶段，强调的都是学生的自主性，学生在学习过程中不论是进行问题的发掘还是问题的分析，都应该独立或者相互协作，同时需要自主进行解决方案的设计，并将自己的创意融入动手创作过程中。创客教育要求学生发挥主观能动性，积极探索，并从中获得知识和技能的提升，是通过实践进行学习的重要升级。因此，可以说创造性是创客教育的核心内容。

（2）硬技术与软技术的支持。在创客教育中，创客学习环境的创设以及协助学员之间的交流都可以通过硬技术实现。首先，随着智能材料、数字设计技术以及3D打印技术的发展和普及，为创造设计和成果生成创造便利条件，也降低了使用成本，科技创新的成本越来越低，让学生有条件参与发明创造；其次，小组成员之间的沟通和交流有了硬技术的支持而变得更加快速和便捷，有利于学生之间进行远程协助交流。小组成员之间分享自己的经验和观点，不但可以利用实时交流工具，还可以使用非实时交流工具，提高了交流机会。

创客教学方式的理论支持和策略指导的实现，则需要软技术的支持。所谓软技术指建立在硬技术基础上，为创客教学提供方法和策略的一种技术，如创客教育组织方法、创客项目评价方式和创客项目设计策略等，都属于创客教育模式中的软技术。

（3）关注个体全人发展。创客教育的内涵之三是关注个体的全人发展。从全人发展观的角度来说，最高目标是在生命中体会到美、快乐和爱。因此，在教育过程中，要释放学生的天性，尊重他们的意愿，并将学生的客观成就和本质联系起来。基于全人发展观形成的学习观点，主要由六个要素组成学科知识的习得、创新能力的发掘、自我认知的培养、协作互助、沟通交流能力的提升、社会责任感的培养。

个体的全人发展内涵非常丰富，不仅包括基础知识的学习、创新创造能力的激发，还需要学生不断提升自己的沟通交流能力、自我认知能力以及合作互助精神。培训学生的创造能力不但需要激发学生的创造潜力，更要培养学生的创新意志力和创新情感。创客教育最终是为了让学生释放天性，将创造潜能最大限度地发挥出来，让学生不再局限于对技术和艺术的注重，更要为人类造福，为社会造福，才能更好地完成个体的全人发展。

（二）创客教育的基本特点

（1）以"专业能力"为教育基础。高校中开展创客教育，需要发挥人才优势，并冲破学科边界的限制。任何问题以及解决问题的方法，其核心内容都是要掌握该专业的知识。创客教育的目标是要培养能够适应瞬息万的人才，和创新教育在本质上有着相通之处，但创客教育有别于其他教育的一个最大不同之处在于，其完全以兴趣或者爱好为前提进行学习，不需要建立在生存和就业需求基础上，这一特点有利于着重培养学生的创意，并通过结合计算机软硬件技术和专业能力，使其转变为现实物质或者精神产品。

从构建主义知识观的角度看，学习知识既有习得新知识也有原有知识的重构，创客教育也是同样的，既要能够让学生获得实际问题的解决能力，也要有所创新，突破原有思维，从而将创意转变为产品，并在实践中不断积累经验和知识，才能真正落实创客教育。

（2）以"工匠精神"为精神内核。匠人精神是追求高品质，是职业精神的最终目标，创客精神是从工匠精神延续而来，是对任何一件事物的精益求精，是对高品质，高要求的追求。有专家认为，数字技术的不断发展，将迎来个体制造时代，而创客人群最早源于日本的御宅文化，是将动漫世界打造成现实世界的一类人群。这种想法在工业时代需要通过亲自动手完成，不能大规模地进行生产，其中更加凸显出对个性化的、高品质事物的追求，也是创客精神精益求精本质的体现，要求在创客教育中坚持追求精益求精、卓越不凡、持之以恒的精神和态度。

（3）以"协同环链"为发展关键。美国经济学家安德森指出：创客运动追求的创新方式是开放性的，并非只是合作完成或者单独制作。从自己做到一起做，让公众对创造有了新的认识。任何专业的、具备不同背景的人才都能够在实践载体创客空间中获得发展空间，并将各个专业、各种资源和优势链接成一个系统化的工程，产生较大的协同作用，从而将资源和知识的优势予以最大化，对资源共享、主体共享以及文化共享创造了有利条件和前提，形成一个包括高校、政府、企业、家庭等在内的良性协调链接，同时形成一个创新和创业、实习和实训、教育和实践为一体的校内协调形式；有利于高校和社会、企业、组织以及其他群体形成良好的校外协调关系。

（4）以"大成智慧者"为终极目标。以技术作为手段，通过整合人类抽象智慧，如知识储备、逻辑思维能力和信息资源工程，被称为大成智能工程。在这个过程中，采用的技术一般是人们对事物进行分析的办法。也就是说，依托于对事物的定性分析发展到实践的定量分析而形成一种或者一系列技术。

大成智慧结合了人们的思维、思想以及现实技术。换句话说，是在现有的信息网络上结合人脑信息处理工程，从而形成一个功能更加强大、结构更加复杂的信息处理工程。这一工程很好地证明了理论和实践是相互促进、缺一不可的重要关系。

二、创客教育理念在大学英语教学中的运用

（一）点燃大学生创客基因

为了激发学生的学习热情和兴趣，为学生创造更加自由的发展空间，可以布置创造性的设计课外作业。例如，让学生进行课本剧的改编、朗诵、表演和演讲等方式，巩固和内化课堂学习的内容，并且让学生充分发挥出个人特长和爱好，不限定学生的发挥时间和发挥形式，让学生可以展示自己的能力，给学生充分展

示自己的机会，而不会受到课堂时间的限制。为学生打造一个相对宽松的学习环境，有利于学生发挥自己长处、主动思考，激发学生的创新意识，从而对英语学习产生浓厚的兴趣，并积极主动地参与英语学习实践，将学生的潜力最大限度地挖掘出来。

（二）争做创客型教师

培养学生的创新意识需要教师具备强烈的创新意识，否则教育无从谈起。教师在英语教学过程中，要注意根据学生的学习特点、教材要求等进行教学活动的设计和教学方法的选择，体现出教学特征和教学创造性，为自己成长为一个创客型教师而努力，让课堂转变成知识创造的空间，才能有效激发学生的创造性，教师的表率作用将对学生起到积极影响，让学生更加自主地参与创客教育。

（三）营造创客空间

不论是创新还是创造，都需要一定的氛围和空间支持。在以往的教学过程中，教师一般处于主导地位，为学生安排好每一个环节的学习，为学生的学习提供最大的便捷性，避免学生出错。这种教学模式在一定程度上限制了学生的思维发展，无法获得自我突破和创新性思维的提升。

实际上，创客空间对于英语教学的作用不可忽视。通过英语兴趣社团、校园艺术节以及校园电视台等方式，促进学生的思维发展和创造性能力的提升，为其提供发挥平台，让学生通过情景剧、课本剧的展示突破自我，获得创造的兴趣和热情，也能有效调动学生的英语学习主动性和积极性。

（四）培育创客学生

在创新和探索过程中，难免遭遇失败和挫折。因此，保持心理的自由和安全，才能确保不会放弃创新。一个相对放松的心理状态有利于激发学生的创新思维，而且给予学生足够的心理安全感，才能让其进行创新行为。在课堂中，学生难免会出现误差和错误，若是被教师无情制止和批评的话，将会让学生的创新想法偃旗息鼓，从而抑制学生的创造性思维发展。创新是要能够容忍失败，允许犯错。尤其是在英语课堂中，教学需要对学生的创新表现予以肯定，给予赞扬，才能让学生获得足够的心理安全感和心理自由感。

三、创客教育理念下大学英语教学的创新

创客是对教育的一次重要变革，尤其是在高校的英语教学中，创客教育理念的灌输，能够帮助学生转变成知识的创造者和运用者，而非只是简单地作为知识的接收者。在高校英语教学中结合创客精神，让学生在体验和实践中进行英语学习，不再只是英语知识的接收者，有利于加强各个小组成员之间的合作和交流，

有利于提高语言输出的效果，同时培养学生的团队合作精神和实际解决问题的能力，为学生的创新思维发展提供更加广阔的空间。

英语创客教育过程中要重视和小组的深度融合并进行及时反馈。从社会构建主义理论角度看，加强团队间的合作和沟通，有利于人们在已有的知识基础上构建新的知识框架。在创客教育过程中，核心点在于对知识进行及时反馈，并加强小组的合作精神。因为组成小组的成员特长、特点各有不同，比如有些成员的特长在于口语，有的写作能力强，有的收集资料能力比较突出，有的具有领导能力，通过小组合作，能够有效发挥每个成员的特长，相互促进，达到更好的学习效率和学习效果。

互联网的不断发展和普及，也为英语创客教育的发展创造了有利条件，学生获取信息的渠道更加广泛，信息获取更加便捷，但是海量的信息难免鱼龙混杂，这需要学生具备一定的辨别能力，也是英语创客教育所必不可少的一种能力。教学反馈机制能够加强小组之间的沟通和协作，并最大限度地发挥信息的作用和价值。所以，在创客教育中融合团队协作和及时反馈，能够帮助学生更好地进行体验式学习。

为了有效加强创客教育和创新人才培养，需要加强高校和相关企业、教师和有关研究人员的协作，为创客教育的发展和普及创造机会。在创客教育发展过程中，任何一个成员都是不可或缺的，若是不注重协作，将无法完全发挥出最大作用和最大价值。创客文化和创客运动一脉相承，创客文化中包含了协同创新，所以需要企业、高校、创客以及相关教研教师的通力合作，最大限度地发挥出创客教育价值。

参考文献

［1］卜玉华．英语教学改革指导纲要［M］．福州：福建教育出版社，2016．

［2］陈坚林．大数据时代的慕课与英语教学研究——挑战与机遇［J］．英语电化教学，2015，（1）：3-16．

［3］钱庆斌．多元文化视域下高校英语教学发展模式研究——评《多元文化视域下的大学英语教学研究》［J］．中国高校科技，2021，（3）：1-5．

［4］胡开宝，谢丽欣．我国大学英语教学的未来发展方向研究［J］．外语界，2014，（3）：12-36．

［5］黄瑜．行动研究方法在英语教学中的应用——评《英语教学中的行动研究方法》［J］．高教探索，2018，（4）：2-7．

［6］焦称称．英语语言学视阈下大学英语教学创新——兼论《大学英语教学改革与创新研究》［J］．染整技术，2018，40（12）：7-8．

［7］李凤红．多媒体网络环境下的大学英语教学模式解析——评《基于网络多媒体的大学英语教学模式的研究》［J］．新闻爱好者，2019，（8）：102-109．

［8］李贵君．论新时代背景下我国大学英语教学的重新定位及未来发展方向［J］．开封教育学院学报，2017，37（12）：80-81．

［9］谢锦．多元文化影响背景下高校英语教学研究［J］．高教学刊，2022，8（24）：128-131．

［10］李四清．对外语教学视域中教师自主概念的审视与再界定［J］．外语电化教学，2015，（1）：37-42．

［11］李迎新，黎新华，洪震．教学日志：培养反思型英语教师的重要途径［J］．教学与管理（理论版），2013，（3）：54-55．

［12］刘丹，课程设计是英语有效教学的前提——《英语教育新论：多元目标英语课程》的感悟［J］．高校教育科学，2019，（4）：129-131．

［13］刘苗，何娟．新常态下的高校大学英语教学特点及应对对策分析［J］．课程教育研究（新教师教学），2015，（33）：16-19．

［14］刘晓玲．英语课程教学论［M］．长沙：中南大学出版社，2014．

［15］刘援，邹为诚．体验式外语教学理论再探［J］．中国外语，2011，8（6）：47-52．

［16］吕菁．现代信息技术在大学英语课程教学中的运用——评《现代教育信息技术》［J］．中国科技论文，2019，14（07）：828-829．

［17］莫英．信息化背景下大学英语教学改革与创新思维［M］．成都：四川大学出版社，2018．

［18］牛跃辉，郑艳萍．认知心理学在任务型外语教学中的应用［J］．科教文汇（上旬刊），2012，（5）：127-130．

［19］齐登红，梁国杰．探究式大学英语视听说网络教学体系探索［J］．外语电化教学，2014，（6）：71-75．

［20］祁芸．外语课堂的参与式教学设计［J］．甘肃科技，2012，28（1）：88-96．

［21］全涛．大学英语教学的未来发展方向与趋势——评《英语教学新思路》［J］．中国教育学刊，2016，（9）：130-134．

［22］武彦君．课程思政背景下英语专业课程教学研究——以跨文化交流课程教学实践为例［J］．现代英语，2022，（5）：4-8．

［23］孙耀远．管理学视域下的外语教学［J］．教学与管理，2012，（15）：113-114．

［24］王洪林，钟守满．中国外语教学改革前瞻：从微课到慕课再到翻转课堂［J］．外语电化教学，2017，（1）：16-20．

［25］王青梅．大数据时代大学英语教学模式创新与信息化变革［J］．福建茶叶，2019，41（8）：207-209．

［26］王淑花，李海英，孙静波等．大学英语教学模式改革与发展研究［M］．北京：知识产权出版社，2018．

［27］王铁华，金国臣．大学外语课程设计方法与外语教学质量的提高［J］．齐齐哈尔医学院学报，2008，29（23）：2895-2896．

［28］王翔敏，苗燕．以内容为依托的英语教材建设与课程设计［J］．湖北第二师范学院学报，2014，31（4）：106-109．

［29］王瑛．大学英语教学的未来发展方向研究［J］．人才资源开发，2015，（18）：145-149．

［30］潘雁，蒋晗．跨文化背景下的商务英语课程多元文化教学［J］．海外英

语，2021，（15）：2-7.

[31] 任佳.基于创新创业教育理念的多元化大学英语实践教学模式探究 [J].广西教育学院学报，2022，（4）：229-232.

[32] 郗德才，外语教学流派形成的心理学理论基础 [J].辽宁行政学院学报，2013，15（1）：101-102.

[33] 徐淑娟．大学英语生态教学与教学模式构建研究 [M].北京：科学出版社，2016.

[34] 杨松岩．交际学在外语课程设计中的应用价值 [J].吉林省教育学院学报，2011，27（1）：60-61.

[35] 姚兰．新时期大学英语教学发展与改革路径探索 [J].陕西教育（高教），2017，（11）：8-10.

[36] 易庆竑．基于慕课的翻转课堂及其教学结构研究 [J].现代教育技术，2015，25（4）：94-100.

[37] 张安律，刘安洪，认知心理学与外语教学 [J].外国语文，2010，26（5）：122-125.

[38] 张坤媛，初胜华．以教师合作反思教学促进高校英语教师思辨能力的发展 [J].科教文汇（中旬刊），2014，（4）：67-69.

[39] 赵佳．参与式外语教学模式在大学英语拓展课程中的应用研究 [J].科技视界，2016，（25）：237-238.

[40] 郑侠，李京函，李恩，等．多元文化视角下的大学英语教学研究 [M].北京：知识产权出版社，2018.

[41] 蔡晓明.多元文化视角下大学英语教学创新思考——评《多文化交融下大学英语教育的转型探究》[J].科技管理研究，2022，42（17）：15-17.

[42] 田佳.多元文化教育在英语教学中的实施途径——评《高校英语教育教学理论与实践研究》[J].中国高校科技，2021，（10）：1-5.

[43] 张新旺.基于多元文化视域高校英语教学实践探究 [J].江西电力职业技术学院学报，2021，34（12）：62-63.

[44] 荣婉晴.多元文化视角下大学英语教育教学创新 [J].中文科技期刊数据库（全文版）教育科学，2023，（4）：4-9.

[45] 邹朝华.多元文化视角下高校英语教学改革创新的思考 [J].科技资讯，2022，20（17）：3-7.

[46] 李慧.多元文化视角下高校英语教学改革创新的思考 [J].世纪之星——交流版，2022，（26）：3-6.

[47] 马睿昕.融入多元文化的校园英语教学方法研究 [J].海外英语，2023，

（1）：3-7.

　　［48］黄蕾.多元文化视角下大学英语教育教学创新［J］.科学咨询，2021，（46）：43-45.